派雷斯酒店管理丛书

饭店安全管理实务

张志军/编著

北京·旅游教育出版社

Preface

前　言

饭店是人员密集的场所，一旦发生安全事故，将造成重大恶劣影响。为了防范各类安全事故的发生，许多饭店在安全管理上狠下工夫，投入较大的人力物力试图营造一个安全的消费环境。比如，大部分饭店的消防预案和消防演练一般都比较成熟，在这方面的资金投入和人力投入相当可观，但是，一个不容忽视的问题是，饭店火灾依然发生，原因何在？是管理出了漏洞，还是另有其他原因？

回顾各类火灾事故，不难看出，发生重大火灾的饭店通常都有一个共同特征——消防通道被堵死或改做他用，导致发生火灾时人员无路可逃。比如，2005年6月发生在汕头某宾馆的特大火灾，共造成31人死亡。显然，大多数饭店发生安全事故，源于管理者安全意识不够，没有做好安全事故"万一发生"的思想准备，存在侥幸心理。

从饭店小的安全问题来看，服务安全一直是问题的多发层面。我们知道，大多数服务工作技术难度并不高，但重复操作的量很大，而这一层面的安全问题常常源于服务工作的重复性疲劳，这在本质上不是技能问题，而是意识问题。

如果不提高管理者和员工的安全意识，使安全操作转化成自觉的行动，即使铸就了铜墙铁壁的安全防范措施，也不能杜绝安全事故的发生。而安全意识的提高，要靠日积月累的规范操作。

《饭店安全管理实务》一书是在总结、丰富和完善北京长城饭店、凯宾斯基饭店安全管理工作经验的基础上编写而成的。该书全面总结了饭店不同层级、不同部门的安全操作规范，为饭店业建立健全安全操作规范体系以及各类安全事故的应急预案提供了行之有效的解决方案。各级管理者在实施各项措施时，应结合饭店的实际情况，常抓不懈。为加强本书的实用性，书中还设计了内容和形式广泛的各种安全管理表格，便于管理者实施。相信这样一本书的出版一定会受到业界的欢迎。

本书由北京派雷斯酒店管理顾问有限公司总经理张志军编写。作者曾先后在北京喜来登长城饭店、北京贵宾楼饭店、北京凯宾斯基饭店任副总经理、常务副总经理、中方总经理等职务近二十年，具有丰富的饭店经营管理经验，并长期从事对高星级饭店中高层管理者的培训工作和饭店管理咨询顾问工作。作者现任中国旅游饭店业协会常务理事、北京市饭店业协会副会长、欧美同学会酒店业专家委员会委员、北京奥组委奥运村专家指导组成员，曾参与《旅游涉外饭店星级的划分及评定》、《中国旅游饭店行业规范》、《中国饭店行业服务礼仪规范》的研讨审定工作。

本书在编写的过程中参考了相关书籍，在此对相关作者表示诚挚的感谢！

编者

Contents

目　录

第一章

饭店安全管理概述

一、什么是饭店安全

“安全”，在《汉语大词典》中有两层意思，一是平安，无危险，没有事故；二是保全，保护。

饭店安全，是指在饭店的生产经营活动中，通过建立健全各项保障机制，使饭店控制范围内的人身、财产处于安全状态，生产经营活动能够顺利进行。

具体讲，饭店安全有三层含义：

1. 饭店客人、饭店员工的人身及其财物以及饭店财产和财物在饭店范围内不受侵害。

2. 饭店内部的服务及经营活动秩序、工作及生产秩序、公共场所秩序保持良好的安全状态。

3. 饭店内不存在导致对饭店客人、员工的人身和财物以及饭店财产造成侵害的各种潜在因素。

饭店具有高层建筑多、地下设施多、电器设备多、人员聚集多、可燃材料多等特点，一旦发生安全事故，经济损失大、人员伤亡大、救援难度大、社会影响大，这就要求饭店在建设和改造过程中，要不断补充安全设备设施，不断完善安全管理体制，充分保障住店客人及员工的生命及财产安全。

二、什么是饭店安全管理

饭店安全管理，是指在饭店的生产经营活动中，为避免造成人员伤害和财产损失而采取相应的事故预防和控制措施，以保证人身、财产安全和生产经营活动得以顺利进行的相关活动。

在日常生产经营过程中，虽然安全隐患不可避免地存在，但可以通过提高防范意识、加强科学管理、投入必要的物质保障，以及在发生事故后采取及时、有效的救助措施，来预防和减少安全事故的发生。

三、饭店安全管理的方针

饭店的安全管理工作要贯彻“安全第一、预防为主、综合治理”的方针。

饭店必须正确处理好保证安全与经营效率、效益的关系，在安全与效率、效益发生矛盾时，要把安全放在首位。要保证安全生产的资金投入有效到位，各项设备、设施符合安全生产要求，发现事故隐患必须及时消除，不能为了赶任务、追效益而置安全于不顾。

1. 安全第一。在如何处理保证安全与实现生产经营活动各项目标的关系上，要始终把安全特别是相关人员的人身安全放在首要位置。

2. 预防为主。预防为主，就是强调事前预防，防患于未然。要尊重科学，探索规律，谋事在先，采取有效的控制措施，千方百计预防事故的发生。星级饭店要严格按照法律、法规的规定，从安全生产条件、安全生产责任制、安全生产保障措施、从业人员的教育培训、应急救援预案等方面做好工作，将生产安全事故消灭在萌芽状态。

3. 综合治理。综合治理，就是要发动全员积极参与做好安全生产工作。饭店的安全生产工作不是某个人、某个岗位、某个部门的事情，而是饭店全体员工的事情。每个从业人员都要牢固树立“安全第一、预防为主、综合治理”的意识，严格执行岗位安全生产责任制，增强自我保护意识，任何时候都不能违章作业，对危及安全的违章指挥应当拒绝执行。大量血的教训告诉我们，安全生产工作不是可有可无，而是要常抓不懈、防微杜渐，要从点滴做起，细之又细，不能存在任何侥幸心理。

四、饭店安全管理的范围及管理内容

（一）饭店安全管理的范围

饭店所辖范围内的所有人、财、物都在饭店安全管理的范围内，具体包括：

1. 饭店区域内的所有人员，包括住店客人、来店客人、饭店正式工、临时工和在饭店区域内进行其他工作的人员等。

2. 饭店区域内的一切财物，包括住店客人的财物、来店客人的财物、饭店各部门的财物等。

3. 写字楼客户的人、财、物等。

（二）饭店安全管理的内容

饭店安全管理，就是要对饭店不同部位、不同部门采取各种安全防范措施，具体内容包括要害部位的管理、重要部位的管理、公寓管理、办公楼管理以及外围治安管理。

要害部位的管理

要害部位,是指一旦发生安全事故,将对饭店整体造成危害和影响或造成直接经济损失和政治影响的部位,包括锅炉房、水处理房、主配电室、电梯机房、宴会厨房、饭店总库、中控室、前台收款处等。

要害部位的管理内容具体包括:

1. 要害部位必须建立有相应的安全制度和安全操作规程。安全制度和操作规程要张贴在醒目位置处,并设责任人。

2. 要害部位的员工必须经保安部政审,参加安全培训后才能上岗,人员调动、提升等要经治安保卫委员会同意。

3. 要害部位必须建立 24 小时值班制度,值班人员必须坚守岗位。

4. 必须建立要害部位设备、设施的定期检查、维修制度,并有文字记录。

5. 建立要害部位管理档案。

重要部位的管理

重要部位是指一旦发生安全事故,将对饭店某一区域造成危害和影响的部位。重要部位包括区域配电室、各类机房、电话机房、音像控制室、财务部各分库以及各餐厅厨房等。

重要部位的管理内容具体包括:

1. 重要部位必须建立有相应的安全制度和安全操作规程。安全制度和操作规程要张贴在醒目位置处,并设责任人。

2. 重要部位的员工必须定期参加安全培训。

3. 应建立重要部位设备、设施的经常性检查、维修制度。

公寓管理

公寓的主要管理对象是外来人员。饭店应严格公寓管理制度,礼貌劝阻无关人员进入公寓,同时注意预防火灾。

办公楼管理

办公楼的主要管理对象是各个客户及来访人员。饭店应了解承租公司的基本情况,了解外企雇员情况,执行饭店的各项管理制度和安全制度,维护正常的工作秩序,防火、防盗。

外围治安管理

外围治安管理的主要管理对象是各类闲杂人员。饭店应对在饭店周围的各类闲杂人员进行有效管理,制止各种非法活动,保护饭店外围设备和停车场的安全。

五、饭店安全管理的任务与特点

（一）饭店安全管理的任务

饭店存在的安全问题，主要有三个根源，即：安全制度不完善、技术技能不熟练、安全意识缺失。

制度是行为的基础，安全制度可以为饭店员工提供行为预期，激励和约束员工的工作行为。技术技能的缺乏容易使饭店员工在服务工作中造成服务失误，引发安全事故，因此，培养员工的安全操作技能是饭店实施全面安全管理的战略导向。

饭店安全问题种类繁多，大的安全问题很容易受到人们的重视，会得到较多的技术资源和人力投入，比如，大部分饭店的消防预案和消防演练一般都比较成熟。但是，饭店火灾依然发生，而发生重大火灾的饭店通常有一个共同特征——消防通道被堵死或改做他用，导致发生火灾时人员无路可逃。比如，2005 年 6 月发生在汕头某宾馆的特大火灾，共造成 31 人死亡。显然，大多数饭店发生安全事故，源于领导安全意识不够，没有做好安全事故"万一发生"的思想准备，存在侥幸心理。

从饭店小的安全问题来看，服务安全一直是问题的多发层面。我们知道，大多数服务工作技术难度并不高，需要的只是重复操作，而这一层面的安全问题常常源于服务工作的重复性疲劳，这在本质上不是技能问题，而是意识问题。

从上列问题我们可以总结出饭店安全管理的主要任务：

1. 预防危害国家安全的破坏活动。

2. 预防和扑救火灾。

3. 预防刑事案件和治安案件。

4. 预防交通安全事故。

5. 预防食物中毒事故。

6. 做好重要宾客、重大活动的安全保卫工作。

7. 及时处置危及宾客和场所安全的事故和突发事件。

8. 预防利用饭店进行其他违法犯罪活动。

（二）饭店安全管理的特点

1. 复杂性。饭店是个小社会，安全工作也比较复杂，大量的安全性事务总是显得混沌、不清晰，许多饭店难以找到工作重心，甚至无法开展安全管理工作。

2. 广泛性。饭店的安全问题涉及人、物和环境这三个要素。人主要是指饭店的员工、管理人员、顾客和店内非顾客等主体。物主要指饭店的设备设施，比如电梯、消防设备、报警系统等，它们在安全管理中起着基础性作用。环境主要指饭店提供的消费环境和外部的自然环境、社会环境，就消费环境而言既包括饭店设备设施所构成的总体物质环境，又包括由人和人的活动所构成的无形环境，这就使得饭店的安全管理内容相当复杂，安全管理涉及的范畴相当广泛。

3. 全过程性。饭店的安全问题贯穿饭店服务的全过程，它通常会经历安全隐患、安全问题、安全事务和安全危机四个不同的发展阶段。在不同的发展阶段，需要采用不同的管理方式，也需要不同层级的管理人员来介入。

4. 预防性。安全问题一旦发生就必然造成损失，带来许多不良影响，因此，最好能将安全问题消除在萌芽状态，在问题没有发生之前就将其彻底解决。为达到这一目的，饭店必须在安全管理中全面贯彻“超前介入”的管理原则，重点做好目标任务分解和安全预案制定这两项工作，给员工提供丰富而详细的安全问题管理预案，员工碰到安全问题时自然会有章可循、不慌不乱，最大限度地降低等待成本和延迟处理成本，使问题得到及时、有效的解决。

5. 全员性。饭店的安全工作涉及饭店各部门以及每个工作岗位上的每个员工，饭店安全管理具有明显的全员性。饭店的安全问题关系到饭店每位成员，安全管理如果不通过全员来落实，就无法取得实际效果。在具体工作中，饭店应该落实每位成员的安全责任，可以通过分解安全任务、明确岗位责任，来确定饭店成员的安全任务和安全责任。安全责任的分担应该跟相应的权利联系起来，可以通过对等的原则给员工适当的安全激励、安全培训，提高饭店全员的安全素质，让全体员工既有意愿也有能力来完成饭店的各项安全工作。

六、饭店安全管理制度

（一）安全生产例会制度

饭店应当建立安全生产例会制度，定期研究本单位的安全生产管理工作，制定有效的安全生产措施，并对措施的落实情况进行检查。

安全生产例会，是指以安全生产为主要议题而定期召开的会议。饭店要形成定期研究安全生产问题的机制，以定期召开安全生产会议的形式，听取安全生产工作汇报，对发现的安全生产问题，认真组织研究，制定切实可行的安全措施。同时，对安全措施的落实情况要及时检查验收，将饭店的安全生产制度化、规范化，建立饭店内部安全生产管理的长效机制。

（二）事故隐患排查制度

事故隐患，是指饭店在生产设施、设备等方面存在的可能引发事故的各种自然或者人为的因素。安全生产事故隐患排查制度，是指根据法律、法规的要求，结合以往的经验教训，用科学的方法进行分析，找出可能引发事故的部位，利用现有条件和科学手段加以控制和预防。

饭店是安全生产的责任主体，根据安全生产的法律、法规，结合本单位生产经营活动的特点，分析和找出容易发生事故的领域和环节，采取有效的监控措施，达到预防安全事故发生、实现安全生产的目的。饭店主要负责人应当组织经常性的安全检查，对检查中发现的安全问题或者事故隐患指定专人负责解决；无法及时解决的，应当组织有关职能部门进行研究，采取有效的防范措施，以免对人身、财产造成损害。

（三）应急救援预案制度

生产安全事故应急救援预案制度，是指先行制定的、用于发生生产安全事故后抢救人员和设施，减少损失的应急措施和方案。应急救援是一项综合性和系统性的工程，涉及科学、技术、管理、政策、法规、标准。应急救援预案的基本要求是应具备科学性、适用性、可操作性和经济性。

应急救援预案编制的基本过程包括：

1. 调查研究，掌握饭店和周边环境的相关情况。

2. 进行危险源辨识和危险性评价，找出重大风险因素。

3. 编写应急救援预案，明确应急救援的指挥和协调机构及相关部门的职责，应急救援组织及其人员，应急设备设施，紧急处置、人员疏散、工程抢险、医疗急救等措施方案，社会支持救助方案，应急救援组织的训练和演习方案等。

4. 针对演练出现的问题，及时进行补充和完善。

5. 报有关部门批准后实施。

应急救援工作是在非正常状态下实施的。要做到临危不乱，正常有序地开展，预先进行系统的训练和演习是十分必要的。每次演习要做好图文记录以备查。

（四）安全巡查制度

饭店应每 2 小时至少对营业区域进行 1 次安全巡查。巡查时应做好记录。巡视检查记录内容包括巡视时间、地点、部位、状况，是否发现问题以及处理情况等。

七、饭店安全生产的条件

饭店进行安全生产必须满足下列条件：

1. 经营场所和设备、设施符合有关安全生产的法律、法规规定和国家标准或者行业标准的要求。

2. 建立健全安全生产责任制，制定安全生产规章制度和相关操作规程。

3. 依法设置安全生产管理机构或者配备安全生产管理人员。

4. 为从业人员配备符合国家标准或者行业标准的劳动防护用品。

5. 主要负责人和安全生产管理人员具备与生产经营活动相适应的安全生产知识和管理能力。

6. 从业人员受过安全生产教育和培训经考核合格者。特种作业人员按照国家有关规定，经专门的特种作业培训，取得特种作业操作资格证书。

7. 在经营场所设置明显的安全出口和符合疏散要求的疏散通道，并确保畅通。

8. 在经营场所配备应急广播和指挥系统、应急照明设施、消防器材，并确保完好、有效。

9. 制定可靠的安全措施和生产安全事故应急救援预案，配备应急救援人员。

10. 有关负责人能够熟练使用应急广播和指挥系统，掌握应急救援预案的全部内容。

11. 从业人员能够熟练使用消防器材，了解安全出口和疏散通道的位置以及本岗位的应急救援职责。

12. 经营场所实际容纳的人员不超过规定的容纳人数。

第二章

饭店安全管理组织及保安部职责

第一节　饭店安全管理组织的设置

按照《北京市星级饭店安全生产规定》的规定，星级饭店从业人员超过300人的，应当设置安全生产管理机构或者配备专职安全生产管理人员；从业人员在300人以下的，应当配备专职或者兼职的安全生产管理人员，或者委托具有国家规定的相关专业技术资格的工程技术人员提供安全生产管理服务。应当说明的是，饭店委托专业技术人员提供安全生产管理服务后，保证安全生产的责任仍由饭店承担。

安全生产管理机构，是指饭店负责安全生产监督管理的内设机构，其工作人员应是专职安全生产管理人员。在饭店，保安部是专门负责饭店安全工作的机构，一些规模较大的饭店还设有治安保卫委员会，简称“治保会”。安全生产管理机构负责组织落实国家有关安全生产的法律、法规，组织饭店内部的安全生产活动，负责日常安全检查，及时督促本单位事故隐患的整改工作，监督安全生产责任制的落实。

安全生产管理人员，是指所有从事安全生产管理人员的总称，既包括安全生产管理机构的负责人，也包括饭店主管安全生产的负责人；既指专职的安全生产管理人员，也指兼职的安全生产管理人员。作为一名安全生产管理人员，必须具有与饭店经营活动相适应的安全知识和管理能力，具有国家规定的相关专业技术资格的工程技术人员是指饭店以外的，具有相关安全生产方面的专业技术，并经有关部门考核合格，取得专业技术资格的人员。这类人员可以接受饭店的委托，提供安全生产管理服务。

一、饭店保安部机构设置

（一）饭店保安部的机构设置

保安部是专职负责饭店安全工作的机构，其组织机构设置如下图所示：

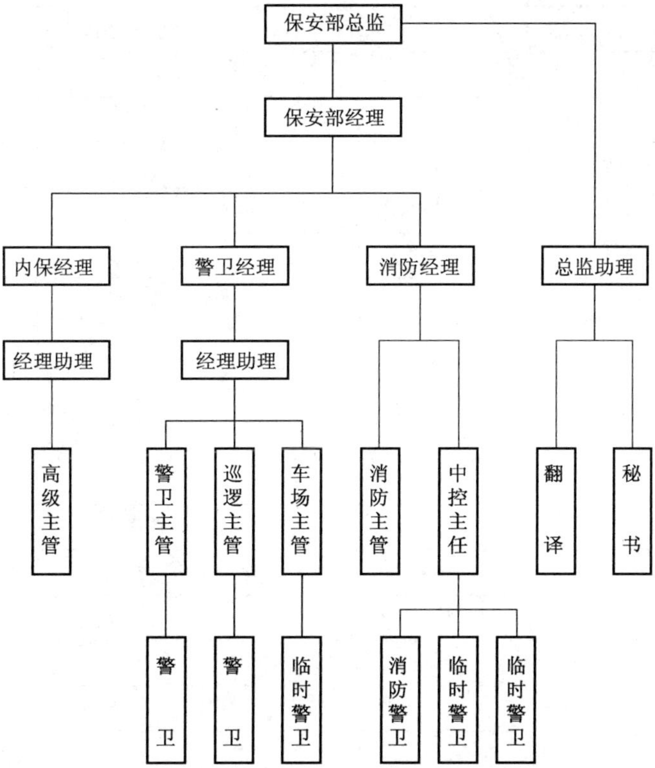

保安部机构设置图

(二)保安部编制示例

以下保安部编制示例选用的是高星级饭店的例子,其他饭店可根据实际情况灵活确定人员编制。

职　务	级　别	编制人数
行 政 办 公 室		
总监	Ex	1
经理	A	1
总监助理	B	1
翻译	C	1

续表

职　　务	级　　别	编制人数
秘书	D	1
小计		5
内　　　　保		
内保经理	B	1
经理助理	C	1
调查员	D	4
小计		6
消　　　　防		
消防经理	B	1
消防主管	D	3
中控室主任	C	1
中控室领班	E	3
消防监控员	F	3
消防警卫	F	3
电视监控员	G	4
小计		18
警　　　　卫		
警卫经理	B	1
警卫经理助理	C	1
警卫高级主管	D	5
警卫低级主管	E	12
文员	F	1
警卫	F	60
警卫	G	33
临时工		45
小计		158
总计		187

Ex	A	B	C	D	E	F	G	临时工
1	1	4	4	13	15	67	37	45

二、饭店治安保卫委员会的组成

高星级饭店除应设立保卫部专司安全管理工作外，还应设立治安保卫委员会。

（一）职能

饭店治安保卫委员会应在党委和总经理的领导监督下，在保卫部的具体指导下开展工作，贯彻预防为主的方针，实行经理逐级负责制。

治安保卫委员会的主要任务是，开展以防盗、防火、防治安火灾事故和以防泄密为中心的安全防范工作，消除各种事故隐患，维护安定、良好的工作秩序。

各部门治安保卫组织与保安部门要保持经常性的密切联系，要有制度、有检查、有奖励、有治安情况积累，并定期召开治安保卫会议。

（二）组成

饭店治安保卫委员会由饭店总经理（中外合资饭店为中方总经理）与保安部总监牵头，各部门重要领导参加的治安保卫机构。各部门必须成立治安保卫小组，并由一名部门领导参加并担任领导工作。治安保卫小组要有广泛代表性，能及时了解、掌握本部门各方面具体情况，使治安保卫工作贯穿到具体的业务和技术工作中去。治安保卫委员会一般设主任 1 名，委员若干。

治安保卫委员会下设下列机构：

1. 治安保卫委员会办公室。设主任 1 名，办公室成员若干名。

2. 部门治安保卫小组。治安保卫委员会根据各部门具体情况设立“部门治安保卫小组”，设组长、副组长 1 ~ 2 人，由领导审查、任命。部门治保小组设置如下图所示：

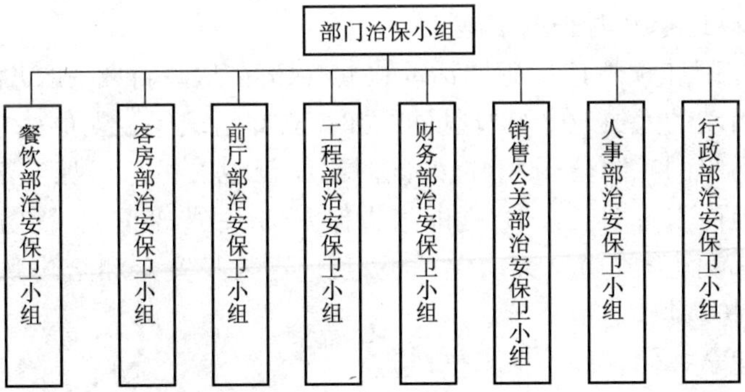

根据部门情况，每个小组还要有 3 ~ 5 名治保积极分子。

3. 防火委员会。设主任 1 名,委员若干名。防火委员会的常设机构是防火委员会办公室,其设置如下:

主任:1 名

办公室成员:若干名

义务消防队:每年共有 120 名义务消防队员

4. 国家安全小组。设组长 1 名,委员若干名。其常设机构是国家安全小组办公室,下设主任 1 名,办公室成员若干名。

5. 交通安全委员会。下设组长 1 名,委员若干名。

(三)职责

1. 经常性地向员工进行法制宣传教育,对员工进行规章制度、安全生产教育,结合社会上、企业内部违法乱纪的典型事例,对员工进行职业道德教育。

2. 宣传、组织员工做好以防盗、防火、防治安灾害事故、防泄密为中心的安全防范工作。教育员工提高安全意识,克服麻痹思想,落实各种规章制度,消除安全隐患。随时对本部门进行安全检查,凡发现可疑的人和事,要立即报告上级及保安部。对员工进行防火知识教育,做到两知三会,即:知防火知识,知灭火知识,会报警,会疏散,会协助救援。

3. 宣传和组织员工制订、完善保卫制度及安全操作规程。遵纪守法,坚决同违法、违纪、犯罪行为作斗争。做好尚不够法律处理的违纪人员的帮教工作。

4. 协助公安、保安部门搞好对要害部位的安全管理工作。发现治安隐患或火险隐患应及时上报。遇有可疑人在要害部位附近,一定要查问清楚,并核实身份。

5. 监督、检查各部门安全制度的落实情况。定期对重点要害部位、关键设备进行检查,发现隐患及时采取措施。

6. 有效控制和预防违法犯罪活动:(1)对正在从事行凶、抢劫、强奸、纵火、投毒等破坏活动的人员,在保护现场的同时,立即组织保卫人员擒拿。(2)发现被公安机关通缉的犯罪分子,上报的同时组织保卫人员扭送保安部。(3)发现有破坏苗头但尚未行动线索的,立即报告保安部,并严密监视,预防破坏行为发生。(4)对违章操作或违反劳动保护规定,危害人身安全和给公私财务造成损失的事故,保护现场,上报领导。

7. 建立健全并保管好治保工作档案。

8. 对敢于揭发并大胆向坏人坏事作斗争的人,及时给予表扬或奖励。对违法犯罪或违反饭店纪律者,及时予以惩罚,树立正气,打击邪气。

三、逐级治安保卫责任制

（一）总经理职责

1. 负责组建治安保卫委员会，保证专职人员和必要的器材装备及时到位。

2. 经常了解本饭店的安全形势，听取保安部的汇报。对安全保卫工作中的重大问题及时作出处理决定。领导、监督饭店所有治安保卫组织的工作，为保安部履行职责提供必要的人、财、物支持。

3. 领导不力、玩忽职守而发生安全事故的，要追究总经理的领导责任。

4. 总经理履行上述职责时，要接受公安机关和上级主管机关的检查、监督。

（二）部门经理职责

1. 部门经理对本部门的安全负责，制订完善的安全工作制度和相应的专业工作程序，组建本部门的治安保卫小组，指定专人负责。

2. 有责任检查、监督本部门安全制度和专业工作程序的执行情况。

3. 有责任配合保安部搞好本部门的安全工作，完善全店的安全制度。

4. 部门经理履行上述职责时，必须接受总经理及保安部的监督、检查。

5. 对本部门的所有治安保卫组织的工作给予支持，并提供必要的工作条件。

（三）员工职责

1. 执行本部门的安全工作制度和相应的专业工作程序，做到谁在岗、谁负责，谁操作、谁负责。

2. 接受本部门治安保卫组织的监督与领导，向上级主管负责。

3. 维护本岗位的工作程序，发现可疑情况，要立即报告上级和保安部。

4. 有责任配合保安部搞好本部门的安全工作，提供信息，提供情况。

5. 违反安全管理制度和专业工作程序发生安全事故的，要追究其责任。

（四）保安部职责

1. 保安部在总经理的领导下，监督、检查饭店的各项安全管理措施的落实及各项安全法规的执行情况。

2. 熟悉饭店的建筑布局、经营项目、职工构成、财务存储、要害部位等，及时预见安全隐患，并采取有效的防范措施。了解员工来历和思想动态，把人的隐患纳入防范范畴。

3. 了解中方、外方人员的基本情况、活动规律，及时发现不安全因素。一旦发案，应保护好现场，协助公安机关破案。

4. 研究饭店安全保卫工作中出现的新问题，不断健全各项安全制度。

5. 组织内保、警卫、消防部门共同维护饭店安全秩序。

6. 强化研究,做好文字、档案的整理工作。

7. 加强信息收集,掌握饭店经营动态,严格审查各项活动的安全措施是否到位。

8. 摸清员工思想动态,调解各种纠纷和矛盾,预防因矛盾激化引起各种突发事件。

第二节　保安部职责

一、部门职责

保安部总监/经理

内　保	消　防	警　卫	办公室
1. 饭店内部的安全管理	1. 贯彻落实消防制度	1. 饭店的外部安全保卫	1. 负责中英文翻译
2. 各类案件的预防和调查	2. 组织饭店消防安全检查	2. 地上、地下停车场及车辆的管理	2. 保安部各种文件档案的收发、保管
3. 要害部位、重点部位的安全管理	3. 火灾的监视、预报、确认、扑救和调查	3. 饭店内外各种治安防范,安全巡视	3. 记录保安部每日工作情况
4. 饭店全部钥匙的管理及其安全检查	4. 各类消防器材的检修、保养和配置	4. 客户和员工自行车的管理	4. 负责和客人及相关部门联络
5. 监督检查店内各部门安全制度执行情况	5. 消防安全的宣传和培训	5. 交通管理,交通事故处理	5. 保安部各种设备设施的购买保管和发放
6. 对各种犯罪分子、危险分子进行查控	6. 饭店日常消防管理	6. 施工场所、施工人员管理	6. 各类赃款、赃物、捡拾物品的保管与发放

7. 对违法乱纪案件、刑事案件进行处理	7. 义务消防队的组织和培训	7. 饭店各出入口的控制	7. 保安部颁发的各种证件的发放和管理
8. 员工的各项安全培训	8. 施工改建项目的防火审批和消防管理	8. 各种治安案件的处理	8. 饭店各种法律事务和民事纠纷的处理
9. 和公安局相关部门联络	9. 和消防局相关部门联络	9. 和地区有关政府机构联络	9. 和律师、法院、保险公司联络

二、保安部岗位职责

总　监

（一）岗位职责

级　　别：Ex

汇 报 至：总经理/副总经理

主管人员：经理、总监助理、内保经理、消防经理、警卫经理

工作范畴：饭店所属区域内的全部安全事宜

工作义务：

1. 通过指导、规划（安排）保安部的工作，保证整个饭店的财产、人员安全。
2. 通过执行保安部的工作程序，保证饭店所有客人的生命财产安全。
3. 协调与政府职能机构的关系，保证饭店正常经营。
4. 用法律手段解决饭店与员工、饭店与客人、饭店与其他单位的法律纠纷。

主要职责：

1. 根据政府的法规和饭店要求，制定饭店各项保卫和消防安全制度。
2. 根据总经理的要求掌握、安排保安部工作程序。
3. 根据饭店经营的特殊要求制定重大活动警卫方案，部署警卫力量。
4. 监督保安部的各项规定及工作程序正确实施。
5. 通过各种手段保障饭店的整体安全，不发生重大案件及火灾。
6. 做好地震、火灾、水灾、爆炸等意外灾害的组织抢救工作。
7. 负责各种案件、事件、火灾事故调查处理的组织工作。
8. 向管理集团通报安全情况。
9. 向总经理、副总经理通报所有安全事宜。
10. 监督管理日常安全保卫工作并向管理集团汇报。
11. 汇报各部门的财产损失情况。

12. 建立所有事故的记录档案。
13. 汇报每月及每年的重大事故。
14. 对保安部 E 级以上人员进行招聘、录用、管理和评估。
15. 贯彻、执行政府和公安机关有关保卫工作的任务。
16. 负责与政府的公安、消防、法律各部门的协调、联络。

共同职责：
1. 参与饭店安全委员会的常务工作。
2. 和各部门经理一道监督、指导各部门的安全工作。
3. 和工程部总监一道负责饭店义务消防队的组织和管理工作。
4. 和前台、客房、餐饮、宴会销售部门一道完成重要宾客的接待任务。

（二）职务规范

性　　别：男
教　　育：专业水平的大学本科
经　　验：具有相关工作经验和相当职务经历，工作年限不低于 15 年
个　　性：严谨、细致、耐心、可靠
品　　质：具有高度的责任心
　　　　　良好的身体状况及精力
　　　　　对专业工作身体力行
　　　　　逻辑思维能力强
　　　　　有献身精神，不计较个人得失
　　　　　掌握灵活多变的处事技巧
　　　　　举止得体
语　　言：中文——必须具备较高的写作水平及书面语言的组织能力
　　　　　英文——能做到一般的听、说、读、写
其他技能：熟悉国家的各类法规、法律
　　　　　熟悉当地的司法工作程序
　　　　　与司法机关有良好的合作关系
　　　　　各类材料的组织能力
　　　　　处理复杂问题的能力
　　　　　能组织各类专项保卫活动

经　　理

（一）岗位职责

级　　别：A
汇 报 至：总监

主管人员:总监助理、内保经理、消防经理、警卫经理

工作范畴:协助保安部总监负责饭店所辖区域内的安全工作

工作义务:

1. 通过招聘、培训,保证为饭店提供合格的保卫人员。
2. 通过检查、监督,保证全体员工正确执行保安部工作程序。

主要职责:

1. 检查、监督饭店各项安全制度的执行情况。
2. 负责检查、监督办公室工作人员的工作情况。
3. 负责组织实施全饭店的各项安全培训。
4. 负责保安部人员的特殊培训。
5. 协助总监完成饭店的重大保卫任务。
6. 完成总监交办的指定工作。
7. 总监不在时履行总监的安全职责。

共同职责:

1. 参加饭店安全委员会的工作。
2. 同培训部进行沟通,组织各种安全培训。
3. 同饭店各部进行安全问题的协商。

(二)职务规范

年龄范围:30 ~45 岁

性　　别:男

教　　育:相应专业的大专水平

经　　验:具有公安部门或星级酒店管理经验,工作 10 年以上

个　　性:严谨、服从、细致

品　　质:具备良好的管理能力
　　　　　善于沟通联系
　　　　　具有长时间工作的体质
　　　　　精力充沛
　　　　　服从命令
　　　　　不断吸取经验

语　　言:中文——良好的口语及书面表达能力
　　　　　英文——能读

其他技能:会使用各类公安专用工具
　　　　　会照相、录像、现场取证
　　　　　会犯罪侦查

会刑事犯罪材料的组织工作
熟悉公安、司法工作程序

翻　译

（一）岗位职责

级　　别：C
汇 报 至：总监/经理/总监助理
主管人员：秘书
工作范畴：处理本部门的笔译、口译工作
工作义务：
1. 向饭店管理集团及各部门提供有关安全保卫的信息。
2. 帮助客人从本部门获得所需的安全服务。
主要职责：
1. 帮助保安部总监与其他部门进行沟通。
2. 帮助各分部调查客人事故。
3. 帮助客人获得安全服务。
4. 负责翻译书面文件。
5. 准备每月月报及其他报告。
6. 处理办公室的行政事务。
7. 完成交办的其他任务。
共同职责：
1. 协助前厅部、客房部、市场销售部向客人提供安全咨询服务。
2. 协助物业部向租户提供安全咨询服务。

（二）职务规范

年龄范围：23～35 岁
性　　别：男/女
教　　育：大学本科毕业/相关外事专业本科毕业
经　　验：五星级饭店翻译工作经验
　　　　　五星级以下饭店相关管理工作经验
个　　性：勤勉、服从、细心
品　　质：良好的沟通技巧
　　　　　责任心强
　　　　　自律
　　　　　勤恳
　　　　　反应敏捷

处事灵活

举止得体

身体健康

语　　言:中文——书面表达能力强

英语——精通、熟练

其他技能:会打字

会计算机操作

熟悉当地的公安、司法工作程序

秘　　书

(一)岗位职责

级　　别:D

汇 报 至:总监助理/翻译

主管人员:无

工作范畴:处理本部门的秘书及行政事务

工作义务:

1. 处理本部门的所有文件。
2. 处理行政事务。

主要职责:

1. 打印、收发、存取各种文件。
2. 处理来往信函、传真、电子邮件,接听电话并做有关记录。
3. 每日大事记录及会议记录。
4. 负责发放、收取本部门颁发的各种证件。
5. 负责管理钥匙模子。
6. 统计办公室的每月考勤。
7. 记录、整理、管理档案。
8. 处理行政事务及交办的其他工作。

共同职责:无

(二)职务规范

年龄范围:20 ~ 30 岁

性　　别:女

教　　育:高中至大专

经　　验:具有相关工作经验

经　　验:有饭店或安全工作经验者可优先

个　　性:忠诚、可靠、服从

品　　质：责任感强
身体健康
举止得体
外貌端庄
反应敏捷
工作细致
语　　言：中文——有一定写作水平
英文——听、说、读、写、译
其他技能：会中、英文打字
会使用计算机
会使用现代化办公设备
懂得司法公安工作基本常识
会档案管理

内保经理

（一）岗位职责

级　　别：B
汇 报 至：总监/经理
主管人员：内保经理助理、内保高级主管
工作范畴：组织、调查、防范店内各类刑事、治安案件
工作义务：
1. 通过检查、落实各类安全措施，保证饭店及客人财物安全。
2. 通过对各类事件的调查，查找罪犯，追回赃物。
3. 通过对各类事件的调查，为向保险公司索赔出具证明。
4. 通过安全检查，堵塞店内各类安全漏洞。
5. 和公安部门协调合作。
主要职责：
1. 组织安排内保日常工作，制订内保工作计划。
2. 制定和组织实施各类应急方案。
3. 组织各类事件的调查、处理工作。组织对有问题人员的调查处理工作。
4. 负责对饭店各要害部位、重要部位的安全管理。
5. 组织实施对各类危险分子的查控。
6. 组织实施各项安全检查，对各部门的安全制度执行情况进行检查。
7. 负责员工的安全培训和法制教育。

8. 对重要部位员工进行雇用前的调查。
9. 控制各部门的防盗、失盗工作。
10. 负责各种犯罪情况的积累、统计工作。
11. 负责重要宾客的内部安全保卫工作。
　(1)对服务人员进行审查。
　(2)食品安全监督。
　(3)VIP 活动场所的安全保证。
12. 和公安局相关部门联系,破获店内各类案件。

共同职责:
1. 和前厅部配合做好入店客人的登记工作。
2. 和物业部配合为公寓楼常住户提供各类安全服务。
3. 和客房部配合制止各类客房失盗案件。

(二)职务规范

年龄范围:30 ~45 岁
性　　别:男
教　　育:高中或相关专业中等学历
经　　验:具有公安工作相关经验
　　　　　有饭店工作经验者优先
个　　性:严谨、细致、耐心、自信、威严
品　　质:具有良好的组织能力
　　　　　有良好的体力、精力
　　　　　处理问题机动、灵活
　　　　　反应敏捷
　　　　　能长时间工作
语　　言:中文——具有写作功底
　　　　　英文——简单听、写、读
其他技能:会对犯罪现场进行勘查
　　　　　会使用各种取证工具
　　　　　会进行材料的搜集、积累、分析
　　　　　有组织能力
　　　　　有独立处理问题的能力
　　　　　熟悉公安、司法工作程序
　　　　　熟悉国家的各种法律规定

内保经理助理

(一)岗位职责

级　　别:C

汇 报 至:内保经理

主管人员:内保高级主管

工作范畴:协助内保经理负责饭店的内部安全工作

工作义务:

1. 通过检查安全制度执行情况,保证分管部门内部安全。

2. 掌握相关人员基本情况,控制失盗。

3. 调查分管区域内的各类案件。

主要职责:

1. 完成分管区域内的安全预防工作。

2. 监督、检查分管部门安全制度的执行情况。

3. 监督分管部门的钥匙使用、保管情况。

4. 进行各类案件的调查工作。

5. 熟悉分管部门人员、财务的基本情况。

6. 对员工进行相关法律、法规教育,使其自觉遵守饭店各项规章制度。

7. 建立相应的人员卡片管理制度,掌握饭店人员组合的基本情况。

8. 每日对分管区域进行巡逻。

9. 做好每日工作记录。

10. 负责重大警卫活动中的人员审查和食品安全监督工作。

共同职责:

1. 和人事部配合,了解、熟知每位员工的基本情况。

2. 配合分管部门做好安全预防工作。

3. 和前厅部、物业部配合做好客人登记工作,掌握客人情况。

(二)职务规范

年龄范围: 30 ~45 岁

性　　别:男

教　　育:高中学历或经中等专业课程培训

经　　验:有酒店工作经验,有公安工作经验者优先

个　　性:严格、细致、耐心、自信

品　　质:具有一定的管理水平

　　　　　有良好的精力、体质

语　　言:无要求

其他技能:熟悉国家法律、法规
懂得司法工作程序
会使用刑事侦查工具
会作调查记录
会照相

内保高级主管

(一)岗位职责

级　　别:D
汇 报 至:内保经理
主管人员:无
工作范畴:负责分管区域的内部安全工作
工作义务:
1. 通过检查安全制度执行情况,保证分管部门内部安全。
2. 掌握相关人员基本情况,控制失盗。
3. 调查分管区域内的各类案件。
主要职责:
1. 完成分管区域内的安全预防工作。
2. 监督、检查分管部门安全制度的执行情况。
3. 监督分管部门的钥匙使用、保管情况。
4. 进行各类案件的调查工作。
5. 熟悉分管部门人员、财务的基本情况。
6. 对员工进行相关法律、法规教育,使其自觉遵守饭店各项规章制度。
7. 建立相应的人员卡片管理制度,掌握饭店人员组合的基本情况。
8. 每日对分管区域进行巡逻。
9. 做好每日工作记录。
10. 负责重大警卫活动中的人员审查工作。
共同职责:
1. 和人事部配合,了解、熟知每个员工的基本情况。
2. 和分管部门配合做好安全预防工作。
3. 和前厅部、物业部配合做好客人登记工作,掌握客人情况。

(二)职务规范

年龄范围:25~35岁
性　　别:男/女
教　　育:高中学历或经中等专业课程培训

经　　验:有酒店工作经验,有公安工作经验者优先
个　　性:严格、细致、耐心、自信
品　　质:具有一定的管理水平
有良好的精力、体质
语　　言:无要求
其他技能:熟悉国家法律、法规
懂司法工作程序
会使刑事侦查工具
会作调查记录
会照相

保安部值班经理职责

保安部在非常工作时间及公休日、节假日设值班经理,保安部值班经理工作期间隶属饭店值班经理管辖,配合大堂值班经理、餐饮值班经理、饭店夜班经理工作。其具体职责是:

1. 在工作期间代行保安部总监的职责。

2. 工作期间负责处理所辖区域内发生的安全事务。

3. 负责管理保安部全体当班员工。

4. 负责巡视饭店,防火、防盗、防治安灾害事故,处理员工违纪,发现、处理各种事件、事故。

5. 负责受理客人及员工的报失案件,负责受理涉及客人及员工的治安案件,严格执行接报案程序。

6. 负责接待司法人员外调及政府各部门的调查,并按《保安部配合司法工作在店内执行公务的程序》办理案件的侦查、传唤、逮捕工作。

7. 根据保安部各类突发事件的处理预案,处理突发事件。

8. 负责检查保安部所属各类岗位的上岗情况,并有权增减相应的哨位。

9. 负责做好值班记录,与内保经理做好每日的交接班工作,每日向保安部早例会汇报值班情况。

消 防 经 理

(一)岗位职责

级　　别:B
汇 报 至:总监/经理
主管人员:消防高级主管、中控室主任
工作范畴:负责全店的防火安全事宜

工作义务：

1. 通过检查监控，减少消防隐患，防止饭店发生火灾。
2. 通过组织消防培训和消防演习，提高员工的消防意识。
3. 发生火灾时，通过组织有效的救援工作减少饭店损失。

主要职责：

1. 保证政府的消防法规及规章制度有效实施。
2. 检查、监督、执行饭店的各种消防安全制度、消防报警程序和应急方案。
3. 组织安排对员工和义务消防队员的消防培训，组织消防演习。
4. 组织火灾的扑救、调查工作。
5. 饭店日常的消防管理，违章情况的纠正处理。
6. 施工改造的消防审批。
7. 配置消防设备，确保消防设备正确使用。
8. 和政府消防部门联系。
9. 负责消防中控人员的招聘、评定、管理工作。
10. 建立、积累消防档案。

共同职责：

1. 和饭店工程部、培训部共同组织防止灾害事故的培训。
2. 配合工程部负责消防设备、设施的检查及维修工作。
3. 配合工程部进行项目改造的消防审批。

（二）职务规范

年龄范围：30～40岁
性　　别：男
教　　育：相关专业大专毕业或经过专业特殊培训
经　　验：消防工作经验
　　　　　星级酒店相应的工作经验
个　　性：严格、细致、专一
品　　质：具有高度的责任心
　　　　　良好的体质
　　　　　思想稳定
　　　　　热爱专业工作
语　　言：中文——有书面表达能力
　　　　　英文——能阅读
其他技能：熟悉火灾的现代化报警设施
　　　　　能组织火灾扑救和现场指挥

有一般的电工常识

熟悉国家各种消防规范

消防高级主管

（一）岗位职责

级　　别：D

汇 报 至：消防经理

主管人员：消防监控员、消防警卫员、CCTV 监控员

工作范畴：全饭店火灾的预防

工作义务：

1. 通过检查、监控，杜绝消防隐患，防止饭店发生火灾。
2. 通过组织消防培训和消防演习，提高员工的消防意识。
3. 发生火灾情况时，能够通过组织救援工作减少饭店损失。

主要职责：

1. 配合消防经理在饭店内落实各项防火制度。
2. 通过消防检查，发现和消除火灾隐患，防止火灾发生。
3. 对各种违反消防制度的现象，通过书面警告进行纠正。
4. 对店内维修和施工单位的“动用明火”进行审批并对现场进行监督。
5. 协助消防经理进行消防演习和火灾扑救。
6. 协助消防经理指导义务消防队活动。
7. 对施工现场进行监督管理。
8. 对各类火灾事故进行调查。
9. 对饭店重点部位进行特别消防监护。

共同职责：

1. 和培训部配合，对新入店的员工进行消防教育。
2. 和工程部配合，定期检查各项防火设施、设备。
3. 和厨房部配合，对油烟道进行定期清洗。
4. 和物业部配合，对公寓楼租户进行消防指导。
5. 和商城消防部配合，搞好饭店隶属商城的消防工作。

（二）职务规范

年龄范围：25 ~ 35 岁

性　　别：男/女

教　　育：高中或中等专科学历

经　　验：有消防工作经验

星级酒店相应的工作经验

个　　性：严格、细致、有责任心、有效率

品　　质：良好的精力、体力
责任心强
思想稳定
有细致的工作方法
热爱专业工作

语　　言：无要求

其他技能：会熟练使用各种消防器材
掌握各种消防器材的标准配备
熟悉国家消防法规
会操作报警系统

中控室主任

（一）岗位职责

级　　别：C

汇 报 至：消防经理

主管人员：消防监控员、消防警卫员、CCTV 监控员

工作范畴：对饭店进行火灾监控

工作义务：

1. 使用饭店自动报警系统，对整个饭店区域的火灾进行监控。
2. 使用 CCTV 系统，对饭店的安全情况进行监控。

主要职责：

1. 组织人员通过消防自动报警系统，对饭店区域进行 24 小时消防监控。
2. 组织人员进行消防警卫巡逻，对饭店区域进行火灾监控。
3. 根据报警程序及应急方案，向饭店相关部门发出火警警报。
4. 饭店一旦发生火灾，负责消防中心和各个部门的协调及通信联系。
5. 发生火灾时，向住店客人发出火警警报。
6. 对消防中控室消防监控员、消防警卫、CCTV 监控员进行管理和培训。
7. 向工程部通报各类消防设施的使用情况，发现问题及时报修。
8. 组织消防警卫巡逻、检查、维修饭店所有轻便灭火设备。
9. 通过 CCTV 对饭店的各个出入口和可疑人员进行监控。

共同职责：

1. 和工程部一起对饭店的消防设备进行维修保养。
2. 和总机、前台一起向饭店相应部位或客人发出火情警报。

(二)职务规范

年龄范围:25~35岁

性　　别:男

教　　育:中专学历或持有消防局颁发的上岗证

经　　验:星级酒店消防中控室工作经历

个　　性:自信、果断、细致

品　　质:敢于承担责任

头脑清楚、机灵

有良好的管理经验

忠诚可靠

能值夜班

语　　言:英文——具有一般阅读能力

其他技能:能熟练使用报警系统

熟悉饭店所有消防设备性能

熟悉各种现代化消防器材性能

消防监控员/CCTV监控员

(一)岗位职责

级　　别:F/G

汇 报 至:中控室主任

主管人员:无

工作范畴:火灾的监视和控制

工作义务:

1. 通过自动消防监控设施,对饭店的火灾进行监视、预报。

2. 发生火灾时,向饭店员工及客人发出警报。

主要职责:

1. 严密监视消防控制台及打印设备信号,按规定程序操作并认真填写值班记录。

2. 接到火警信号后,能迅速、准确地按消防报警程序,通知有关人员进行现场确认。

3. 在接到真实火警报警后,立即按消防应急方案开始行动。

4. 发现监控设备出现故障时,应立即通知工程部维修并做当班记录。

5. 做好每日的交接班工作,包括:控制设备运行情况、屏幕上各信号现状、当日饭店各部位的监控记录等。

6. 保持消防中心及监控设施清洁、完好。

7. 负责通过 CCTV 控制饭店各出入口。

8. 注意发现可疑人员、可疑情况。

共同职责：

1. 和工程部配合，保证消防中心自动报警设备运行正常。

2. 发生火情时，和总机配合执行消防应急方案，通知人员疏散。

（二）职务规范

年龄范围：20～30 岁

性　　别：男/女

教　　育：高中文化或有消防局颁发的上岗证

经　　验：星级酒店警卫经历
饭店消防警卫经历

个　　性：细心、可靠、严谨

品　　质：忠于职守
头脑机灵、反应快
有良好的身体素质
能值夜班
胜任危险工作

语　　言：英文——能阅读英文的消防器材使用说明书

其他技能：熟悉报警系统
熟悉各类消防设施性能
能使用各类轻便灭火器

消 防 警 卫

（一）岗位职责

级　　别：F

汇 报 至：中控室主任

主管人员：无

工作范畴：全店的消防安全

工作义务：

1. 通过巡视，发现饭店范围内的早期火灾。

2. 通过巡视，纠正饭店内各种违反消防规定的行为。

3. 通过巡视，检查饭店内各种消防设施的完好状况。

4. 参加灭火。

主要职责：

1. 巡视检查饭店各区域的消防设备，向中控室主管汇报设备故障。

2. 一旦接到消防中控指令,立即赶赴报警点进行确认,如属误报,应通知中控室将联运信号复位;如发现真实火情,立即向中控室汇报。

3. 在紧急情况下,根据指令灭火、疏散客人。

4. 做好检查记录。

5. 监视中央控制台,一旦发现可疑人员,立即汇报。

6. 做好监控记录。

共同职责:

同前厅部大堂值班经理、值班工程师协同进行火警现场确认。

(二)职务规范

年龄范围:18~30岁

性　　别:男

教　　育:高中

经　　验:酒店警卫经历

个　　性:忠诚、细致

品　　质:忠于职守
胜任危险工作
工作效率高
服从命令

语　　言:无要求

其他技能:会使用各种轻便灭火器
具备一定的消防知识
熟悉国家消防规定

警卫经理

(一)岗位职责

级　　别: B

汇 报 至:总监/经理

主管人员:警卫经理助理、高级主管

工作范畴:负责饭店的警卫工作

工作义务:

1. 通过布置警卫岗位,保证饭店的外围安全。

2. 通过布置警卫巡逻,加强饭店内部安全。

3. 负责车辆的停放和管理。

4. 负责组织保安部机动力量应对店内紧急情况。

主要职责:

1. 根据保安部总监或经理要求，计划、组织警卫工作并配合内保、消防部门的工作。

2. 根据饭店日常经营要求设置警卫岗位，布置巡逻密度。

3. 监督警卫主管工作，安排机动力量（人员）应对紧急情况。

4. 处理各类治安案件，向客人提供警卫服务。

5. 管理地下、地面停车场，处理交通事故，保障饭店区域内交通通畅。

6. 负责警卫人员的招聘、管理、评定。

7. 制订执行警卫培训计划，加强警卫责任感，提高服务意识。

8. 负责同当地交通大队、派出所、地区综合治安部门联络，保持良好关系。

9. 监督管理店内的施工、来访、推销等外部人员。

10. 为饭店的重大活动提供安全警力，以维护现场秩序。

共同职责：

1. 和餐饮部配合，为大型活动提供保障。

2. 和物业部配合，掌握公寓楼各类常住户情况。

（二）职务规范

年龄范围：30～40岁

性　　别：男

教　　育：大专学历或经过专门培训

经　　验：在公安部门或相应的星级酒店受过警卫专业培训

个　　性：严厉、自信、有耐心、可靠、服从

品　　质：形体标准

有较强的组织能力

适应夜间工作

有充沛的精力、体力

有灵活的处理事物能力

服从命令

可靠

能承担责任

语　　言：中文——有一定的书面组织能力

英文——能阅读

其他技能：能定期进行形体训练

能制定大型警卫活动方案

熟悉当地的法规及司法工作程序

和当地公安部门有良好关系

警卫经理助理

(一)岗位职责

级　　别:C

汇 报 至:警卫经理

主管人员:警卫高级主管、警卫主管

工作范畴:协助警卫经理处理警卫队日常工作

工作义务:

1. 通过组织、考核,加强对警卫队人员的管理。

2. 通过培训提高人员素质。

3. 作为警卫队经理的副手,完成警卫队的业务工作。

主要职责:

1. 负责制订各类培训计划,提高警卫身体素质,强化安全意识,改善服务态度。

2. 安排人员的出勤、公休、年假,保障每日有足够的人员在岗。

3. 负责警卫队各种器材的保管、发放、检查。

4. 了解每个员工的具体情况,了解困难,帮助解决,使其能安心工作。

5. 熟悉自己分管部门的人员、财务的基本情况。

6. 负责饭店各类大型活动的警卫工作及现场指挥任务。

7. 负责联系、接待当地公安机关来店工作。

8. 警卫经理不在时,代理经理行使相关职权。

9. 管理临时工。

共同职责:

1. 和人事部联系,负责警卫的招聘、评定工作。

2. 和培训部联系,负责搞好警卫培训工作。

(二)职务规范

年龄范围:25 ~35 岁

性　　别:男

教　　育:大专学历或经过专门培训

经　　验:有酒店警卫工作经验

曾有在公安、武警、部队工作的经历

个　　性:敏捷、机灵、亲切

品　　质:形体标准

有组织能力

适应夜间工作

有充沛的体力、精力
服从命令
可靠
语　　言:英文——具备基本阅读能力
其他技能:能搞形体训练
能处理一般性工作
熟悉当地的公、检、法机构
熟悉饭店及饭店公寓楼客人的情况

警卫高级主管

(一)岗位职责

级　　别:D
汇 报 至:警卫经理
主管人员:警卫主管、警卫
工作范畴:在当班时间对警卫人员的工作进行监督、指导
工作义务:
1. 通过安排组织警卫工作,完成当日饭店的安全、警卫工作。
2. 保证饭店每天有一个良好的经营环境。
主要职责:
1. 管理和安排一个警卫班当班日的全部工作。
2. 带领本班警卫贯彻、执行保安部的各项规章制度。
3. 巡视、检查各岗位的纪律情况、安全意识和服务态度。
4. 处理警卫发现的各种问题并上报警卫经理。
5. 维持饭店外围的治安环境。
6. 确保停车场、地下车库行车道安全、畅通,疏散交通拥堵。
7. 负责重大活动的安全警卫工作,为 VIP 客人提供专梯、专岗特殊安全服务。
8. 组织人员按要求进行巡逻。
9. 根据一天值班情况,填写警卫报告书,做好交接班工作,清点器材。
共同职责:无

(二)职务规范

年龄范围:25 ~ 35 岁
性　　别:男
教　　育:中专学历
经　　验:有相应的工作经历

在本饭店警卫岗位工作 1 年以上

个　　性:忠诚、敏捷、机灵、勤奋、服从

品　　质:形体标准

有一定组织能力

适应夜班工作

有充沛的精力、体力

工作认真、有效率

机灵,处事灵活

服从命令

语　　言:英文——可和客人简单交流

其他技能:熟悉饭店相应的制度和基本情况

能处理一般性事务

熟悉保安部的各项工作程序

在紧急事件中能独当一面

警卫主管

(一)岗位职责

级　　别:E

汇 报 至:警卫高级主管

主管人员:警卫

工作范畴:协助高级主管负责一个值班日的全部警卫工作

工作义务:

1. 作为高级主管的助手对一个班次的警卫工作进行监督、指导。

2. 高级主管不在时,代表高级主管主持工作。

主要职责:

1. 根据保安部要求,完成安全工作。

2. 定时、定点对整个建筑群进行安全巡视。

3. 押送财务部各类款项。

4. 制止各类外来人员在饭店区域内从事经营活动。

5. 检查、纠正员工的各类违纪行为。

6. 一旦饭店内部发生火灾、水灾、盗窃等紧急情况,应保护现场,提供救护。

7. 负责人员的考勤。

8. 为 VIP 客人和饭店大型活动提供安全保障。

共同职责:无

（二）职务规范

年龄范围:20～30岁
性　　别:男
教　　育:中等学历
经　　验:在本饭店警卫岗位工作1年以上
其他相应经历
个　　性:忠诚、勤奋、机灵、服从
品　　质:形体标准
有一定组织能力
适应夜班工作
有充沛的精力、体力
工作认真、有效率
服从命令
语　　言:英文——能简单听、说
其他技能:能处理一般性事务
熟悉饭店基本情况
熟悉保安部的各项工作程序
在紧急事件中能独当一面

警　　卫

（一）岗位职责

级　　别: F－G
汇 报 至:警卫高级主管/警卫主管
主管人员:无
工作范畴:负责分派岗位区域里的安全工作
工作义务:
1. 通过站岗、巡逻,处理随时发现的问题,确保负责区域安全。
2. 通过全体警卫的互相配合,保证饭店有良好的经营环境。
主要职责:
1. 在指定岗位上,完成安全保障和安全服务任务。
2. 根据岗位要求,完成当班日工作。
3. 阻止各类闲杂人员进店。
4. 为常住店客人提供安全服务。
5. 执行会客登记制度,对来访人员进行会客登记,查验证件。
6. 对饭店楼群执行巡视任务。

7. 发生紧急情况时,执行特别指派的任务。

8. 清除在饭店区域内的乞讨、聚众等各种活动。

9. 检查饭店外围设备使用情况,发现问题及时上报。

10. 指挥各门前车辆合理停放,保证门前畅通。

共同职责:无

(二)职务规范

年龄范围:18～28 岁

性　　别:男/女

教　　育:高中以上学历

经　　验:有酒店保卫工作经历者优先

个　　性:忠诚、可靠

品　　质:有良好的体质、精力

适应夜班工作及长时间工作

有一定的警惕性

举止得当

语　　言:英文——能简单听、说

其他技能:无特别要求

第三章 饭店内保管理

饭店保卫部门的三大职能是内部安全保卫、消防以及警卫。下面以这三大职能为中心，分章讲述饭店的内保管理制度、警卫管理制度以及消防管理制度。本章将对有关饭店内保管理的制度、工作程序等进行详细介绍。

第一节 饭店各部门的安全管理

一、行政部的安全管理

（一）原则

1. 行政部办公室、员工宿舍、医务室的安全由行政部负责。

2. 坚持“谁主管，谁负责”的原则。行政部的安全责任人是行政部经理，各分部门的安全工作由分部门经理负责。

3. 部门安全责任人有责任检查、监督本部门安全制度和专业工作程序顺利执行，有责任配合保安部搞好全店的安全工作。

（二）办公室的安全管理

1. 行政部各办公室的安全工作由本部门负责。

2. 对于办公室设备和贵重物品，应指定责任人，由专人保管和存放。

3. 办公室无人时应锁门，吃饭时间不需要设值班人员的，办公室应锁门；需要设值班人员的，要有明确的交接班制度。

4. 办公室钥匙应由专人保管，使用后存放在指定地点，交接要有手续，丢失钥匙要及时报告。

5. 办公室不得超规定和超负荷使用电脑。

6. 办公室内不得存放各种危险物品，不得存放现金、有价证券及贵重物品，文件柜应加锁。

（三）员工宿舍的安全管理

1. 员工宿舍的安全由员工宿舍经理负责。员工宿舍经理负责制定相应的安全制度和专业操作规程。安全制度和专业操作规程由负责人负责检查、监督落实情况。

2. 员工宿舍经理有责任让部门每个员工知道各自岗位的安全规范和责任。

3. 员工在宿舍住宿要进行登记，非本店员工不得在员工宿舍留宿。

4. 员工应保持宿舍良好的休息秩序，严禁在宿舍内酗酒、大声喧哗或进行其他娱乐活动。

5. 员工宿舍内严禁吸烟和使用电器。

6. 员工宿舍的主要安全管理目标是：(1)严禁吸烟，预防火灾。(2)防止失盗（主要是休息员工的私人钱物）。(3)防止打架闹事，尤其不准酗酒闹事后留宿。(4)防止留宿身份不明的人。

（四）医务室的安全管理

1. 医务室的安全由医务室主任负责。医务室主任应制定相应的安全制度和专业操作规程。安全制度和操作规程由医务室主任检查、监督落实情况。

2. 医务室主任有责任让自己部门的员工知道各自岗位的安全规范和责任。

3. 医务室要建立专人值班制度，保证客人、员工发生意外时能得到及时抢救。

4. 医务室严禁使用过期药品，遵守职业道德，杜绝医疗事故。

5. 医务室的贵重物品和药物应由专人管理并上锁，出入账目清楚，治疗室、办公室严禁存放现金。

6. 医务室应提醒食品检验人员在饭店举办重大活动或接待特殊人物时，做好食品留样工作。

7. 医务室主要安全管理目标是：(1)严格遵守操作规程，杜绝医疗事故。(2)严格药品管理，防止丢失。(3)确保食品检验的准确性。

二、销售部的安全管理

（一）原则

1. 销售部、公关部、美术部的安全工作由销售部负责。

2. 销售部的安全负责人是销售部总监，其他各部门的安全工作由部门经理负责，各部门都必须建立完善的安全工作制度和相应的专业工作程序，“谁主管，谁负责”。

3. 部门安全责任人有责任检查、监督本部门安全制度和专业工作程序的执行情况，有责任配合保安部搞好全店的安全工作。

（二）销售部办公室的安全管理

1. 销售部各办公室的安全工作由本部门负责。

2. 对于办公室设备和贵重物品，应指定责任人，由专人保管和存放。

3. 办公室无人时应锁门，吃饭时间不需要设值班人员的，办公室应锁门；需要设值班人员的，要有明确的交接班制度。

4. 办公室钥匙应由专人保管，使用后存放在指定地点，交接要有手续，丢失钥匙要及时报告。

5. 办公室不得超规定和超负荷使用电脑。

6. 办公室内不得存放各种危险物品，不得存放现金、有价证券及贵重物品，文件柜应加锁。

（三）销售部的安全管理

1. 销售部的安全工作由销售部总监负责，销售部总监应制定相应的安全制度和专业操作规程。安全制度和操作规程应张挂于办公室，由销售部总监检查、监督落实情况。

2. 销售部总监有责任让自己部门的每个员工知道各自岗位的安全责任和规范。

3. 销售部员工必须遵守饭店的保密制度，有关饭店的销售政策、销售价格及饭店经营情况等商业信息，未经允许不得泄漏。

4. 销售部员工应遵守饭店销售纪律，不得以权谋私，或进行谋求个人私利的经营活动。

5. 需要接待政府重要贵宾或举办大型活动时，销售部应预先报告保安部。

6. 办公室所有传输工作资料的设备应设专人管理，凡接到与饭店业务无关的资料，应由管理人员直接送交保安部，严禁传阅或扣押。

7. 销售部的主要安全管理目标是：(1)保守饭店的经营和销售秘密。(2)确保将各类大型或重要活动及来店贵宾等事项及时告知保安部。(3)加强对文件传输设备的控制，防止各类宣传品流散。(4)防火、防盗。

（四）公关部的安全管理

1. 公关部的安全工作由公关部经理负责，公关部经理应制定相应的安全制度和专业操作规程。安全制度和操作规程由公关部经理检查、监督落实情况。

2. 公关部经理有责任让自己部门员工知道各自岗位的安全规范和责任。

3. 公关部在接待重要的新闻活动如新闻发布会、记者招待会时，应先报告保安部，并按国家有关程序获得审批。

4. 公关部在饭店内组织由记者、新闻机构人员、影视娱乐人员参加的各类活动时，应让保安部知道。

5. 美工应注意防火、防毒、防爆，使用易燃、易爆、有毒物品时，应采取有效的防范措施。

6. 美工应定期检修所用设备，严格执行操作规程，防止各类事故发生。

7. 公关部的主要安全管理目标是：(1)严格督导在饭店举行的新闻发布会、记者招待会，防止发生政治事故。(2)加强美术部的火灾预防。

三、工程部的安全管理

(一)原则

1. 工程部及其所属各类机房的安全工作由工程部负责。

2. 工程部的安全责任人是工程部总监，各机房的安全责任人是分部门负责人，各分部门应建立完善的安全工作制度和相应的专业工作程序，坚持"谁主管，谁负责"的安全管理方针。

3. 部门安全责任人有责任检查、监督本部门安全制度和专业工作程序的执行情况，有责任配合保安部搞好全店的安全工作。

(二)工程部办公室的安全管理

1. 工程部各办公室的安全工作由本部门负责。

2. 对于办公室设备和贵重物品，应指定责任人，由专人保管和存放。

3. 办公室无人时应锁门，吃饭时间不需要设值班人员的，办公室应锁门；需要设值班人员的，要有明确的交接班制度。

4. 办公室钥匙应由专人保管，使用后存放在指定地点，交接要有手续，丢失钥匙要及时报告。

5. 办公室不得超规定和超负荷使用电脑。

6. 办公室内不得存放各种危险物品，不得存放现金、有价证券及贵重物品，文件柜应加锁。

(三)工程部的安全管理

1. 工程部的安全工作由工程部总监负责，工程总监负责制定相应的安全制度和专业操作规程。安全制度和操作规程应张挂在工作间，由部门安全责任人检查、监督落实情况。

2. 部门安全责任人有责任让自己部门的每个员工知道各自岗位的安全规范和责任。

3. 工程部的变压室、配电室、煤气室、电梯机房、冷冻机房、空调机房系饭店的要害部位，这些岗位的员工应经保安部政审和安全培训后方能上岗。

4. 工程部上述各要害部位要有专人负责，并制定和张挂安全制度，凡需要24小时设岗值班的部位，任何时候都应有人值班，并严禁无关人员入内。

5. 工程部各工种都应建立本行业安全操作规程，并严格执行，杜绝各类安全隐患和工程事故。

6. 工程部应建立24小时值班制度并配备专业值班电话，明确值班人员职责，应对各类突发事件。

7. 工程部联系的外来施工队，应指派专人监督、检查施工质量和安全措施，监督、检查施工队执行饭店规章制度的情况。

8. 工程部员工进客房区维修时，应持派工单，并遵守客房部的安全管理制度。在住有客人的客房维修时，应有客房部服务员在场，维修结束时，应让客房服务员在派工单上签字。派工单上要有详细的工作过程记录。维修过程中发现可疑情况，应及时报告保安部。

9. 工程部应配合保安部对饭店的要害部位和重要部位进行定期安全检查，还应设专人对危险物品、设备、设施，如煤气等进行经常性的安全检查。

10. 工程部所属库房应有严格的管理制度和健全的出入库手续，对易燃、易爆、有毒等危险品应有严格的管理措施，并定期检查。

11. 保安部应对上述制度的执行情况进行检查、监督，并提出整改措施。

12. 工程部的主要安全管理目标是：(1)确保饭店重要部位、要害部位安全、无隐患，不出重大事故。(2)采取严格措施和有效手段预防工程事故和工伤事故。(3)定期安全检查，消除设施、设备隐患。(4)搞好火灾的预防工作。

四、厨房的安全管理

(一)原则

1. 饭店各餐厅厨房、肉房、菜房、饼房、管事部的安全工作由厨房部负责。

2. 厨房部的安全负责人是行政总厨师长/行政总厨，各厨房的安全工作由各厨房厨师长负责，实行“谁主管，谁负责”。各厨房应建立完善的安全工作制度和相应的专业工作程序。

3. 各厨房安全责任人有责任检查、监督本厨房安全制度和专业工作程序的执行情况，有责任配合保安部搞好全店的安全工作。

(二)厨房办公室的安全管理

1. 厨房部各办公室的安全工作由本部门负责。

2. 对于办公室设备和贵重物品，应指定责任人，由专人保管和存放。

3. 办公室无人时应锁门，吃饭时间不需要设值班人员的，办公室应锁门；需要设值班人员的,要有明确的交接班制度。

4. 办公室钥匙应由专人保管,使用后存放在指定地点,交接要有手续,丢失钥匙要及时报告。

5. 办公室不得超规定和超负荷使用电脑。

6. 办公室内不得存放各种危险物品,不得存放现金、有价证券及贵重物品,文件柜应加锁。

(三) 各厨房的安全管理

1. 各厨房的安全工作由各厨房厨师长负责,厨师长负责制定相应的安全制度和本专业操作规程。安全制度和操作规程应张挂在厨房和工作间,由厨师长检查、监督落实情况。

2. 部门安全责任人有责任让自己部门的每个员工知道各自岗位的安全规范和责任。

3. 厨师长有责任严格执行食品卫生法,做好经常性的食品检验工作,预防食物中毒事件发生。

4. 厨师长应要求员工按操作规程正确使用煤气、电器设备,发现问题及时报告工程部维修,严禁带故障操作。在使用煤气时,工作人员不得擅离岗位,人离开或下班后,要关好煤气,切断电源。坚持谁主管谁负责,谁在岗位谁负责,谁操作谁负责。

5. 厨房的所有库房和冷库设专人管理,专人负责,严禁无关人员入内。物品出入库要有详细登记。离人和下班后,库房、冷柜必须上锁。

6. 发放各类刀具和厨具时应有记录,并指定存放地点和存放方式,做到谁使用、谁保管、谁负责。

7. 厨房属饭店重要部门,无关人员严禁入内。

8. 厨房部的主要安全管理目标是:(1)严把食物进出库关和制作关,预防食物中毒。(2)正确使用燃气设备,预防火灾、爆炸事故。(3)严格库房管理制度和出入库制度,杜绝失盗事故。(4)控制刀具使用,防止恶性事故发生。(5)制定标准工作程序,防止工伤事故发生。

(四) 肉房、菜房、饼房的安全管理

1. 肉房、菜房、饼房的安全工作由各部门厨师长负责,各部门厨师长负责制定相应的安全制度和专业操作规程。安全制度和操作规程应张挂在操作间,由部门厨师长检查、监督落实情况。

2. 厨师长有责任让本部门的每个员工知道各自岗位的安全规范和责任。

3. 肉房、菜房、饼房厨师长有责任严格执行食品卫生法,做好经常性的食品检验工作,采取严格的管理措施,预防食物中毒。

4. 严格要求员工按操作规程正确使用各类燃气和电器设备。设备运行和使用期间,严禁操作人员擅离岗位,人离开后,必须停止设备、设施运行,下班后,必须切断气源、电源。发现设备故障,应及时报告工程部进行维修,严禁带故障操作。

5. 厨师长有责任严格执行本专业的操作规程,预防各类工伤事故。

6. 部门应建立严格的库房管理制度和安全措施,防止食品和物品失盗。

7. 肉房、菜房、饼房的主要安全管理目标是:(1)把握食品的质量,预防食物中毒。(2)严格操作程序,防止工伤事故发生。(3)正确使用设备、设施,预防火灾、爆炸。(4)严格食品、物品管理,杜绝失盗。

(五)管事部的安全管理

1. 管事部的安全工作由管事部经理负责,管事部经理负责制定相应的安全制度和专业操作规程。安全制度和操作规程应张挂在操作间,由管事部经理检查、监督落实情况。

2. 管事部经理有责任让本部门的每个员工知道各自岗位的安全规范和责任。

3. 管事部经理必须建立严格的操作规范和制度,做好餐具的消毒工作,预防食物中毒。

4. 管事部库房应张挂安全管理制度,严格出入库制度,做好餐具的发放和回收工作。

5. 贵重餐具应设专人保管,严格交接手续,做到出库登记、入库清点。

6. 设专人管理洗涤设备、工具、药品,责任到人。

7. 教育员工了解和遵守相关部门的安全制度,保证各餐厅、厨房的安全。

8. 管事部的主要安全管理目标是:(1)确保餐具消毒质量,严防食物中毒。(2)严格餐具发放、回收管理,防止失盗。(3)对员工尤其是临时工进行经常性的防火、防盗安全教育,确保员工有安全责任感。

五、餐饮部的安全管理

(一)原则

1. 餐饮部办公室、各餐厅、饮料部、大堂酒吧、送餐部、宴会部的安全工作由餐饮部负责。

2. 餐饮部的安全责任人是餐饮部总监,各部门的安全工作由部门经理负责,做到“谁主管,谁负责”。各部门应建立完善的安全工作制度和相应的专业工作程序。

3. 部门安全责任人有责任检查、监督本部门安全制度和专业工作程序的执行情况，有责任配合保安部搞好全店的安全工作。

（二）各办公室的安全管理

1. 餐饮部各办公室的安全工作由本部门负责。

2. 对于办公室设备和贵重物品，应指定责任人，由专人保管和存放。

3. 办公室无人时应锁门，吃饭时间不需要设值班人员的，办公室应锁门；需要设值班人员的，要有明确的交接班制度。

4. 办公室钥匙应由专人保管，使用后存放在指定地点，交接要有手续，丢失钥匙要及时报告。

5. 办公室不得超规定和超负荷使用电脑。

6. 办公室内不得存放各种危险物品，不得存放现金、有价证券及贵重物品，文件柜应加锁。

（三）各餐厅的安全管理

1. 各餐厅的安全工作由各餐厅经理负责，餐厅经理应制定相应的安全制度和专业操作规程。安全制度和操作规程应张挂在员工休息区，由餐厅经理检查、监督落实情况。

2. 各餐厅经理有责任让自己部门的每个员工知道各自岗位的安全规范和责任。

3. 餐厅服务员必须经过安全培训方能上岗。上岗后，每 3 个月应进行一次专业安全培训，以便尽早熟悉工作环境的安全状况，知道当前防范的重点。

4. 餐厅经理和餐厅服务员有责任保护客人财物安全，发现不安全因素或可疑人员应立即报告保安部。对客人遗留的物品应做到及时登记并上交保安部。

5. 餐厅丢失钥匙应及时上报。

6. 餐厅应设专人保管贵重餐具，严格交接手续，做到出库登记、入库清点。

7. 餐厅必须建立严格的规章制度和工作程序，保证现金安全，防止员工贪污。

8. 餐厅经理有责任建立健全完整的规章制度，保证餐厅的各类设施、设备、用具完好无损，防止用具被盗或遗失。

9. 餐厅的主要安全管理目标是：(1)通过培训和教育，提高每位员工的安全素质。(2)强化全体服务员保证就餐客人财物安全的意识。(3)通过严格的工作程序，让员工廉洁自律，杜绝贪污。(4)严格管理制度，杜绝设备、设施、用具被盗或遗失。

（四）饮料部、送餐部的安全管理

1. 饮料部、送餐部的安全分别由饮料部经理以及送餐部经理负责，他们负责制定相应的安全制度和专业操作规程。安全制度和专业操作规程应张挂在操作间，由饮料部经理和送餐部经理分别检查、监督落实情况。

2. 饮料部经理、送餐部经理有责任让自己部门的每个员工知道各自岗位的安全规范和责任。

3. 饮料部必须有严格的规章制度和工作程序，保证收取的现金安全，防止贪污。

4. 饮料部应建立健全完整的规章制度，保证贵重酒水安全，防止失盗。

5. 饮料部应建立严格的钥匙管理制度，明确钥匙交接手续，丢失钥匙应及时上报。

6. 迷你吧和送餐部员工在客房楼层工作时必须遵守客房部的安全管理制度，做到：(1)没有客房服务项目时，不随意进出楼层。(2)服务时，发现可疑人员或可疑情况应立即报告保安部。(3)客人不在房间时，送餐员工必须在客房部员工的陪同下进出客房。(4)送餐部员工和迷你吧员工在房间工作时，必须阻止无关人员进入客房。(5)在无客人房间工作时，应敞开客房房门。(6)不得在客房内翻看客人物品或做其他与本职工作无关的事。

7. 送餐部服务员不得让客人用现金结账。

8. 建立严格的迷你吧万能钥匙管理制度，明确钥匙交接手续，做到谁主管谁负责。

9. 饮料部、送餐部的主要安全管理目标是：(1)严格的工作程序和安全管理，保障楼层安全。(2)严格酒水管理制度，防止盗窃和遗失。(3)员工必须有安全意识，发现问题及时报告。

（五）宴会部的安全管理

1. 宴会部的安全工作由宴会部经理负责，宴会部经理应制定相应的安全管理和专业操作程序。安全制度和专业操作程序必须张挂在操作间，由宴会部经理检查、监督落实情况。

2. 宴会部经理有责任让自己部门的员工知道各自岗位的安全规范和责任。

3. 宴会销售部在接到重大、重要宴会活动的举办通知时，应事先通知保安部，以便做好安全防范工作。

4. 宴会销售部在接到研讨会、新闻发布会、记者招待会等订单时，应按当地有关审批程序报批，同时报保安部。拿不准活动性质时，应报保安部审查、摸底。

5. 在举办活动时，宴会部经理应严格工作程序和安全程序，确保客人财物安全和举办单位礼品安全。

6. 宴会部的主要安全管理目标是:(1)严格掌握各种宴会活动的性质,杜绝政治事故发生。(2)确保将各类活动及时报告保安部,以便做好安全防范工作。(3)制定严格的工作程序,保证客人财物安全,防止财物被盗和丢失。

六、客房部的安全管理

(一)原则

1. 客房部办公室、各楼层、洗衣房、花房、健身房、布巾房、工服房的安全工作由客房部负责。

2. 客房部的安全责任人是客房部经理,各部门的安全工作由分部门经理负责,做到谁主管、谁负责。各分部门应建立完善的安全工作制度和相应的专业工作程序。

3. 部门安全责任人有责任检查、监督本部门安全制度和专业工作程序执行情况,有责任配合保安部搞好全店的安全工作。

(二)客房部办公室的安全管理

1. 客房部各办公室的安全工作由本部门负责。

2. 对于办公室设备和贵重物品,应指定责任人,由专人保管和存放。

3. 办公室无人时应锁门,吃饭时间不需要设值班人员的,办公室应锁门;需要设值班人员的,要有明确的交接班制度。

4. 办公室钥匙应由专人保管,使用后存放在指定地点,交接要有手续,丢失钥匙要及时报告。

5. 办公室不得超规定和超负荷使用电脑。

6. 办公室内不得存放各种危险物品,不得存放现金、有价证券及贵重物品,文件柜应加锁。

(三)客房部的安全管理

1. 客房部的安全工作由客房部经理负责,客房部经理应制定相应的安全制度和专业操作规程。安全制度和操作规程应张挂在办公室,由客房部经理检查、监督落实情况。

2. 客房部经理有责任让自己部门的每个员工知道各自岗位的安全规范和责任。

3. 客房部楼层服务员必须经过安全培训方能上岗。上岗后,每月应进行一次专业安全培训,以便尽早熟悉工作环境的安全状况,知道当前防范的重点。

4. 客房部楼层主管和服务员有责任保护客人财物安全,工作期间要保持高度警惕，发现不安全因素、可疑人员和可疑情况时，应立即报告保安部。

5. 客房区域的安全工作实行“谁主管，谁负责”的原则，楼层主管负责主管楼层的安全，服务员负责服务管段客房的安全。相关责任人有权阻止其他部门员工随意进入楼层的客房，有权纠正其他部门员工违反客房安全管理规定的行为。

6. 客房部员工在楼层工作时应遵守下列安全管理规定：(1)做房时，应做一间开一间，严禁同时打开多间房门。离开房间时必须锁门。(2)做房时，应敞开房门，将服务车横挡在门前，以阻拦无关人员进房。(3)做房时，必须认真填写做房表，准确记录进出客房时间。对在做房中发现的一切特殊情况，都应记录在做房表中。(4)做房时，如发现客房中有易燃、易爆、枪支弹药等危险物品，必须立即报告保安部，严禁自行处理。(5)做房时，其他房间的客人要求开门的，必须核对客人住房卡。如有疑问，应礼貌地请客人去前台办理相关事宜。(6)客人不在房间时，应礼貌谢绝来访者，不得为其开门，发现可疑情况应及时报告保安部。(7)发现客人有遗留物品时，应上交捡拾物品招领处。对客人遗留的反动、黄色物品，应直接交保安部，严禁传阅或自行处理。发现客人遗留的客房钥匙时，应上交主管，并记录在做房表上。

7. 其他部门员工需要进入有人居住的客房工作时，客房服务员应检查工作单，并陪同至工作结束。其他部门员工需要进入无人居住的客房工作时，工作完毕，客房服务员应检查房间情况，确认情况正常后方能在进房工作人员的工作单上签字，并写在自己的工作记录中。

8. 楼层服务员未经主管同意，不得进入不是自己责任区的楼层。公共区域服务员不得以任何借口进入客房。

9. 客房部管理、发放楼层钥匙时应遵守下列规定：(1)客房部办公室应设专人保管及收发客房部全部钥匙，认真做好交接登记。绝对不能让钥匙在外过夜或被带出店外。(2)服务员只限领取当日自己服务区段的钥匙。(3)服务员应妥善保管服务区段的钥匙，不得让他人借用。在楼层服务时，遇到客人需要提供开门服务的，服务员应按工作程序核实客人身份，然后亲自为客人开门，不能让客人借用钥匙。(4)客房部丢失、损坏任何钥匙时，都应报告给保安部。

10. 保证客房区域安全是客房服务员的一项重要工作，服务员有责任向保安部和公安机关提供自己了解的情况，并接受调查。

11. 保安部应对上述安全制度的执行情况进行检查、监督，并提出整改措施。

12. 客房部的主要安全管理目标是：(1)通过安全培训和教育，提高每位员工的安全素质。(2)严格执行楼层管理规定，确保客房区域的安全。(3)严格执行钥匙管理规定,加强对钥匙的控制管理。(4)预防火灾事故发生。

(四)洗衣房、工服房的安全管理

1. 洗衣房、工服房的安全工作由洗衣房经理负责,洗衣房经理应制定相应的安全制度和专业操作规程。安全制度和操作规程应张挂在工作间,由洗衣房经理检查、监督落实情况。

2. 洗衣房经理有责任让自己部门的每个员工知道各自岗位的安全规范和责任。

3. 洗衣房员工必须按程序操作设备、设施。保证定期检查、维修设备、设施,发现故障,应及时报告工程部,保证设备安全运行,避免发生重大事故。

4. 洗衣房、工服房、布巾室等部位,严禁无关人员入内。衣物、布巾进出应有严格的交接、登记手续,避免失盗。

5. 洗衣房、工服房员工应严格遵守防火安全制度,做到谁在岗谁负责,谁操作谁负责。

6. 取送客衣的服务员去楼层服务时,应遵守客房部的客房安全管理制度,进出客房有记录,不单独进出客房,不在客房逗留,不串楼层。

7. 洗衣房、工服房的主要安全管理目标是:(1)认真执行安全操作程序,避免发生各类事故。(2)严格管理手段,避免客人、饭店衣物被盗或丢失。(3)遵守楼层安全管理制度,协助搞好客房区域的安全工作。(4)预防火灾。

(五)健身房的安全管理

1. 健身房的安全工作由健身房经理负责,健身房经理负责制定相应的安全制度和本专业操作规程。安全制度和操作规程应张挂在工作区域,由健身房经理检查、监督落实情况。

2. 健身房经理有责任让自己部门的每个员工知道各自岗位的安全规范和责任。

3. 健身房经理和服务员有责任保护健身客人的生命、财产安全,如发现任何不安全因素,有责任立即采取措施并报告保安部。

4. 健身房应对器材、设备、设施进行定期检查,发现问题应立即停止使用,并通知工程部维修。

5. 游泳池救生员必须持证上岗。当班上岗前,救生员应检查各种救护措施和设备是否完善,上岗时保持高度警惕,严禁脱岗。发现异常情况,应当立即采取措施。

6. 健身房应当安全存放各类钥匙,建立严格的钥匙交接手续,并进行登记。应当建立健全客人更衣柜钥匙管理制度,并设专人负责。

7. 健身房按摩师提供按摩服务时，应严格遵守当地相关规定。到客房按摩应经饭店同意。

8. 健身房各营业点应严格遵守财务制度，营业款不得在健身房过夜。应妥善保管各种食品、消耗品，严格交接手续。

9. 健身房的主要管理目标是：(1)保证各类器材、设备、设施完好无损，避免各类安全事故发生。(2)保证客人生命、财产安全不受损害。(3)遵守当地关于娱乐业的有关规定。

七、前厅部的安全管理

(一)原则

1. 前厅部、大堂、行李房、电话总机的安全工作由前厅部负责。

2. 前厅部的安全责任人是前厅部经理，各分部门的安全工作由分部门经理负责，做到谁主管、谁负责。各分部门应建立完善的安全工作制度和相应的专业工作程序。

3. 部门安全责任人有责任检查、监督本部门安全制度和专业工作程序的执行情况，有责任配合保安部搞好全店的安全工作。

(二)前厅部办公室的安全管理

1. 前厅部各办公室的安全工作由本部门负责。

2. 对于办公室设备和贵重物品，应指定责任人，由专人保管和存放。

3. 办公室无人时应锁门，吃饭时间不需要设值班人员的，办公室应锁门；需要设值班人员的，要有明确的交接班制度。

4. 办公室钥匙应由专人保管，使用后存放在指定地点，交接要有手续，丢失钥匙要及时报告。

5. 办公室不得超规定和超负荷使用电脑。

6. 办公室内不得存放各种危险物品，不得存放现金、有价证券及贵重物品，文件柜应加锁。

(三)前厅部的安全管理

1. 前厅部的安全工作由前厅经理负责，前厅经理应制定相应的安全制度和专业操作规程。安全制度和操作规程应张挂在办公室，由安全责任人检查、监督落实情况。

2. 前厅部经理有责任让自己部门的每个员工知道各自岗位的安全规范和责任。

3. 前厅部各部门在日常接待工作中，必须遵守当地公安机关关于旅店业安全的下列规定:(1)认真填写临时住宿登记表,妥善保管,不得缺失。认真核对客人的有效证件。(2)异性同住的,应核对结婚证明。(3)国内客人住宿,应复印其身份证。

4. 接待访客时,应请其填写会客登记表。23:00后应婉言谢绝会客。

5. 前厅部应建立严格的钥匙管理制度,明确交接手续,工作中必须做到以下几点:(1)客房全部钥匙由饭店指定的部门发放、管理、核对。(2)大堂值班经理必须妥善保管各类万能钥匙,不能以任何借口借出。交接班时要有严格的交接记录,出现问题应立即报告。(3)客房加双锁和开启双锁时,大堂值班经理必须通知保安部人员到场,并在确认记录上签字。(4)大堂值班经理每次使用客房保险箱万能钥匙时,都必须通知保安人员到场,并在确认记录上签字。(5)前厅经理应每月核对一次客房钥匙的使用、保管情况,并将结果报保安部。

6. 前厅服务员有义务配合公安机关工作,认真核查公安机关的查控对象。

7. 前厅服务员有替客人保密的责任,严禁擅自将住店客人私人信息泄露给无关人员。

8. 大堂值班经理接到客人报案或安全投诉后,应按饭店有关规定处理,并报告保安部进行检查。

9. 大堂值班经理捡拾到物品时,应做记录,积极寻找失主;找不到失主的,应将捡拾物交失物招领处。有关反动、涉黄物品应交保安部。

10. 前厅部使用的所有传输工作资料的设备应由专人管理,凡接到与饭店业务无关的资料,应由管理人员直接送交保安部,严禁传阅或扣押。

11. 大堂值班经理在接到任何有关饭店的重大事故、事件的安全投诉后,除按饭店要求上报外,还应报告保安部。

12. 保安部应定期对上述各项安全制度进行检查,并提出整改措施。

13. 前厅部的主要安全管理目标是:(1)严格按规定接待住店客人,保证饭店安全。(2)加强客房钥匙管理,确保楼层安全。(3)加强信息交流,保证各类信息能有效沟通和传达。(4)及时通报住店贵宾情况,保证客人安全。(5)加强对文件传输设备的管理,防止各类宣传品流散。

(四)行李部的安全管理

1. 行李部的安全工作由行李部经理负责,行李部经理应制定相应的安全制度和专业操作规程。安全制度和操作规程应张挂在办公室,由安全责任人检查、监督落实情况。

2. 行李部经理有责任让自己部门的员工知道各自岗位的安全规范和责任。

3. 行李部经理和员工有责任保证客人行李安全,工作中要有安全意识和警惕性。

4. 行李部应由专人管理客人行李。不同客人的行李应分开存放，防止拿错；一个客人有多件行李时，要用行李带串联在一起；团队行李，必须安排专人负责，并使用网罩。

5. 客人寄存行李时，应办理寄存手续。行李员应登记寄存行李的时间、件数、种类，并悬挂行李寄存卡。行李员应认真填写行李寄存卡，不得缺项。

6. 行李部不得寄存客人贵重物品和现金，不得寄存易燃、易爆、危险、有毒及易腐变质的物品。

7. 客人取行李时，应让其出示行李寄存卡，核对无误后方可交付。

8. 客人行李要在饭店存放1天以上的，应将客人行李存放在行李房。行李房应建立完善的钥匙管理制度，明确交接手续。

9. 行李出入行李房时必须严格登记，并有责任人签字。过期无人认领的行李，应妥善封存，定期上交保安部。

10. 行李员到客房楼层取送行李时，必须严格执行客房部安全管理制度。未经允许不得在楼层停留和乱窜。

11. 保安部应定期、不定期对上述安全制度进行检查，并提出整改措施。

12. 行李房的主要安全管理目标是：(1)有严格的管理措施，确保客人行李安全，防盗、防错拿。(2)认真确定客人行李的种类、性质，保证饭店安全。(3)配合客房部工作，保证楼层安全。

(五)电话总机房的安全管理

1. 电话总机房的安全工作由电话总机房经理负责，电话总机房经理应制定相应的安全制度和本专业的操作规程。安全制度和操作规程应张挂在工作间，由安全责任人检查、监督落实情况。

2. 电话总机房经理有责任让自己部门的每个员工知道各自岗位的安全规范和责任。

3. 电话总机房是饭店的要害部位，全体话务员必须经过安全培训方能上岗。上岗后，还应定期进行安全培训，以保证话务员有较高的安全素质。

4. 电话机房严禁无关人员进入，严禁存放各种与机房或工作无关的物品。机房内严禁会客或做其他事情。

5. 值机人员必须坚守岗位，不得擅离职守。应遵守保密制度，谢绝回答有关住店客人情况的电话问讯，谢绝外人查询客人房号和电话号码。

6. 值机人员应熟悉饭店内各种紧急情况的报警程序及联络、报告程序。

7. 特殊电话的处理程序是：(1)接到紧急求救电话，应立即转至保安部或在接电话的同时让保安部监听。(2)接到火警电话，应转中控室。(3)接到报案和安全投诉电话，应转至大堂值班经理。(4)接到各类骚扰电话，应转至保安部。

8. 电话总机房的安全管理目标是:(1)保守饭店和客人的秘密。(2)保证紧急情况下联络畅通。(3)保证电话总机房安全,防火、防爆。

八、保安部的安全管理

(一)原则

1. 保安部、保安部办公室、中控室、各警卫岗的安全工作由保安部负责。

2. 保安部的安全责任人是保安部总监,各分部门的安全工作由分部门经理负责,做到谁主管、谁负责。保安部各专业部门应建立完善的安全工作制度和相应的专业工作程序。

3. 保安部总监有责任检查、监督本部门安全制度和专业工作程序的执行情况,并负责全店的安全工作。

(二)保安部办公室的安全管理

1. 保安部各办公室的安全工作由本部门负责。

2. 对于办公室设备和贵重物品,应指定责任人,由专人保管和存放。

3. 办公室无人时应锁门,吃饭时间不需要设值班人员的,办公室应锁门;需要设值班人员的,要有明确的交接班制度。

4. 办公室钥匙应由专人保管,使用后存放在指定地点,交接要有手续,丢失钥匙要及时报告。

5. 办公室不得超规定和超负荷使用电脑。

6. 办公室内不得存放各种危险物品,不得存放现金、有价证券及贵重物品,文件柜应加锁。

(三)保安部的安全管理

1. 保安部内部安全由部门总监负责,部门总监应制定相应的安全制度和专业操作规程。安全制度和操作规程应张挂在办公室,由总监检查、监督落实情况。有关安全保卫制度的主要项目参见表3-1。

表3-1　安全保卫制度

名　　称	制定部门	制定、修改、撤销日期	备　　考

2. 保安部总监有责任让自己部门的每个员工知道各自岗位的安全规范和责任。

3. 保安部各岗位必须熟悉自己的岗位要求和专业工作程序，熟悉饭店的各种安全预案、警卫方案、应急方案，熟悉通信联络方式。

4. 保安部必须 24 小时设主管以上人员值班，节假日和重要日子设经理级人员值班。保安部各值班岗位包括办公室、消防人员、警卫人员必须坚守岗位，不得擅离职守。

5. 保安部各专业岗位和值班人员在接到安全报告后，应立即按相关程序展开工作，不得贻误。在接到公安部门和上级单位的查控和指示后，应立即传达，贯彻到相应岗位。

6. 保安部的内部文件、人事资料、安全材料均属秘密，任何员工未经允许不得带出饭店，不得随意向其他部门展示。属于自己工作范围内的材料，员工在离开办公室前应锁好。

7. 保安部全体员工必须具有相应的职业道德，对涉及他人隐私或涉及相关案件的人或事，不得外传，应替知情人保密。

8. 保安部应有严格的工作程序，保证各类赃款、赃物、抵押物、赔款、捡拾物安全，防止丢失。

9. 保安部主要安全管理目标：(1)在各部门协助下，确保饭店的整体安全。(2)有严格的工作程序，保证饭店安全工作有效、顺利地进行。(3)有严格的工作纪律，确保保安部每个值班岗位都能忠于职守。(4)保证饭店的各种安全预案、应急方案顺利执行。(5)保证各种安全情况上传下达。

九、物业部的安全管理

(一)原则

1. 物业部办公室、物业部健身房以及 O/A 楼(指公寓、写字楼)的安全工作由物业部负责。

2. 物业部的安全责任人是物业部总监，物业部各分部门的安全工作由部门经理负责，做到谁主管、谁负责。各分部门应建立完善的安全工作制度和相应的专业程序。

3. 部门安全责任人有责任检查、监督本部门安全制度和专业工作程序的执行情况，有责任配合保安部搞好 O/A 楼的安全工作。

(二)物业部办公室的安全管理

1. 物业部各办公室的安全工作由本部门负责。

2. 对于办公室设备和贵重物品，应指定责任人，由专人保管和存放。

3. 办公室无人时应锁门，吃饭时间不需要设值班人员的，办公室应锁门；需要设值班人员的，要有明确的交接班制度。

4. 办公室钥匙应由专人保管，使用后存放在指定地点，交接要有手续，丢失钥匙要及时报告。

5. 办公室不得超规定和超负荷使用电脑。

6. 办公室内不得存放各种危险物品，不得存放现金、有价证券及贵重物品，文件柜应加锁。

（三）物业部的安全管理

1. 物业部的安全工作由物业部总监负责，物业部总监应制定相应的安全制度和本专业操作规程。安全制度和专业操作规程应张挂在办公室，由物业部总监检查、监督落实情况。

2. 物业部总监有责任让自己部门的每个员工知道各自岗位的安全规范和责任。

3. 物业部员工必须经过安全培训方能上岗。上岗后，还应每个月接受一次保安部的专业安全培训，以便熟悉工作环境的安全状况，并知道当前的防范重点。

4. 物业部的前台接待员和楼层服务员有责任保护租户和客人的生命、财产安全。工作期间应保持高度警惕，发现不安全因素和可疑人员、可疑情况应及时报告。

5. O/A 楼的接待员在工作中应严格遵守当地的饭店会客验证登记制度，对来访者应进行询问，查看有效证件并登记。对推销人员应谢绝入内。

6. 物业部接待员必须坚守岗位，不得擅离职守，需要离开时，应和警卫有明确的交接。工作中发现可疑人员或可疑情况时，应通知警卫协助盘查。客人携带办公设备和大件物品外出时，应查验客人有无出门条。

7. 物业部应建立严格的钥匙管理制度，明确交接手续，做到：（1）物业部办公室必须由专人保管 O/A 楼的备用钥匙，每次使用应经物业部经理同意，并记录使用情况和使用人。（2）物业部的楼层主管必须妥善保管各类万能钥匙，不能以任何借口借出，交接班时应有严格的交接记录。（3）物业部经理应定期检查各类钥匙的使用和报失情况。任何钥匙丢失或损坏，都应报告保安部。

8. 物业部公寓客房服务员在工作中应遵守下列规定：（1）为客人打扫房间时，应将大门关闭，以免闯进无关人员。任何情况下离开房间时都应锁门。（2）做房时，必须认真填写做房表，准确记录开、关门时间，对在做房中发现的一切特殊情况，必须记录在做房表中。（3）做房时，发现易燃、易爆、枪支弹药等危险物品,应立即报告保安部。(4)做房时,发现客人遗弃的反动、黄色物品,应上交保安部,不得擅自处理。

9. 物业部的主要安全管理目标是:(1)严格按规定接待来访人员,保证 O/A 楼租户的安全。(2)严格管理和控制钥匙,杜绝安全隐患。(3)做好 O/A 楼的防火、防盗工作。

(四)物业部健身房的安全管理

1. 健身房的安全工作由健身房经理负责,健身房经理应制定相应的安全制度和本专业操作规程。安全制度和操作规程应张挂在工作区域,由健身房经理检查、监督落实情况。

2. 健身房经理有责任让自己部门的每个员工知道各自岗位的安全规范和责任。

3. 健身房经理和服务员有责任保护健身客人的生命、财产安全,如发现任何不安全因素,有责任立即采取措施并报告保安部。

4. 健身房应有专门的工作程序,对器材、设备、设施应定时进行检查,发现问题应停止使用,并通知工程部维修。

5. 健身房应当安全存放各类钥匙,建立严格的钥匙交接手续,并进行登记。应当建立健全客人更衣柜钥匙管理制度,并设专人负责。

6. 严格遵守财务制度,营业款不得过夜。应妥善保管各种食品、消耗品,严格交接手续。

十、财务部的安全管理

(一)原则

1. 财务部、成品部、采购部、信贷部、电脑部的安全工作由财务部负责。

2. 财务部的安全责任人是财务部总监,各部门的安全工作由分部门经理负责,做到谁主管、谁负责。财务部各部门应建立完善的安全工作制度和相应的专业工作程序。

3. 部门安全责任人有责任检查、监督本部门安全制度和专业工作程序的执行情况,有责任配合保安部搞好全店的安全工作。

(二)财务部办公室的安全管理

1. 财务部各办公室的安全工作由本部门负责。

2. 对于办公室设备和贵重物品,应指定责任人,由专人保管和存放。

3. 办公室无人时应锁门,吃饭时间不需要设值班人员的,办公室应锁门;需要设值班人员的,要有明确的交接班制度。

4. 办公室钥匙应由专人保管,使用后存放在指定地点,交接要有手续,丢失钥匙要及时报告。

5. 办公室不得超规定和超负荷使用电脑。

6. 办公室内不得存放各种危险物品,不得存放现金、有价证券及贵重物品,文件柜应加锁。

(三)财务部的安全管理

1. 财务部的安全工作由财务部总监负责,财务部总监应制定相应的安全制度和专业操作规程。安全制度和专业操作规程应张挂在办公室,由责任人检查、监督落实情况。

2. 财务部总监有责任让本部门的每个员工知道各自岗位的安全规范和责任。

3. 财务部所有办公室、库房、收款台均为饭店重要部位,财务部有责任对这些岗位的员工进行安全培训和教育,以确保这些岗位的安全。

4. 财务部所属各办公室的门、窗都要有可靠的防护装置,收款台、结账处、外币兑换处也要有可靠的防护措施。严禁无关人员出入各办公室。条件允许的,应设置和保安部值班室相连的报警系统。

5. 财务部任何部位存放现金都不得超过银行规定的额度。下班后,应将所有现金放入保险柜或存入银行。

6. 财务部存取万元以上现金,应使用防盗包并有保安部警卫押送。如去店外,饭店应派专车。

7. 财务部所有出纳员、收款员都必须严格遵守柜台现金管理规定,财务部主管应随时检查员工执行现金管理制度的情况。

8. 财务部各收款点员工应认真鉴别所收现金、支票、信用卡的真伪,在无把握鉴别真伪时,应向银行查对,发现可疑迹象应立即通知报案部。

9. 前厅收款台、外币兑换处及各收款点,应将工作室门锁好,防止外人闯入。在需要24小时值班的岗位,必须做到时刻有人,并有完整的交接班手续。

10. 财务部交接任何钱款时必须进行清点并作记录,由交接双方签字。一旦发生问题,谁违反制度,谁负责。

11. 财务部前厅收款处员工必须严格执行前台客用保险箱安全管理规定,对于客人租用的保险箱,每次开启时均应有记录和客人签字。

12. 客人租用的保险箱钥匙丢失时,需在保安部主管、前厅收款出纳员及客人三方在场的情况下,由工程部人员开锁,任何一方人员不到场,不能开锁。

13. 财务部所属各库房均为饭店要害部位,必须有详细的安全制度、消防制度、出入库制度、钥匙管理制度和盘点制度,并在库区内张挂。

14. 财务部各库房应严格限制无关人员进入。库房钥匙由专人保管。开库时，不得将锁或钥匙挂在门上。

15. 库房物品码放整齐，按时盘点，及时清理各类包装垃圾。

16. 专库专用，不能擅自混放。专库专人，严禁串库。

17. 保安部应定期、不定期地对上述制度的落实情况进行检查，并根据存在隐患提出整改建议。

18. 财务部的主要安全管理目标是：(1)坚持对员工进行安全教育，提高员工安全素质，做到群防群治。(2)采取严格措施，保证现金安全，防止盗窃、丢失、抢劫事件发生。(3)严格库房管理制度，杜绝各类安全隐患。(4)预防火灾事故。

（四）电脑房的安全管理

1. 电脑房的安全工作由电脑部经理负责，电脑部经理应制定相应的安全制度和专业操作规程。安全制度和专业操作规程应张挂在办公室，由电脑部经理检查、监督落实情况。

2. 电脑部经理有责任让本部门的每个员工知道各自岗位的安全规范和责任。

3. 电脑房为饭店重要部位，必须设人 24 小时值班，建立值班制度和值班记录制度，明确值班职责。

4. 电脑房禁止无关人员入内，非电脑房员工不得使用电脑房的设备。如需将电脑房的设备、设施带出饭店，应经财务总监同意。

5. 电脑房必须制定相应的保密制度，以确保饭店和各部门资料的安全。

6. 电脑房应有相应的软、硬件管理制度，以确保全店计算机软件的安全和硬件的正常运行。

十一、人事部的安全管理

（一）原则

1. 人事部办公室、培训部办公室、培训部教室的安全工作由人事部负责。

2. 人事部的安全责任人是人事部总监，人事部所属各部门的安全工作由部门经理负责，做到谁主管、谁负责。各部门应建立完善的安全工作制度和相应的专业工作程序。

3. 部门安全责任人有责任检查、监督本部门安全制度和专业工作程序的执行情况，有责任配合保安部搞好全店的安全工作。

（二）人事部办公室的安全管理

1. 人事部各办公室的安全工作由本部门负责。

2. 对于办公室设备和贵重物品,应指定责任人,由专人保管和存放。

3. 办公室无人时应锁门,吃饭时间不需要设值班人员的,办公室应锁门;需要设值班人员的,要有明确的交接班制度。

4. 办公室钥匙应由专人保管,使用后存放在指定地点,交接要有手续,丢失钥匙要及时报告。

5. 办公室不得超规定和超负荷使用电脑。

6. 办公室内不得存放各种危险物品,不得存放现金、有价证券及贵重物品,文件柜应加锁。

(三)人事部的安全管理

1. 人事部的安全工作由人事部总监负责。人事部总监负责制定部门安全制度和本专业操作规程,安全制度和专业操作规程应张挂在办公室,由人事部总监检查、监督落实情况。

2. 人事部总监有责任让自己部门的每个员工知道各自岗位的安全规范和责任。

3. 人事部必须严把员工入店关,对重点部门的员工应进行专门政审。对有重大疑问的应聘人员应及时通知保安部进行调查,以确保用工质量。

4. 人事部必须建立严格的员工档案和人事资料管理制度,由专人负责,并有相应的阅看手续。

5. 员工福利室的现金要有专人保管,做到人离门锁。下班时,应将现金存入保险柜。

6. 人事部应设专人管理员工更衣室钥匙,严格借用手续。更换更衣室的锁和更衣柜时,应有相应的管理制度,并认真监督制度的落实情况。

7. 人事部的主要安全目标是:(1)通过政审、外调,保证员工质量。(2)确保员工档案和相应人事资料的秘密。(3)确保员工福利现金的安全。(4)严格管理员工更衣室的备用钥匙。

(四)员工更衣室的安全管理

1. 员工更衣室的安全工作由人事部总监负责,人事部总监负责制定相应的安全制度和管理规定。安全制度和管理制度应张挂在员工更衣室,由人事部检查、监督落实情况。

2. 员工更衣室必须24小时设值班人员,值班人员负责员工更衣室的防火、防盗工作,并有权纠正任何违反员工更衣室规定的行为。

3. 人事部负责管理员工更衣室的所有设施、设备,发现问题,应及时通知相关部门维修或定期更换。

4. 人事部应定期清点离店员工更衣柜，对于清理出的各类物品，应登记造册并保留3个月。

5. 员工使用更衣室时应该遵守以下几点规定：(1)室内不得进行各类娱乐活动。(2)更衣柜内不得存放易燃、易爆、有毒物品；不得存放贵重物品；不得存放易腐、变质物品；不得存放刀具和工作钥匙。

十二、重要部位、要害部位的安全管理

要害部位是指一旦发生事故，将对饭店整体产生危害和影响，并造成重大经济损失和政治影响的部位。它包括锅炉房、水处理机房、主配电室、前台收款区、电梯机房、宴会厨房、饭店总库以及中控室。有关要害部位的审定/撤销书参见表3-2。

重要部位是指一旦发生事故，将对饭店某一些区域的正常运行造成危害和影响的部位。它包括各分区机房、楼层配电间、饭店各分库房、财务部重要收款区、电脑房、音像控制室以及行李房。

表3-2 要害审定/撤销书

要害部位		类别	
要害部位保卫工作行政负责人		要害档案号	
确定/撤销要害理由			
主要保卫措施			
保安总监意见			
副总经理批示			
公安机关备案意见			
备注			

单位　　　　填表人　　　　年　月　日

（一）原则

1. 重要部位、要害部位的安全工作由所属部门负责，做到谁主管、谁负责。

2. 重要部位、要害部位所属部门的总监、经理是这些部位的安全责任人，安全责任人负责制定相应的安全工作制度和专业工作程序。安全制度和专业操作规程应张挂在重要、要害部位，由安全责任人检查、监督落实情况。

3. 重要部位、要害部位安全责任人有责任让自己部门的每个员工知道各自岗位的安全规范和责任。

有关要害部位工作人员的情况见表3－3。

表3－3　要害部位工作人员情况登记

<table>
<tr><td rowspan="2">要害保卫工作行政负责人</td><td>姓　名</td><td colspan="2">政治面貌</td><td colspan="2">职　　务</td><td colspan="3">治保职务</td></tr>
<tr><td></td><td colspan="2"></td><td colspan="2"></td><td colspan="3"></td></tr>
<tr><td rowspan="6">要害部位工作基本情况</td><td rowspan="3">职工人数</td><td colspan="4">职　　务</td><td colspan="3">政治面貌</td></tr>
<tr><td>工程师</td><td>技术员</td><td>干部</td><td>工人</td><td>党员</td><td>团员</td><td>群众</td></tr>
<tr><td></td><td></td><td></td><td></td><td></td><td></td><td></td></tr>
<tr><td rowspan="3"></td><td colspan="4">治保人数</td><td colspan="2" rowspan="2">警卫人数</td><td rowspan="2">消防人数</td></tr>
<tr><td>主任</td><td>委员</td><td>组长</td><td>组员</td></tr>
<tr><td></td><td></td><td></td><td></td><td colspan="2"></td><td></td></tr>
<tr><td>要害部位工作人员有无问题</td><td colspan="8"></td></tr>
<tr><td>备　　考</td><td colspan="8"></td></tr>
</table>

填表人：　　　　　　　　　　　　年　　月　　日

（二）要害部位的安全管理

1. 办公室无人时应锁门，吃饭时间不需要设值班人员的，办公室应锁门；需要设值班人员的，要有明确的交接班制度。

2. 要害部位的员工必须经过保安部的安全培训，必须是熟练掌握自己专业工作的人员。要害部位的员工必须每月参加一次安全培训，以保证不断提高自己的安全意识。

3. 要害部位要有专人负责，并设24小时值班岗。值班人员必须坚守岗位，尽职尽责。

4. 要害部位的所有设备、设施，要指定专人负责、专人维修，定期进行检查、维修，每次检查、维修和发生任何故障都应有文字记录。

5. 要害部位严禁存放易燃、易爆、有毒等危险物品，严禁无关人员入内。

6. 要害部位的各类安全设备，如消防设备、报警设备、通信设备的门锁均应时刻保持完好无损，发现损坏应及时更换。

（三）重要部位的安全管理

1. 重要部位的员工必须经过安全培训后方能上岗，并要经常接受保安部的安全培训，以不断提高安全意识。

2. 重要部位要设专人管理设备、设施，要定期检查、维修设备、设施，并有文字记录。有关重要部位主要机器设备和重要物资的登记见表 3－4。

3. 重要部位严禁无关人员入内，严禁存放易燃、易爆、有毒等危险物品。

表 3－4　主要机器设备和重要物资登记表

机器、设备、物资的名称	
主要规定或数量	
性能或特性	
出厂安装/启用时间	
设备存在的不安全问题及可能造成的危害后果	
主要安全措施	

填表人：　　　　　　　　　　　　　　　　　　年　　月　　日

十三、O/A 楼的安全管理

为确保写字楼、公寓建筑及租户的安全，保证各租户正常的工作秩序，写字楼、公寓的管理人员及租户应遵守下列安全管理制度：

1. 遵守国家法律、行业管理规定和饭店的安全管理制度，并认真填写公司情况调查表（见表 3－5）。

表3-5 公司情况调查表

COMPANY SURVEY RECORD

公司名称________________
COMPANY

公司性质________________ 国籍________
NATURE OF THE COMPANY NATIONALITY

外方公司名称________________ 中方单位名称________
FOREIGN PARTY CHINESE PARTY

中方上级单位名称________________
HIGHER A UTHORITY OF THE CHINESE PARTY

经营范围________________
BUSINESS LINES

负责人________ 职位________ 国籍________ 护照号码________
RESPONSIBLE PERSON POSITION NATIONALITY PASSPORT NO.(FOREIGN PARTY)

在中国住址________________
ADDRESS IN CHINA

中方负责人________ 职位________ 身份证号码________
RESPONSIBLE PERSON POSITION I. D. NO.(CHINESE PARTY)

住址________________
ADDRESS

承租期限________ 房号________ 电话________
LEASING TERM ROOM NO. TEL. NO.

安全问题联系人________ 职位________ 有效联系方法________
RESPON IN CHARGE POSITION CONTACT METHODS OF SECURITY

2. 公司、租户及其员工应妥善保管贵重物品和现金,采取有效的安全措施。

3. 人走锁门,尤其注意午饭时间和下班以后要锁好门。单人留在室内值班、加班的,应从里面将门关好,门上最好加装碰铃。

4. 锁和钥匙有任何变动应报物业批准。非饭店配备的门锁,应将备用钥匙留存物业部。

5. 当发生紧急情况时,饭店保安部有权使用钥匙或破门进入租户室内。

6. 公司雇员、公寓客人雇用的服务人员,应持公司证明到保安部办理O/A楼出入证件,并随身携带,出入时主动向警卫出示。

有关办公楼出入证管理表格和公司雇员登记表的格式见表3-6和表3-7。

表 3－6 办公楼出入证申请表
ENTRY PERMIT FOR O/A BUILDING

姓　名 NAME	年　龄 AGE	性　别 SEX	职　务 POSITION	身份证号 I. D. NO.	家庭住址 ADDRESS

上述雇员我已确认　　首席代表签字　　公司盖章
CONFIRMED　　SIGNATURE　　SEAL

表 3－7 公司雇员登记表
EMPLOYEE REGISTRATION

公司名称
Company

雇员名称 NAME	性别 SEX	国籍 NATIONALITY	职位 POSITION	家庭住址 HOME ADD.	派出单位 DISPATCHED BY	证件号码 PP. NO. /I. D. NO.

7. 非工作时间和法定假日进出写字楼的人员，必须凭出入证，登记后方可进

入 O/A 楼。

8. 办公室不得留宿，如需夜间加班，应通知饭店保安部。

9. 进入 O/A 楼的来访者，应出示有效证件（身份证、护照），登记后方可入内。来访者应在晚 23 时以前离开 O/A 楼。

10. O/A 楼内的工作人员携物外出（随身物品除外）需有出门证，出门证由物业部签发。无出门证的，警卫有权扣押物品。

11. 严禁携带易燃、易爆、剧毒、有腐蚀性和放射性的危险物品进入办公室、公寓。

12. 租户在 O/A 楼内举办活动，应提前一星期通知饭店物业部和保安部。

13. 禁止在 O/A 楼内喧哗。租户不得进行妨碍其他承租人工作的经营和活动。

14. 禁止占用 O/A 楼内公共区域的任何行为，公共区域包括电梯、走廊、楼梯、楼顶平台、厕所。

15. O/A 楼租户发生问题，应向饭店保安部报警。

16. 饭店保安部有权在事先通知、取得同意的情况下，对办公楼租户（公司）进行安全方面的检查。

17. 保安部在 O/A 楼所有出入口均应设安全岗，并有巡逻警卫在楼内巡视。租户如发现陌生人或需要安全帮助时，应找警卫或给保安部打电话。

18. 凡因租户违反安全管理规定造成的损失，由承租人自己承担。

第二节　饭店钥匙管理制度

一、管理范围

钥匙管理是指对饭店使用的全部各类钥匙、钥匙坯子、锁芯、电子锁磁卡主机及磁卡进行的有效控制和管理。

下列系统属于钥匙控制和管理的范围：

◆饭店万能钥匙

◆区域万能钥匙

◆楼层万能钥匙

◆通用锁钥匙（指用一种钥匙的系列锁）

◆普通钥匙

◆特殊钥匙（包括客房保险箱钥匙、客用保险箱钥匙、投币保险箱钥匙以及饭店配置的其他钥匙）

◆电子锁磁卡钥匙
◆饭店所有的钥匙模子
◆饭店所有的备用锁芯
◆电子锁磁卡主机

二、管理职责

1. 饭店保安部负责管理饭店全部备用钥匙、锁芯、钥匙模子、空白磁卡和电子锁磁卡主机。

2. 饭店前厅部负责管理全部使用中的客房钥匙、客房备用钥匙、客人使用的空白磁卡和电子锁磁卡主机以及客房保险箱万能钥匙。

3. 饭店工程部负责管理全部工程机房通用的钥匙以及电梯钥匙。

4. 饭店客房部负责管理全部经营使用中的楼层万能钥匙。

5. 饭店物业部负责管理全部 O/A 楼租户的备用钥匙和未出租房间的钥匙。

6. 饭店保安部警卫队负责管理经营使用中的各餐厅钥匙、厨房钥匙和饭店全部仓库钥匙。

7. 各部门负责管理自己部门使用的其他各种钥匙。

三、钥匙使用权限

(一)万能钥匙

万能钥匙是指饭店万能钥匙和 O/A 楼万能钥匙。

使用权限

1. 饭店总经理、副总经理、驻店经理、工程部总监、财务部总监、保安部总监有权使用饭店万能钥匙。

2. 饭店总经理、副总经理、工程部总监、物业部经理、保安部总监有权使用 O/A 楼万能钥匙。

3. 大堂值班经理和夜班经理在饭店值班期间有权使用饭店和 O/A 楼的万能钥匙。

发放权限

饭店及 O/A 楼万能钥匙发放权归属总经理,备用钥匙存放在保安部,由总经理指定钥匙的存放和回收负责人,由保安部具体执行。

(二)区域万能钥匙

区域万能钥匙是指将饭店划分成若干区域,不同部门分管所辖区域的万能钥匙和 O/A 楼特定区域的万能钥匙。

使用权限

1. 餐饮部总监、餐饮部经理有权使用饭店主管区域万能钥匙。

2. 客房部经理、客房部副经理、经理助理有权使用饭店主管区域万能钥匙。

3. 工程部总工、总监助理或总监指定的专业人员有权使用主管区域万能钥匙。

4. 保安部值班室存放一套各主管区域的万能钥匙，供非工作时间发生紧急情况时使用，使用人为保安部值班经理。

5. 饭店大堂值班经理、饭店值班经理、保安部值班经理有权使用客房反锁钥匙。

6. 物业部经理指定的专门人员有权使用办公楼区域万能钥匙和公寓区域万能钥匙。

发放权限

饭店、公寓、写字楼备用的区域万能钥匙应存放在保安部，由部门总监指定钥匙的发放和回收人，保安部具体执行。

（三）楼层万能钥匙

楼层万能钥匙是指饭店客房每一楼层和公寓、写字楼每楼层的万能钥匙。

使用权限

1. 客房部楼层主管、楼层服务员有权使用饭店楼层万能钥匙。

2. 物业部办公楼楼层主管、公寓楼楼层主管有权使用 O/A 楼楼层万能钥匙。

发放权限

饭店和 O/A 楼备用的楼层万能钥匙应存放在保安部，由驻店经理批准，客房部经理、物业部经理指定钥匙的发放和回收责任人，由保安部具体执行。

（四）通用锁钥匙

通用锁钥匙指工程部各类机房、饭店全部消防门以及 O/A 楼各门的通用钥匙。

使用权限

1. 工程部各专业工种的经理、主管或工程部总监指定的人员有权使用饭店各类机房的通用钥匙。

2. 保安部警卫队、值班主管、消防中控室值班主管有权在饭店发生紧急情况时使用饭店和 O/A 楼各消防门的通用钥匙。

发放权限

饭店、O/A 楼各机房的备用通用钥匙以及各消防门备用的通用钥匙应存放在保安部，由工程部总监、保安部总监指定机房门和消防门通用钥匙的发放和回收责任人，由保安部具体执行。

（五）普通钥匙

普通钥匙是指饭店、O/A 楼所属区域内所有单一功能的房间钥匙。

使用权限

1. 饭店客房区域普通钥匙由前厅部负责提供给客人使用。

2. O/A 楼各办公室和公寓房间的普通钥匙由物业部经理根据相关合同提供给租赁客人使用。

3. 饭店行政区域各办公室、操作间、仓库的普通钥匙由保安部提供给各房间的使用者使用。

发放权限

1. 客房普通钥匙的备用钥匙存放在前厅部，由前厅经理指定发放和回收责任人。

2. O/A 楼各办公室和公寓房间的备用钥匙存放在物业部，由物业部经理指定发放和回收责任人。

3. 饭店行政区域各办公室、操作间、仓库的备用钥匙存放在保安部，由使用部门的经理指定发放和回收责任人，由保安部具体执行。

（六）特殊钥匙

特殊钥匙是指饭店客房保险箱万能钥匙、饭店客用保险箱钥匙以及财务部投币箱钥匙。

使用权限

1. 饭店客房保险箱万能钥匙，由大堂值班经理应客人要求和在客人走后使用。

2. 饭店前厅客用保险箱钥匙由财务部前台收款员负责提供给客人使用。

3. 饭店财务部投币箱钥匙由财务部指定各餐厅收款员使用。

发放权限

饭店特殊钥匙没有备用，使用中的钥匙由使用部门根据自己的规章制度，指定相应的负责员工使用、保管和存放。

四、钥匙管理制度

(一)总原则

1. 饭店、O/A 楼全部的钥匙、钥匙模子、锁芯均由保安部负责保管发放,各部门除按制度规定可以使用和保存的钥匙外,其余应一律交还保安部。

2. 饭店任何员工不得私自留存、持有不属于自己工作范围内的饭店钥匙,否则将被视为违纪。员工发现和捡到饭店钥匙应上交保安部。

3. 任何部门更换门锁和钥匙(包括施工改建)应事先征得工程部和保安部的同意。

4. 增配任何钥匙都应事先获得保安部的批准,任何级别的员工都不能私自复制和增配饭店钥匙,否则将被视为违纪。

(二)万能钥匙

1. 饭店、O/A 楼万能钥匙由保安部专人负责管理、保存和发放。

2. 饭店、O/A 楼万能钥匙由总经理批准后,由保安部发放和回收。

3. 饭店、O/A 楼万能钥匙在总经理、副总经理或驻店经理批准后,由保安部发放和回收。

4. 饭店、O/A 楼万能钥匙的管理、保存、发放、回收均应有书面记录和持有人、使用人、管理人的签字。

5. 饭店、O/A 楼万能钥匙持有者和使用部门必须有妥善的保管措施和相应的存放地点,丢失和损坏万能钥匙应书面报告保安部,由保安部进行调查、核实。

6. 饭店、O/A 楼万能钥匙的使用人不得将钥匙转借他人保管和使用。部门因经营活动需要使用区域万能钥匙而不固定使用人的,应在钥匙管理人和使用人之间建立严格的交接手续、登记手续和使用手续。

7. 饭店、O/A 楼万能钥匙的使用人离职、离店需要办理交接钥匙手续时,必须先由钥匙使用人将钥匙退回保安部,再由接钥匙人从保安部领取,使用人不得私自交接。

8. 保安部每年应定期检查饭店、O/A 楼万能钥匙的使用情况。

(三)楼层万能钥匙和通用锁钥匙

1. 饭店、O/A 楼楼层万能钥匙和通用钥匙由保安部设专人负责管理、保存和发放。

2. 楼层万能钥匙和通用锁钥匙的管理权限要驻店经理批准后,由保安部负责发放和回收。

3. 饭店、O/A 楼楼层万能钥匙和通用锁钥匙的管理、存放、发放、回收均应有书面记录和持有人、使用人、管理人的签字。

4. 各部门保管和使用楼层万能钥匙和通用锁钥匙时，必须有妥善的保管措施和相应的存放地点，并指定专门人员负责接受和保管。丢失和损坏钥匙应该书面报告保安部，由保安部进行检查、确认。

5. 由各部门保管和使用的楼层万能钥匙和通用锁钥匙，在每日发放和每次专门使用时，必须在钥匙管理人和使用人之间办理交接手续、登记手续和使用手续，任何人无权批准将楼层万能钥匙和通用锁钥匙借给无关人员使用。

6. 每次使用楼层万能钥匙时，应该至少有两人在场监督使用情况，并作书面记录和签字。

7. 普通员工（D 级以下）因工作内容需要使用楼层万能钥匙和通用锁钥匙的，除严格保管、详细登记外，还必须在申请使用的时间、地点或上级指定的时间、地点使用，超出指定地点和时间使用的，将被视为违纪。

8. 各使用部门的钥匙管理人每日下班后应负责清点本部门使用的楼层万能钥匙和通用锁钥匙，落实每把钥匙的下落，做好记录后方能下班。

9. 禁止任何人以任何理由将饭店、O/A 楼的楼层万能钥匙和通用锁钥匙带出饭店。使用人每日下班前必须将钥匙交回和存放在部门指定的钥匙柜中。

10. 各部门钥匙管理人和钥匙使用人在离职或离店时，必须先将使用和管理的钥匙交接清楚后方能办理其他离店、离职手续。

11. 保安部每年应定期检查楼层万能钥匙和通用锁钥匙的使用情况。

（四）普通钥匙和特殊钥匙

1. 饭店、O/A 楼行政办公室使用的备用普通钥匙由保安部负责管理、保存、发放和回收。

2. 饭店客房的全部备用钥匙由前厅部负责管理，并指定专人负责保存、发放和回收工作。

3. O/A 楼办公室和公寓的备用钥匙由物业部负责管理、保存、回收和发放。

4. 各部门行政办公室和部门使用的房间钥匙由部门自己负责管理，并应建立相应的钥匙管理制度，保证钥匙正常使用。

5. 各部门保管、使用普通钥匙时，应有妥善的保管措施和相应的存放地点，并提供制度保障。

6. 前厅部经营和使用中的客房钥匙必须放置在礼宾部的钥匙柜中，钥匙柜应设人 24 小时看管。

7. 前厅礼宾部每日应对使用中的客房钥匙清点一次，掌握钥匙的发放和使用情况，每月应对备用钥匙进行一次清点并作书面记录，及时向保安部报告丢失情况。

8. 前厅部员工、财务部员工、前台收款员、客房服务员在收到客人交还的客房钥匙、捡到客人遗失和乱放的客房钥匙后，应及时交还给前厅礼宾部。

9. 前厅礼宾部向客人发放客房钥匙时，应注意核对住房卡，财务部前台收款员在给客人结账时应严格执行客房钥匙回收手续。

10. 物业部向租户发放和增配房间钥匙时应办理登记手续，以便在租户退租时索回全部钥匙。

11. 各餐厅、厨房、仓库日常使用的钥匙由保安部警卫队统一保管，由部门指定专人领取、使用和送回。

12. 钥匙丢失和损坏，均应书面报告保安部，由保安部核实处理。

（五）钥匙模子和锁芯

1. 饭店全部钥匙模子和锁芯由保安部负责管理。

2. 保安部指派专人管理钥匙模子和锁芯，并单独存放。

3. 保管人员只能根据被批准的申请表格发放钥匙模子和锁芯。

4. 保安部总监必须经常检查钥匙模子和锁芯的管理情况。

5. 保安部总监每月向总经理办公室汇报当月钥匙模子和锁芯的发放情况。

6. 饭店所属的各类钥匙如需增加或补配，或更换锁芯，都必须填写“增配钥匙申请表”。

7. 补配钥匙和更换锁芯必须说明下列正当理由：(1)增加钥匙和更换锁芯（需说明增加原因和数量）。(2)钥匙丢失（需责任者写出情况报告，并由部门处理后方可提出申请）。(3)钥匙损坏（需有损坏报告及被损坏的原钥匙）。

8. 申请表分别需要部门总监/经理、工程部总监和保安部总监批准后方可生效。

9. O/A 楼客户补配钥匙需由租户向物业部提出书面申请，由物业部批准并填写申请表，连同租户书面申请一并送交保安部。

10. 所有万能钥匙补配需经总经理办公室批准。

11. 申请表连同所批准的钥匙模子由保安部送到工程部配置并领回。

12. 领钥匙者在申请表上签字后，从保安部领走新配钥匙和锁芯。申请表由保安部保管。

13. 工程部锁匠应填写钥匙制作记录，保安部每月对申请表和制作记录核对一次。

14. 保安部将对补配钥匙和锁芯的使用情况进行检查。

（六）电子磁卡锁和磁卡

1. 饭店所属的电子锁磁卡主机分别由前厅部和保安部管理。前厅部电子锁磁卡主机为客人制作电子锁磁卡，保安部电子锁磁卡主机为饭店服务部门和后勤部门制作电子锁磁卡。

2. 饭店总经理、副总经理、驻店经理、工程部总监、客房部经理、前厅部经理、保安部总监有权使用客房电子锁万能磁卡。饭店前厅部大堂值班经理及夜班经理有权在工作期间使用和保存客房电子锁万能磁卡。万能磁卡经总经理批准后由保安部负责制作。

3. 饭店客房部楼层主管、餐饮部送餐服务经理、饮料部迷你吧主管有权在工作中使用和保有客房电子锁楼层万能钥匙。楼层万能钥匙经部门经理批准后由保安部负责制作。

4. 饭店客房部员工在工作时有权使用和保有客房电子锁楼层分段万能钥匙，楼层分段万能钥匙由客房部经理批准后由保安部制作。

5. 其他部门员工因工作需要使用楼层电子锁磁卡钥匙的，由部门经理批准后由保安部负责制作单一的电子锁磁卡。

6. 电子锁磁卡的管理方式和楼层钥匙管理制度相同，可遵照执行。

7. 空白电子锁磁卡分别由前厅部和保安部负责管理、保存。

五、保安部万能钥匙的使用范围和规定

（一）范围

保安部所存的万能钥匙仅在以下两种情况下可以使用：

1. 紧急情况时可以使用。紧急情况包括火灾事故、爆炸事故、伤亡事故、疾病、救生及其他人力不可抗拒的自然灾害事故。在上述情况下，保安部总监或值班人员将带着万能钥匙到达现场，根据现场情况为处理事故提供钥匙。

2. 保证安全。保安部在饭店的日常巡视检查工作中，发现异常情况需要采用措施时，可使用万能钥匙。异常情况如有异响、异味、冒烟、失盗，或需要关闭员工忘关的门以及需要封闭通道时。

（二）程序

1. 正常工作时间。在正常工作时间需要使用万能钥匙时，必须向保安部总监、经理提出申请，经确认必须使用后方可使用，并由一名 C 级经理监督使用过程。

2. 在非正常工作时间。凡在节假日、休息日、夜间需要使用万能钥匙时，必须由保安部当班值班经理到现场确认后，方可决定能否使用。如能使用，应由当班值班经理亲自在使用现场监督使用过程，事后报总监、经理确认。

3. 使用万能钥匙必须有保安部总监、经理签字批准，并由执行者在登记本上

记录签字。

4. 其他部门使用万能钥匙一律在前厅办理。

(三) 规定

1. 钥匙库的钥匙白天由保安部总监、经理、内保经理掌管,夜班由值班经理掌管。

2. 使用万能钥匙必须严格履行登记制度。详细记录使用日期、取出时间、使用部门、使用人、原因、批准人、执行人、放回时间、证明人以及开启部位等事项。

3. 保安部应经常对钥匙库进行清点、检查,并作记录。

4. 所有钥匙一律严禁复制和转借他人。

5. 严禁任何人员因私使用钥匙。

6. 钥匙管理人、使用人发现钥匙损坏后,应上交残品,并作出书面报告。

7. 值班人员应严格执行交接班制度,并做好交接记录。

六、饭店钥匙管理常用表格

表 3-8 万能钥匙交接记录表

日 期	时 间	交钥匙人	钥匙状况	接钥匙人	备 注

表 3－9　万能钥匙使用记录表

使用日期	使用部门	钥匙号	使用人	使 用 原 因	批准人	备　注

表 3－10　万能钥匙发放记录表

发放时间	钥匙号	领取人	领取人职务	批准人	保安部总监	执行人	备　注

表 3－11　万能钥匙回收记录表

还回时间	钥匙号	还回人	还回人职务	接收人	保安部总监	备　注

表 3－12　万能钥匙检查确认记录表

钥匙号	使用范围	总　数	持有人	持有数	持有人签字	确认人签字	备　注

第三节　各类刑事、治安案件的防范预案及处理程序

一、对卖淫、嫖娼人员的防范、打击预案

（一）防范预案

防范范围

大堂、大堂酒吧、电话间、电梯等候间、各餐厅、停车场。

防范重点时间

15:00～24:00

防范对象

1. 结伴或单独来店，在大门外、大堂内无目的地闲逛，主动找外国人搭讪的国内女性。

2. 在大堂、大堂酒吧等处长时间闲坐并主动找外国人搭讪的国内女性。

3. 频繁进出电话厅打电话与住店客人联系的国内女性。

4. 在楼层内遇见服务员、保安员躲闪的人，手拿房间钥匙但不是住店客人的国内女性。

5. 各餐厅、酒吧主动找外国人搭讪、行为可疑、不是进餐客人的国内女性。

6. 经常出入饭店、形迹可疑的国内女性。

防范措施

1. 认真执行会客制度，凡国内女性登记会客，必须认真核对证件，填写会客单。

2. 对和客人在一起的，有卖淫、嫖娼嫌疑的人，在不打扰住店客人的原则下，采取灵活措施，不让其进入客房区域。

3. 楼层和前厅服务员发现有卖淫嫌疑的国内女性进入楼层或客房，应立即报告保安部。

4. 注意超过23:00时的异性会客。

5. 对在大堂、餐厅、酒吧等公共场所徘徊的女性，必要时上前进行盘问。

6. 凡打到客房的电话，总机应向对方询问清楚住店客人姓名，如回答不出，应拒绝接入电话。

7. 中控室录像监控人员在重点时间里，应加强对防范范围的录像监控。

8. 巡逻警卫在重点时间应加强对防范范围的巡逻。

9. 保卫部在重点时间布置专人进行打击。

（二）打击预案

1. 对经常来店，有确凿卖淫行为或已被保安部抓获过的女性，来一次抓一次。

2. 对已进入房间既成事实的卖淫者，在其离开饭店时，带到保安部进行审查。

3. 保安部对上报的一切可疑情况进行甄别，对可能性较大者，采用各种方式进行监控，一旦证实情况属实，就应将其带到保安部审查。

4. 保安部在审查嫖娼、卖淫者时，一定要注意搜集证据，抓获和扣押可疑人员时，注意防止其销毁罪证。

5. 对行为确凿的人员应查获赃物、赃款，拍照存档，按治安管理处罚条例处罚并送公安机关。

6. 在审查中，注意发现重大线索和其他犯罪迹象。

二、对精神病患者、上访人、出丑闹事人的防范预案

精神病患者，是指神志不清，不能辨别、控制自己行为的人；上访人员，指上访告状、请愿示威的人；出丑闹事的人，指酗酒、乞讨、捡拾垃圾、卖艺、看相算命或衣冠不整者等。

（一）外围防范预案

1. 在饭店、写字楼、公寓外围，由各部门警卫、巡逻警卫、车场警卫组成外围防范体系。

2. 在饭店外围发现上述人员，通过观察，看其衣着是否整齐；通过嗅闻，辨别身上是否有异味；通过询问，看被询问者头脑是否清醒，语言是否有条理。如确定是精神病人、醉酒人员、上访人员、乞讨者、衣冠不整者，应采取诱导、劝说甚至强制手段妥善处理。

3. 饭店各出入口的警卫岗禁止上述人员进入饭店、O/A 楼内。

（二）内部防范预案

1. 由饭店内部各岗、巡逻警卫以及其他部门服务员组成内部防范网络。

2. 制服来人，避免事态扩大，可采取劝说方式、诱导方式、强制方式。

3. 将来人引导至保安部办公室或无客人区域。

4. 查明来人身份、来店目的、工作单位、住址。

5. 通知来人单位的保卫部门、街道派出所、家属将其领走。

6. 闹事造成损失的，按治安管理处罚条例进行处罚，情节严重的送交公安机关。

7. 处理上述人员的原则是，尽量不干扰住店客人，将影响控制在最小范围内，运用一切可行手段，制止出事苗头。

三、对爆炸物及可疑爆炸物品的处理预案

（一）重点防范区域

1. 大堂，包括大堂酒吧、大堂电话厅、大堂前后部休息区域；前台结账、问讯、钱币兑换柜台及行李房。

2. 公共区域里的各卫生间，包括 O/A 楼。

3. 各餐厅，包括出入口和卫生间。

4. 各停车场，包括饭店前面各车场，团队出入口，O/A 楼周围车场，地下车库车场。

5. 饭店宴会厅区域，包括外部休息区和活动区域。

6. 饭店外围各重要设施，建筑物各入口处。

7. 饭店各重点要害部位。

8. 饭店各处垃圾桶。

（二）防范措施

1. 保安部负责对在防范重点区域内工作的员工进行如何发现和处理爆炸物的培训。

2. 客户部楼层服务员注意及时发现楼层和客房内的遗留物和可疑物。公共区域员工应注意发现在公共区域内的遗留物和可疑物，并保持在岗率，以保证公共区域能随时有人。

3. 前厅部员工注意各接待台附近有无遗留物。严格管理临时存放在行李房和礼宾部的行李，在存放行李前应询问客人有无危险品，对不能确认的物品，应报告保安部。

4. 餐饮部各餐厅应注意观察客人，并注意发现各类客人遗留物和可疑物。

5. 工程部各应急、要害部位应保证 24 小时有人在岗，巡视各机房时注意发现可疑物，在发现不属于本机房物品时应及时报告。

6. 饭店内各岗位员工在发现不明可疑物时，都应该及时报告保安部。

（三）发现爆炸物品的处理程序

1. 报警。在饭店范围内任何人发现可疑爆炸物品，均应向饭店保安部报警。

2. 保安部值班人员要记录报警人姓名、单位、时间、地点、涉案物品及现场基

本情况,并按下列次序进行通知:保安部负责人→工程部经理→客务经理(白天)、值班经理(夜间)→总经理、副总经理(由保安部负责人通知)→所涉及相关部门的经理→行政部经理→医务室经理。

3. 保安部人员到达现场后,不得轻易搬弄、移动爆炸(可疑)物品,在爆炸物周围25米设立警戒线。

4. 疏散25米警戒线以内的所有人员。

5. 保安部人员在赶赴现场同时,通知公安部门,汇报可疑物品形状、数量及位置。

6. 由在现场的饭店最高领导决定是否疏散其他客人,并由值班经理通知其他部门协助客人和员工撤离发现爆炸物的区域。如果爆炸物过大,类似衣箱大小,应撤出整个建筑。

7. 由消防、工程人员负责组织力量做好灭火及处理爆炸后现场工作。

8. 由行政部负责提供车辆,组织抢救伤员。

9. 如在要害部位发现爆炸物,应请示中方经理,经详细观察,确信没有爆炸可能时,方可将其移至无人区。如无法确认,应等候公安机关。

10. 工程部应迅速切断爆炸物周围的煤气、电源等,撤走现场附近可以移动的贵重物品。

11. 公安机关到达后,听从公安机关指挥,并为公安机关排除爆炸物提供一切便利条件。

(四)对具有爆炸内容的恐怖威胁的处理预案

1. 接到具有爆炸内容的恐怖电话、信件后,要立即报告饭店领导人和保安部负责人,接电话人要尽量延长通话时间,争取获得尽可能多的信息,并且注意不要通知其他无关人员,以免引起骚动。

2. 接到恐怖电话后,要及时通知电话总机,查找来源。

3. 电话总机要保持数条线路畅通无阻。

4. 及时报告公安机关,听从警方指挥,在不知爆炸物具体位置时,同警方一起制定覆盖整个饭店建筑的搜寻方案。

5. 确定爆炸物位置后,按发现爆炸物程序处理。

(五)发生爆炸后的处理程序

1. 发生爆炸后,警方人员要立即赶到现场并设立警戒线。

2. 若爆炸现场有伤员,应立即组织抢救并打急救中心电话。

3. 通知公安机关,并按公安机关指示做好各项准备工作。

4. 做好预防和处理火灾的准备。

5. 仔细搜寻爆炸现场，以防仍存有爆炸物。

6. 其他做法按“发现爆炸物品的处理程序”执行。

7. 设立临时指挥部处理善后事宜。

8. 要求全体员工沉着、冷静，不随便走动，坚守岗位，配合专业人员工作。

四、公共场所拎包案件的防范预案

（一）易发案部位

公共场所拎包案件多发生在餐厅、啤酒屋、大堂酒吧、快餐厅、咖啡厅、前台收款处、宴会厅以及大型活动举办地。

（二）防范时间

1. 在一年当中的所有法定节假日前，尤其是每年春节、元旦前夕。

2. 一年当中的春、秋、冬季为主要防范季节。

3. 一天当中的用餐时间。

4. 在饭店举办大型和社会性活动时。

5. 在饭店旺季、客流量明显增加时。

6. 饭店举办党和国家重要活动时。

7. 饭店接待重要外宾时。

（三）作案特点

1. 发案时间多为春、冬二季，在餐厅以晚餐和早餐时间为多，在其他公共场所以上午时间为多。

2. 作案者以男性为主，穿着得体，经常有两三人结伴，也有女性参与，外地人、本地人都有。

3. 作案人一般进餐厅不消费或低消费，以“等人”为借口，只要一杯啤酒、咖啡或茶，并且当时付款结账。

4. 随时换台，作案人进餐厅不服从领位的指定，或转一圈或自己找座位，或结账后换台，以便能挑选目标，接近目标。

5. 一般在离开时作案，利用自己的衣物或同伙掩护迅速离开，由于没消费或已结过账，不易引起服务员注意。

（四）防范措施

1. 餐厅服务员一定要有安全意识，对公共场所拎包案件的特点、发案时间、作案人特征了如指掌，一旦有可疑迹象，立即警惕。

2. 保安部内保部门应定期对餐厅服务员进行专项培训，形成制度，在发案的重点时间派人加强巡逻，并根据社会情况进行专项治理。

3. 在餐厅和其他公共场所一旦发现可疑人员、可疑迹象,服务人员应立即报告保安部,同时密切注视可能的动向,必要时提醒客人注意自己的财物。

4. 对该类案件不宜采取惊走作案人的方法,而应来一个打掉一个。安全人员和服务员不能轻举妄动,而要严密监视,在其作案时一举拿获。

5. 保安部应在各餐厅和公共场所培养治保积极分子,平时加强联系,鼓励他们多汇报情况。保安部值班人员逢报必须到达现场,以取得员工主观上的积极配合。

6. 在捉拿现行犯时,要注意作案人的同伙,防止其转移和扔弃证据,争取人赃俱获。

五、食物中毒的防范和处理预案

(一)适用范围

客人及员工的食物中毒事故。

(二)食物中毒特征

食物中毒症状多见于恶心、呕吐、腹泻、昏迷甚至死亡。

(三)防范措施

1. 采购人员把好采购关,收货人员把好收货关,阻止有问题的食品进入饭店。

2. 仓库人员把好食品出入库关,厨师把好制作关,阻止有问题的食品进入餐厅。

3. 饭店相关部门严格执行有关食品卫生的检疫标准,认真执行餐饮安全制度。

4. 给重要客人或有特殊要求客人所做的食品,应进行食品留样。

(四)报告程序

1. 发现、发生食物中毒时,发现人或患者应该立即就近向保安部、医务室等部门报告。

2. 任何部门接到食物中毒报告,应立即问清事发时间、地点、报告者身份、食物中毒人员国籍、人数、中毒症候。

3. 接报告部门应按下列顺序通知相关人员到达事发现场:医务室→保安部→前厅经理(值班)、总经理、副总经理→餐饮部→行政部(司机班)。

4. 上述部门接到通知后需带下列设备、物品赶到现场:(1)医务室人员:急救设备、药品、氧气。(2)保安部人员:勘察箱、照相机、报话机。(3)行李部人员:准备担架。(4)食品检验人员:食品取样。(5)餐饮部人员:根据患者症候提供线索。

（五）处理程序

1. 医务室人员赶到现场后应及时对患者进行诊断和抢救，并向现场指挥提供救护方案，联系急救中心，向调查人员和防疫部门介绍相关情况。

2. 保安部人员赶到现场后设立警戒线，控制围观人员，调查和询问大致情况，查明中毒者身份，做好访问记录和现场勘查，通知公安局或相关部门，协助抢救。

3. 客务部人员赶到现场后，应执行饭店领导的抢救命令，向其他客人做解释工作，通知家属或相关人员，组织行李员准备担架。

4. 行政部人员赶到现场后，应准备车辆，让司机随时待命。

5. 食品检验人员配合保安部进行现场勘察，负责与政府相关部门联系并接待其派遣人员。

6. 中毒者死亡的，应按突然死亡事故处理方案处理。

7. 发现有人投毒的，应按凶杀、暗杀等暴力事件的处理程序处理。

8. 保安部负责组织现场的善后工作。

六、对诈骗案件的防范预案

（一）防范部位

诈骗案件的重点防范部位是饭店前台收款处、前台外币兑换处、各餐厅收款处、饭店辖区各商店收款处以及贵重物品寄存处。

（二）防范措施

1. 诈骗案件主要指住店客人逃账，使用空头支票，使用假信用卡，使用黑信用卡，使用假币以及使用假名洗钱。

2. 预防诈骗案件发生的主要防范措施是严格执行财务、会计制度，严格按照安全岗位责任制办事，对现金、支票及有价票证实行严格管理，首先从制度上堵塞漏洞。

3. 对住店客人必须严格执行入店登记制度，预交住店押金。前台服务员应认真检查和登记客人的有效身份证件，证件照片必须与本人相符，如有异常应报告上级处理。

4. 住店客人超额消费或大量超出押金借贷的，前厅服务员应随时注意，并上报领导查明原因，如有必要，可报保安部进行调查。

5. 对持支票消费的客人，前厅收款应及时与支票发出单位核实支票真伪，发现问题，应上报保安部。

6. 客人用信用卡付账的，饭店各部位收款员应坚持检查复核制度，确定信用卡真伪，熟悉黑名单。注意检查大面值货币，识别真伪，养成良好的工作习惯。

（三）处理程序

1. 在发现客人有逃账、诈骗嫌疑或不能确认支付凭证真伪的，应立即报告保安部。

2. 在报告时，应避开客人打电话，并能机智地将嫌疑人留住，等待保安部人员赶到。

3. 有问题的信用卡和假币，一经确认，应立即扣留信用卡、假币及持有人护照、身份证，并报保安部。

4. 条件不允许报保安部时，可通知距收款处最近的警卫人员到场，控制行为人，防止其逃跑或做出危害员工安全的行为。

5. 保安部在接到诈骗报案后，应立即赶到现场，避开客人，向员工了解情况，并将作案人带到保安部初审。

6. 保安部初步审理后，视情况决定是否报告公安机关。对逃账人员可视情节轻重给予罚款处理。对使用假币的人员，应上报公安局。对使用黑信用卡的人员，经核实无误后，报发卡银行。

七、打架斗殴、流氓滋扰事件的防范和打击预案

（一）适用范围

打架斗殴、流氓滋扰事件多发生在各餐厅、啤酒屋、大堂、酒吧、各停车场。

（二）防范对象

1. 结伙的本地青年人。

2. 饮酒过量的客人。

3. 有明显闹事迹象的人。

4. 其他形迹可疑的人。

（三）防范措施

1. 饭店服务员发现上述人员后，不管其是否已在闹事，均应报告保安部值班人员。

2. 保安部值班人员在接到报告后，应派出巡逻警卫到现场观察情况，直至确认无事后方能撤离。

3. 保安部巡逻人员在重点区域巡视时，要注意各种可疑迹象，防患于未然。

4. 餐厅服务人员应随时注意客人是否饮酒过量，一旦发现客人饮酒过量，应及时报告上级主管，决定是否采取措施。

5. 保安部警卫队临时下班人员要在饭店指定的区域休息备勤，保证及时集结。

(四) 打击预案

1. 一旦发生打架斗殴、流氓闹事事件，保安部值班人员应立即赶到现场，同时通知大堂值班经理，必要时应携带电警棍。

2. 到现场后，斗殴、闹事仍在继续的，应立即将发生冲突的双方分开，驱散围观人员，将肇事者带离服务区域。在不影响他人和饭店安全的情况下，可采取强制手段。

3. 有死亡和伤害事故发生时，现场人员应该报警，并保护现场，抢救受伤人员。

4. 在将肇事者带走途中，要提高警惕，注意发现肇事者身上是否携带有凶器，一经发现，应及时收缴。同时要提高警惕，防止肇事者逃跑和行凶。

5. 保安部应派人负责检查现场情况，查清饭店设施是否损坏，并进行拍摄，为事后索赔提供证据。损失轻微的，由保安部负责向肇事者直接索赔。

6. 保安部将肇事者带到办公室进行初审，提出解决方案。如肇事者不服，可上报派出所等相关部门判定。

7. 在初审中，应留意肇事者是否是公安机关查控、通报、通缉的人员。

八、突然死亡事故的处理程序

(一) 适用范围

突然死亡事故处理程序的适用范围是，除凶杀外的所有意外死亡事件，包括因自杀、工伤、疾病、意外事故等造成的员工或客人死亡事件。

(二) 接报告程序

1. 饭店员工发现饭店区域内有人死亡，必须立即报告保安部，同时注意保护现场。

2. 保安部接到报告后，要记录时间、地点、报告人身份及大概死亡性质，如工伤、疾病、意外事故等。

3. 接报告后，保安部人员要立即到达现场，同时报告保安部经理、大堂值班经理、医务室。如是工伤，还应通知工程部。饭店总经理和副总经理由保安部负责人通知。

(三) 现场处理程序

1. 保安部人员到现场后，立即设立警戒线封锁现场，驱散围观人员。如是工伤，由工程部关掉有关设备，由保安部和医务室人员确定死亡结果。

2. 人员没有死亡的，应立即组织抢救，保安部酌情向伤员了解情况，大堂值班经理和医务室人员联系就近医院和急救中心。

3. 如果确定人员已经死亡，应立即将现场与外界隔离，遮挡尸体并注意观察和记录现场情况。如明显属于凶杀或死亡原因不明，应按凶杀案程序处理。

4. 如确定是意外死亡，应进行拍照，访问目击者和知情人，隔绝围观，遮挡尸体并保护现场。

5. 保安部负责报告警方。

6. 保安部配合公安机关进行勘察。

7. 勘察完毕应立即将尸体移至无人区域。

（四）善后处理程序

1. 保安部负责处理善后工作，如清点客人物品。

2. 值班室经理负责协助各部门工作，向领导汇报，记录整个事件的发生情况及处理情况。

3. 工程部负责恢复有关设备，提供必要工具。

4. 行政部负责提供药品、车辆。

5. 客房部负责清理现场。

九、对抢劫、凶杀、枪击、绑架等暴力事件的处理程序

（一）报警程序

1. 饭店警卫或员工发现上述情况，应立即报保安部，然后再报自己所在部门。

2. 报警时，应说明报警人身份，发现案件的时间、地点及是否有人围观等案件的简单情况。

3. 接到报警后，保安部值班人员、内保人员、巡逻警卫应迅速到达现场确认。

4. 由保安部负责向公安部门报告情况。

5. 保安部值班人员要将报警人所报情况记录在案，经确认后按下列顺序通报有关人员：保安部负责人→值班经理（需带万能钥匙）→总经理、副总经理（由保安部负责人通知）→医务室（准备采取急救措施）→司机班（准备车辆）。

6. 现场由保安部指挥。

（二）现场处理程序

1. 保安人员要携带电警棍、对讲机、记录本、手电筒、万能钥匙迅速赶到现场。

2. 确认并保护犯罪现场，禁止无关人员入内，维护现场秩序，疏散围观人员，

尽快将现场与外界隔离。

3. 向当事人或报案人、知情人了解案情并作记录。

4. 对现场进行拍照,记录现场情况。

5. 协助抢救伤员,与医务人员一同前往医院,并酌情向伤员了解、记录有关案情。

6. 配合公安部门对现场进行勘察。

7. 如罪犯正在行凶或准备逃跑,应立即制止并抓获,派专人严加看守,以待转交公安机关处理。

8. 如有人被绑架或扣押,应立即报告公安机关,并采取必要措施,设法控制事态发展。

(三)各部门职责

1. 由保安部门负责处理善后工作,如清点客人物品。

2. 值班经理负责协助各部门工作,向领导汇报情况,记录整个事件的发生情况及处理情况,负责向询问的客人进行解答。

3. 工程部负责人提供必要的案件处理条件,如绳索、照明及必要工具。

4. 行政部负责提供抢救伤员的药品、绷带及办案和抢救伤员的车辆。

5. 公安机关勘察现场完毕后,客房部负责清理现场。

十、处理刑事、治安案件常用工作表

表 3-13　谈话记录

________年______月______日	时间:自______时______分开始 到______时______分结束
保安部:________________________________	
被谈话人姓名:____________　性别:________　年龄:____________　国籍:________	
职业:____________________　护照号码:____________________	
住址:________________________________	
谈话内容:________________________________ ________________________________ ________________________________ ________________________________ ________________________________ ________________________________ ________________________________	
	第　　页

表 3－14　访问记录

______年______月______日　　　　　　　　时间：自______时______分开始
YEAR　MONTH　DATE　　　　　　　　　TIME FROM HOUR MINUTE
　　　　　　　　　　　　　　　　　　　到______时______分结束
　　　　　　　　　　　　　　　　　　　TO　HOUR　MINUTE

保安部：____________________
SECURITY DEPT.
被访问人姓名：__________ 性别：________ 年龄：________ 国籍：__________
PARTY NAME　SEX　AGE　NATIONALITY
职业：____________________ 护照号码：____________________
OCCUPATION　PASSPORT NO.
住址：____________________
ADDRESS
访问内容：____________________
VISIT CONTENTS

表 3－15　结案表

<table>
<tr><td>案件种类</td><td></td><td>发案时间</td><td></td><td>地点</td><td colspan="2"></td></tr>
<tr><td rowspan="3">当事人
基本情况</td><td>姓　名</td><td></td><td>性　别</td><td></td><td>年　龄</td><td></td></tr>
<tr><td>国　籍</td><td></td><td>证件种类</td><td></td><td>号　码</td><td></td></tr>
<tr><td>住　址</td><td colspan="3"></td><td>电　话</td><td></td></tr>
<tr><td rowspan="2">被审查
或嫌疑人</td><td>姓　名</td><td></td><td>性　别</td><td></td><td>年　龄</td><td></td></tr>
<tr><td>住　址</td><td colspan="2"></td><td>部门或
单　位</td><td colspan="2"></td></tr>
<tr><td colspan="7">简要案情：</td></tr>
<tr><td colspan="7">调查结果：</td></tr>
<tr><td colspan="7">涉及人员：</td></tr>
<tr><td colspan="7">处理结果：</td></tr>
<tr><td>内部经理签字</td><td></td><td>总监签字</td><td></td><td>结案时间</td><td colspan="2"></td></tr>
<tr><td>备　注</td><td></td><td>卷页数</td><td></td><td>经办人</td><td colspan="2"></td></tr>
</table>

第四节　内保工作程序和工作制度

一、保安部受理案件程序

（一）受理原则

1. 凡饭店管辖区域发生的所有治安、刑事、民事、安全投诉的案件均由保安部内保部门负责受理。

2. 上述案件发生在非正常工作时间和节假日时，均由保安部值班经理受理。

3. 不在饭店管辖区域内发生的案件，如果危及人员生命、财产安全，应积极配合报案人员去相应公安机关报案。

4. 饭店客人和员工在饭店管辖区域外受到伤害，应带领受伤害者去相应的公安机关报案。

（二）受理案件种类

1. 客人在饭店区域内报失。

2. 客人在饭店区域内受到人身伤害。

3. 客人在饭店区域内发生意外伤亡。

4. 各类防范预案中规定的情况发生。

5. 饭店内部报失。

6. 员工在饭店区域内报失。

7. 客人的安全投诉。

8. 饭店区域内的各类交通事故。

9. 住店客人被骚扰。

（三）受理案件的一般工作程序

1. 接到电话报案，接电话人应立即转给内保部门相关人员或保安部值班经理。

2. 案件受理人接到报案后，应将受理的情况用文字记录下来。

3. 案件受理人受理案件后，应立刻赶到案发现场。案件与住店客人相关的，应同时报告大堂值班经理同去现场。

4. 案件受理人应对案件现场进行查验、记录，必要时应保护现场。

5. 案件受理人应要求报案人、当事人或受害者填写有关内容（表 3－16）并签字。

6. 受理案件人应根据案件情况和现场情况展开相应的调查工作，并依据情况报告上级。

7. 调查结束或移交案件时，应写出书面报告，填写有关内容。

表 3－16 丢失物品报告表

MISSING ARTICLES REPORT

FULL NAME 姓　名＿＿＿＿		
SEX 性别＿＿＿＿	AGE 年龄＿＿＿＿	NATIONALITY 国籍＿＿＿＿
PASSPORT NO. 护照号码＿＿＿＿	IDENTIFICATION 身　份＿＿＿＿	
TEMPORARY ADD. 临时住址＿＿＿＿	ROOM NO. 房间号码＿＿＿＿	

PERMANENT ADD.
永久住址______

CHECK IN TIME　　CHECK OUT TIME
进店时间______　　离店时间______

详 情 报 告

DATE OF MISSING ARTICLES　　MIN　　HR　　DATE　　MON　　YR
丢失物品时间　______分______时______日______月______年

LOCATION OF MISSING ARTICLES
丢失物品地点______

THE DOOR LOCKDE　　THE LOCK BROKEN OR DAMAGED
门是否上锁______　　锁是否被撬或损坏______

NAMES AND PRICES OF MISSING ARTICLES
丢失物品名称、价格______

WHERE WERE THE MISSING ARTICLES LEFT
丢失物品存放地点______

INCIDENT SEQUENCE
事情发生经过______

______

______

DOES THE GUEST HAVE INSURANCE
丢失物品是否有保险______

NAME OF AGENT OR INSURANCE COMPANY
经纪人或保险公司名称______

DOES GUEST WANT TO REPORT TO POLICE
是否通知警察______

REPORTING TIME：　　MIN　　HR　　DATE　　MON　　YR
报告时间　______分______时______日______月______年

GUEST SIGNATURE：　　CONTACTED BY：　　ASSISTANT MGR.
客人签字　　经办人签字　　大堂值班经理签字

（四）客人报失案件的受理程序

1. 接到客人报失电话，案件受理人应通知大堂值班经理（O/A 楼为物业部经理）赶到案发现场。

2. 到现场后，应查看、保护现场，包括对现场进行初步查验和记录。

3. 帮助客人寻找失物，确认客人是否放错地方或将失物忘在什么地方。

4. 询问客人，让客人填写报失单（见表 3－17），并做一般性陈述，问清客人要求。

5. 逐级上报，报内保经理或根据客人要求报警。

表 3－17　报失单

单位/部门		报失人姓名		性别		年龄	
住　址				职　业			
丢失物品名称				联系电话			
丢失物品价值				丢失时间			
丢失物品特征				丢失地点			
丢失经过：							
报失人提供线索：							
备注：							
受理人			受理日期/时间				
报失人			报失日期/时间				

6. 内保调查人员在接到客人或值班人员报案后，如处在正常工作时间内应立即展开调查，如处在非工作时间应视案件大小和客人离店时间，确定调查工作开始时间。

7. 调查中应注意让客人提供下列线索：(1)客人入店时间、发现物品丢失时间、物品最后使用时间。(2)客人是否换过房，是否有同住人员，是否在房间内接待过客人，是否丢过钥匙或借钥匙给别人，曾到什么地方去过，物品是否常用，在什么地方消费过等。(3)丢失物品中是否有房间钥匙，如有，应立即封闭房间。是否有凭证即付的票据，是否有需要立即报失的各类信用卡，是否有飞机票，是否有时间限制的有价证券等。(4)丢失物品的主要特征、证明材料、存放位置等。(5)丢失现金的面额、数量、形状及是否有相应的证明。(6)客人是否要求查找，是否要求报警，是否要求警方出具丢失证明。(7)向客人讲明报警和不报警的区别，保管不善和被盗的区别，以区分责任。(8)询问笔记必须有客人签字，必须填写所有的空项并和客人确认联系方式。

(五)客人或员工在饭店发生意外事故案件的受理程序

1. 客人或员工在饭店区域内受到意外伤害，案件受理人应立即通知大堂值班经理(员工通知人事部)赶到事故现场。

2. 到现场后，首先要抢救受伤人员，其次要分清事故性质，根据不同性质采取不同措施。凡凶杀、伤害、强奸、抢劫、绑架等暴力案件，执行相关处理程序和防范预案；凡因自杀、工伤、疾病、意外事故造成的员工或客人死亡，执行突然死亡事故的处理程序；凡客人、员工食物中毒，执行食物中毒防范和处理预案。

3. 对于因意外事故造成的客人或员工轻伤或重伤，在抢救受伤人员后，应该保护和查验现场，询问当事人、现场人和知情者，同时报告保安部和相关部门。

4. 在进行意外事故调查时，应该注意配合现场情况进行照相取证。

5. 让当事人（或相关报案人）填写事故调查表（见表 3－18）。

6. 如当事人是饭店员工，则应填写员工意外事故报告表。

7. 应请在场目击者或直接责任人写出事故发生经过。

8. 内保调查人员应尽量搜集证人、证物线索。

9. 取得医院的诊断证明，联系相应保险公司。

10. 判断和分清责任。

表 3－18　客人事故调查表

GUEST ACCIDENT INVESTIGATION FORM

FULL NAME ________________________________
姓名

SEX ____________　AGE ____________　NATIONALITY ____________
性别　年龄　国籍

TEMPORARY ADD. ____________________　ROOM NO. ____________
临时住址　房间号码

PERMANENT ADD. ________________________________
永久住址

CHECK IN TIME ____________________　CHECK OUT TIME ____________
进店时间　离店时间

REPORT IN DETAIL
详 情 报 告

EXACT INCIDENT LOCATION ________________________________
事故发生地点

TIME ________ MIN. ______ HR. ______ DATE. ______ MON. ______ YR ______
时间　分　时　日　月　年

NATURE OF INJURY ________________________________
受伤性质

BODY PARTS & DEGREES AFFECTED ________________________
受伤部位和程度

TREATED BY ____________________　NAME OF HOTEL DOCTOR ____________
治疗人　饭店医生姓名

NAME OF HOSPITAL ____________________　NAME OF DOCTOR ____________
医院名称　医师姓名

WINNESS ______ 目击者	INSURANCE COMPANY NOTIFIED ______ 是否报告保险公司
DOES GUEST WANT TO REPORT TO POLICE ______ 是否通知警察	
REPORTY DAMAGE ______ 财产是否有保险	
NAME OF AGENT OR INSURANCE COMPANY ______ 经纪人或保险公司名称	
FOOD RELATED INCIDENT ______ 引起事故的食品	FOREIGN MATTER ______ 食品中出现的异物
WHERE、WHEN SERVED ______ 何时、何地供给的	
IF THE INJURED CLAIMS SICKNESS DUE TO FOOD CONSUMED ON PREMISES ______ 疾病是否由所进食品引起	
TYPES OF FOOD CONSUMED AND TIMES OF CONSUMPTION WITHIN LAST 24 HOURS ______ 24 小时内吃的食品种类和数量	
GUEST SIGNATURE 客人签字 / CONTACTED BY 经办人签字	ASSISTANT MANAGER 大堂值班经理签字

（六）饭店内部报失案件的受理程序

1. 接到饭店各部门的报失案件后，应记录报失案件的时间、报案者姓名，然后尽快组织力量赶到现场。

2. 按受理案件的一般工作程序开展工作，保护和查验现场，照相取证。

3. 寻找证人和相关人员，填写相关表格和询问记录。

4. 如案情较大，应留下所有涉及人员，展开调查。

（七）其他案件的受理程序

1. 接到有关爆炸和发现爆炸物品的报案后，应执行“爆炸及可疑爆炸物品处理预案”。

2. 接到有关流氓滋扰、打架斗殴的报案后，应执行“打架斗殴、流氓滋扰的防范和打击预案”。

3. 接到有关诈骗案件的报案后，应执行“对诈骗案件防范和处理预案”。

4. 接到有关嫖娼、卖淫案件的报案后，应执行“对卖淫、嫖娼人员的打击、处理预案”。

5. 接到有关精神病、上访人、出丑闹事案件的报案后,应执行“精神病、上访人、出丑闹事预案”。

6. 接到有关员工报失的报案后,按客人报失案件的处理程序办案。

二、内保安全检查制度

为保证饭店的安全,贯彻预防为主的工作原则,保安部内保部门对饭店实行各级及专项安全检查制度。

(一)安全检查的级别

1. 全面安全检查:是指对饭店的全部组成部分实施安全检查。

2. 区域安全检查:是对饭店的某些特定区域进行安全检查。

3. 专项安全检查:是对饭店的特定项目、部门、部位、人员进行安全检查。

4. 日常安全检查:是内保人员对安全责任区进行日常安全巡视。

(二)安全检查的范围

安全检查的范围包括饭店各部门、各要害部位、各重要部位、设施、设备、楼层、外围区域、O/A 楼、餐厅、厨房区域、客人活动区域及相关人员。

(三)全面安全检查

1. 全面安全检查由保安部总监根据饭店整体安全状况,为保障重要活动、节假日的安全或配合社会和公安部门的工作而组织实施的。

2. 全面安全检查定期或不定期进行。定期检查在每年 1、4、7、10 月固定进行;结合具体情况和上级要求不定期检查,每年不能少于 2 次。

3. 全面安全检查的方案由保安部制订,呈报安全委员会批准,保安部组织人员实施。

4. 全面安全检查的范围包括饭店要害部位、重要部位、客房区、前厅部、财务部、餐饮部、O/A 楼。

5. 全面安全检查后,应写出检查报告,填写隐患通知书,提出整改措施,复查整改结果。相关隐患登记表和重大事故登记见表 3-19 和表 3-20。

表 3-19 要害部位重大隐患登记

单　　位	
隐患部位	
隐患情况	
可能造成的危害	

续表

采取的安全措施	
撤销情况	
备　考	

填表人:　　　　　　　　　　　　　　　　　　　　　年　月　日

表 3－20　要害部位重大事故登记

事故种类		性　质	
发生部位			
发生时间		发现时间	
查清时间		是否立案	
事故情况			
追查和处理结果			
备　考			

填表人:　　　　　　　　　　　　　　　　　　　　　年　月　日

(四)区域安全检查

1. 区域安全检查由内保经理根据饭店和保安部的规定、部门的工作程序及公安部门的要求进行。

2. 区域安全检查不定期举行,每月不少于一次。

3. 区域安检方案由内保经理制订,呈报保安部总监批准,由内保经理组织人员实施。

4. 区域安全检查包括公共区域、停车场区域、行李部、员工更衣柜、公寓、办公楼等。

5. 区域安全检查后,应填写安全隐患通知书(见表 3－21),提出整改措施,并抽查整改结果。

表 3－21　安全隐患通知书

NOTIFICATION OF POTENTIAL SAFETY HAZARDS

被检查部门 Department		日期 Date	
检查部位 Location			

续表

存在问题:Problem			
责任人签字 Responsible Person		被查部位负责人签字 Person in Charge	
整改意见:Comments on Rectification 以上问题限＿＿＿＿日改正　　　Allow ＿＿＿＿ Days to Finish Improvement			
被检查部门负责人意见 Comments by Dept Head Concerned			
保安部领导批示 Comments by Director of Security			
饭店安委会主席意见 Comments by Chairman of S&S Committee			

注:此隐患通知书一式三份,报店领导、保安部存档,送被检查部门主管。

Copy Distribution:Hotel Management,Security Dept. ,Inspected Dept.

(五)专项安全检查

1. 专项安全检查由内保部门根据安全工作中的某些特定问题和公安部门专项打击要求进行。

2. 专项安全检查不定期进行,每月进行适当安排,每年固定次数不少于 15 次。

3. 专项安全检查由内保经理组织专业人员和相应人员进行,不需要请示、批准。

4. 专项安全检查包括各部门安全制度执行情况、会客登记情况、前台登记情况、突发事件预防情况、治安漏洞以及现金的支取和存放情况等。

5. 专项安全检查后,由内保经理制定相应的制度,并报保安部总监。

(六)日常安全检查

1. 日常安全检查指由内保主管对安全责任区域进行日常安全巡视。

2. 日常安全检查每日进行一次,由责任人自己决定检查时间和范围,主要检查安全制度执行情况，弥补安全漏洞。

3. 在检查中，应随时纠正发现的问题，当时纠正不了的，应报内保经理，并填写安全检查记录（相关内容见表3－22）。

表3－22　安全检查情况登记表

安全检查主持人姓名		职　业	
参加检查单位和人数			
检　查　时　间			
检　查　部　位			
不安全问题及解决意见：			
落实情况			
备考			

（七）安全检查要求

1. 全面安全检查、区域安全检查和专项安全检查进行前，要有方案和计划，并精心组织人员协调各部门行动。

2. 检查过程要有记录，检查结果要有报告。

3. 对检查出的问题要发安全检查隐患通知书。

4. 针对检查出的问题，内保部门要有相应的整改措施，并复查整改结果。

三、证件发放管理制度

（一）原则

1. 凡在整个饭店区域使用的各类证件，除员工证和员工名牌外，均由饭店保安部发放。

2. 各类证件的有效期均不得超过一年，超过有效期的证件自动失效。

3. 各类证件持有人除享有证件上规定的权利外，不享有其他权利。证件不能代替身份证明或做其他证明使用。

(二)种类

饭店常用证件主要包括下列几类:

◆写字楼公司雇员出入证

◆公寓服务员出入证

◆施工证

◆地下停车证、地面停车证

◆员工自行车牌、公寓办公人员自行车牌

◆出门条

◆会客证

◆临时证件

(三)写字楼公司雇员出入证发放程序

证件特征

纸质、塑封、贴照片,每年更换证件颜色,有效期为1年。

适用范围

此证适用于办公室客户的雇员。凭此证,雇员可以在非办公室时间出入写字楼,进入饭店后勤区域吃饭、洗澡、乘坐班车及向饭店其他管理部门证明自己的身份。

申领程序

1. 客户向饭店保安部申请领取写字楼出入证申请表。

2. 逐项填好申请表,由公司首席代表确认签字,加盖公司公章。

3. 申领人将填好的表连同本人近期照片交到保安部办公室。

管理制度

1. 公司雇员第一次申领出入证时,饭店不收工本费和押金。凡丢失、损坏需补领时,要收取一定金额的工本费。

2. 严禁转让、借用办公楼出入证。雇员离开公司时,应由公司负责收回其出入证,交回保安部。

3. 公司与饭店租赁合同结束或因其他原因公司搬走时,应负责集体收回所有员工的出入证,交回保安部。

4. 证件丢失时,应及时报告保安部申请作废,否则后果由使用人负责。

(四)公寓服务员出入证发放程序

证件特征

纸质、贴照片、塑封,有效期1年,每年变换颜色。

适用范围

公寓服务员出入证适于公寓租户临时雇用的各类人员，如保姆、打扫卫生人员、司机、教师等，凭此证可以出入公寓相应的楼层及饭店后勤区域，向饭店其他管理部门证明自己的身份。

申领程序

1. 由公寓租户向保安部领取申请表。

2. 逐项填好表并由租赁合同签字人在申请表上签字认可。

3. 申请人将表连同近期照片交保安部办公室。

管理制度

1. 公寓服务员第一次申领出入证，由饭店负责提供，不收工本费和押金。

2. 严禁转让、涂改出入证，雇佣关系终止后，申领表签字人应负责收回出入证，交至保安部。

3. 出入证丢失、损坏时，应及时报告保安部申请作废，补办新的出入证要交工本费。

4. 出入证申领人和雇主违反上述规定造成不良后果，责任自负。

（五）施工证发放程序

证件特征

纸质、贴照片、塑封，有效期 1～90 天，不定期更换颜色。

适用范围

施工证适用于在饭店管辖区域内进行施工的各类人员。凭此证，施工人员可以出入饭店或相应的施工区域。

申领程序

1. 在饭店相关部门批准施工方案后，由施工队负责人向保安部领取施工证申请书。

2. 逐项填好施工证申请书，由施工队负责人在申请书上签字认可。

3. 施工队负责人将申请书连同申请人照片及工本费和安全抵押金，交保安部办公室。

管理制度

1. 施工证应佩戴于胸前明显地方，以便查验。

2. 持施工证只能出入指定区域。

3. 施工证不得转让、借用，丢失、损坏施工证应报告保安部。

4. 施工结束或有效期终止后一定期限内，施工队负责人统一办理退证，退证时退回安全抵押金。

表 3－23 是施工证登记表样式。

表 3－23　施工证登记表

编　号	发证日期	单　　位	姓　名	退证日期	签　字	备　注

（六）会客证发放程序

证件特征

纸质、塑封，有效期为 1 天。

适用范围

会客证适用于来饭店办公和会客的人员，使用者凭证可进出饭店后勤区域办公或会客。

申领程序

1. 来访者按饭店会客登记制度在员工通道警卫处办理会客登记（表 3－24）。

2. 登记后，用个人有效证件如身份证、驾驶证等换领会客证，持会客证进店。

表 3－24　会客登记表

VISITOR REGISTRATION FORM

NO.

来宾姓名 NAME		性别 SEX		电话 TEL. NO.	
工作单位 FIRM				证件号码 PASS. NO.	

续表

住 址 ADDRESS			证件名称 PASS. NAME		
访问何人 TO VISIT		与会见者关系 RELATION		房间号 ROOM NO.	
进店时间 TIME IN	年 月 日 时 分 YR. MON. DAY. HR. MIN.			携带何物 GOODS CARRIIED	
离店时间 TIME OUT	年 月 日 时 分 YR. MON. DAY. HR. MIN.				
被访人签字 TENANT SIGN		保安人员签字 SECURITY SIGN			

<u>管理制度</u>

1. 会客证不得转让、借用,丢失、损坏会客证时应报告保安部。
2. 会客证必须在当天交回员工通道警卫处,同时换回个人的证件。
3. 丢失会客证必须说明情况。

(七)携物出门证(见表3-25)发放程序

<u>证件特征</u>

纸质、白色,当日有效。

<u>适用范围</u>

携物出门证在饭店员工和写字楼客户雇员携带不属于自己的物品出店时使用。

表3-25 携物出门证

PACKAGE/PARCEL PASS

单位名称:____________________
COMPANY/DEPT.

携物人姓名:__________ 性 别:__________
NAME SEX

物品名称、数量:____________________
ITEM NAME. QUANTITY

日期:__________ 时间:__________
DATE TIME

公司盖章:
SEAL

申领程序

1. 饭店员工携物外出，需由部门经理向保安部写出书面申请，并指定携物外出的人员，保安部根据申请开具出门证，出门时由警卫验收。

2. 写字楼租户携物外出时，应向物业部提出书面申请，由物业部开具出门证，出门时由警卫验收。

管理制度

1. 出门证当日有效，并应填写清楚所携带物品的名称、数量及其所属性质。

2. 员工携物外出要有部门经理签字，写字楼客户携物外出要有公司负责人签字。

3. 携物外出证上记载的物品与携带物品不符时，警卫有权扣留物品和携物出门证。

4. 携物外出证由保安部警卫队妥善保管，定期清点。

(八)地下停车证发放程序

证件特征

纸质、塑封，有效期1年。

适用范围

地下停车证是租用饭店地下停车场车位的客人车辆出入和停放在地下停车场的证件。

申领程序

1. 客人根据与饭店签订的合同，向物业部提出申领停车证的要求。

2. 物业部应将客人公司名称、办公室房号、公寓房号、车号、车型、车身颜色、车位等资料一并送保安部，由保安部登记、制作。

管理制度

1. 地下停车证应放在汽车前挡风玻璃适当位置处，以便管理人员查验。

2. 严禁转让、借用停车证，涂改、损坏、丢失停车证时，要向保安部申明作废，并按申领程序重新办领。

3. 客人离店或更换车辆、车位的，应该交还旧证，重办新证。

4. 停车证与车辆、停车位不符的，保安部将扣留停车证。

(九)地上停车证发放程序

证件特征

纸质、塑封，有效期1年。

适用范围

地上停车证适用于饭店周围地面停车场,凭证可在饭店各地面停车场出入和停放车辆。

申领程序

使用者应是饭店和 O/A 楼客人,地下停车场没有车位,经物业部、销售部、前台确认后,由保安部办理地面停车证。

管理制度

1. 地面停车证应放在车辆前挡风玻璃适当位置处,以便查验。

2. 严禁转让、借用停车证,涂改、损坏、丢失停车证时,要向保安部申明作废,并按申领程序重新办领。

3. 客人离店或更换车辆、车位,应该将旧证交还,重办新证。

表 3－26 是有关停车证登记表的样式,供参考。

表 3－26　停车证登记表

证　号	公司名或公寓号	车　型	牌　号	车　位	电　话	发证日期	签　字

四、捡拾物品上交、发还程序

1. 饭店全体员工有上交捡拾物品的义务。

2. 在客房区域捡到的物品,必须交客房部,由客房部登记保管。

3. 在其他区域捡到的物品,应交保安部登记保管。

4. 保安部内保部门和客房部失物招领处负责捡拾物品的登记、保管和发还。

上述部门接收捡拾物品时，必须有明确的交接手续，并签字、登记。

5. 捡拾物品登记表(表 3－27)要有捡拾者情况、捡拾地点以及捡拾数量、捡拾物的种类和特征等项内容。

6. 登记后应立即清点捡拾物品，尽量寻找失主线索，发现线索积极和失主联系，以便及时归还失物。

7. 发还捡拾物品时，失主必须提供有关丢失物品的数量、种类和特征等信息，核实无误后，登记失主身份、单位，并由发还者和领取者双方签字。

8. 严禁使用捡拾物品或挪作他用。

9. 在饭店任何区域捡拾到反动、黄色物品或发现危险品，必须立即交保安部。

10. 捡拾的物品 3 个月内无人认领，应登记造册，送公安机关处理。

表 3－27　捡拾物品登记表

LOST AND FOUND GOODS

日　期 Date	捡拾人姓名及部门 Discover by	捡拾物品名称及特征 Goods and Description	数　量 Quantity	捡拾地点 Location	收 物 人 Received by	备　注 Remark

五、施工责任书

饭店在营业期间进行装修、维修、改造、施工的情况下，要选择有资质的施工单位，并与其签订专门的安全生产管理协议(施工责任书)，要求施工单位必须遵守饭店的一切安全管理制度。饭店还要建立施工人员登记表(见表 3－28)管理制度。

表 3－28 施工人员登记表

<table>
<tr><td colspan="2">施工地点</td><td colspan="2">公寓</td><td>写字楼</td><td>饭店主楼</td><td>西楼饭店区域</td></tr>
<tr><td colspan="2">房间号</td><td colspan="2"></td><td></td><td></td><td></td></tr>
<tr><td colspan="3">施工单位(乙方)</td><td colspan="4"></td></tr>
<tr><td colspan="3">承租单位(甲方)</td><td colspan="4"></td></tr>
<tr><td colspan="3">施工情况</td><td colspan="4"></td></tr>
<tr><td colspan="7">施工日期　　年　　月　　日至　　年　　月　　日</td></tr>
<tr><td colspan="4">施工单位负责人</td><td colspan="3">施工单位现场负责人</td></tr>
<tr><td rowspan="22">施工人员名单</td><td>序号</td><td>姓名</td><td>工种</td><td>证件种类</td><td>身份证号码</td><td>备注</td></tr>
<tr><td>1</td><td></td><td></td><td></td><td></td><td></td></tr>
<tr><td>2</td><td></td><td></td><td></td><td></td><td></td></tr>
<tr><td>3</td><td></td><td></td><td></td><td></td><td></td></tr>
<tr><td>4</td><td></td><td></td><td></td><td></td><td></td></tr>
<tr><td>5</td><td></td><td></td><td></td><td></td><td></td></tr>
<tr><td>6</td><td></td><td></td><td></td><td></td><td></td></tr>
<tr><td>7</td><td></td><td></td><td></td><td></td><td></td></tr>
<tr><td>8</td><td></td><td></td><td></td><td></td><td></td></tr>
<tr><td>9</td><td></td><td></td><td></td><td></td><td></td></tr>
<tr><td>10</td><td></td><td></td><td></td><td></td><td></td></tr>
<tr><td>11</td><td></td><td></td><td></td><td></td><td></td></tr>
<tr><td>12</td><td></td><td></td><td></td><td></td><td></td></tr>
<tr><td>13</td><td></td><td></td><td></td><td></td><td></td></tr>
<tr><td>14</td><td></td><td></td><td></td><td></td><td></td></tr>
<tr><td>15</td><td></td><td></td><td></td><td></td><td></td></tr>
<tr><td>16</td><td></td><td></td><td></td><td></td><td></td></tr>
<tr><td>17</td><td></td><td></td><td></td><td></td><td></td></tr>
<tr><td>18</td><td></td><td></td><td></td><td></td><td></td></tr>
<tr><td>19</td><td></td><td></td><td></td><td></td><td></td></tr>
<tr><td>20</td><td></td><td></td><td></td><td></td><td></td></tr>
<tr><td></td><td></td><td></td><td></td><td></td><td></td></tr>
</table>

保安部签字：　　　　　　　　　　施工单位负责人签字：
日　期：　　　　　　　　　　　　日　期：

施工责任书应对下列安全事项做出明确规定：

1. 施工方应严格遵守明火作业审批制度、临时用电审批制度、消防管理制度。

2. 施工现场使用的危险物品，如油漆、稀料等必须单独存放，专人管理，日用日清，严禁现场存放。

3. 装修改造过程中的装修垃圾，特别是易燃、可燃物品要日产日清。

4. 安全生产管理职责必须具体、明确，并落实到人。

5. 为防止因施工区域与营业区域交叉、高空作业物品坠落而造成生产安全事故，施工区域与营业区域要隔离，并采取有效的安全防护措施，达到安全生产目的。

下面以某饭店的施工责任书为例进行说明。

1. 根据市公安局、消防局保障饭店安全的各项法令及规定，为保证××饭店住店客人及内部员工的生命、财产安全，使他们有安全舒适的办公环境，保安部与各施工单位和建筑公司，特签订此安全保障责任书。

2. 按谁主办谁负责，谁组织谁负责，谁施工谁负责的原则，施工单位或建筑公司的具体承办人为责任者，对饭店内部施工区域的消防及施工人员的安全负有全面责任。安全责任人有义务教育本公司施工人员严格遵守饭店的安全规章制度。

3. 到饭店施工的建筑单位，其负责人应提前到饭店保安部办理手续，填写有关登记表，签订责任书，领取施工证。

4. 施工人员在饭店、O/A 楼内活动，必须服从警卫人员管理，必须佩戴施工证。

5. 施工人员在饭店、O/A 楼内活动，应按规定路线行走，进出饭店应走指定通道。

6. 施工人员不能到本工作之外的场所乱窜，不能使用客用电梯、客用厕所。

7. 施工人员不能在楼内喧哗、大闹，不能在施工场所吸烟。

8. 施工人员负责施工区域的防火、防灾任务，如需动火，必须到保安部办理动火证。

9. 施工人员应注意保持饭店、O/A 楼环境整洁，爱护饭店的公共设施、设备及物品。如损坏饭店物品，一经查实，应负赔偿责任。

10. 禁止衣冠不整者进入饭店。

11. 进客户室内施工时，必须有相应的工作人员在现场。

12. 施工队负责人有义务让本队每名人员都知道上述规定。

13. 违反本规定的一切行为，饭店保安部可根据本责任书和有关规定进行处罚。

保安部签字　　　　　　　　　　　　施工单位负责人签字

年　　月　　日　　　　　　　　　　年　　月　　日

饭店内保部门应根据每月工作情况，汇总内保月报（表 3－29）。

表 3－29 内保月报

__________年______月

证件管理__________个　　其中：办理施工证__________个
　　办理停车证__________个
　　办理客户证__________个
　　收回旧证__________个
　　有效施工证件__________个

钥匙管理：配钥匙______把，分别为____________________
　　丢钥匙______把，分别为____________________
　　损坏钥匙______把，分别为____________________

报　案__________起，其中：
　　客房报案____________起：1.
　　2.
　　3.
　　公共区域报案__________起：1.
　　2.
　　3.
　　内部报案____________起：1.
　　2.
　　3.
　　治安案件____________起，其中：
　　打架斗殴____________起
　　卖淫嫖娼____________起
　　其他治安案件__________起，其中：
　　涉外饭店管理处____次：查　控____次
　　会议通知____次
　　安全警告____次
　　其他来源__________次

安 全 会 议__________次　主题______________________________

内部安全检查__________次　内容______________________________
____

安 全 会 议__________次　内容______________________________
____

下月培训主题______________________________
____

下月安全重点______________________________
____

下月安全检查______________________________
____

第五节　警卫方案

一、特级住店警卫方案

（一）适用范围

党和国家主要领导人、外国元首住店。

（二）前期工作

根据饭店和公安部门提供的信息，在预定时间前1个月，保安部开始进行工作准备，工作准备由保安部各部门分别进行，由总监统一掌管。

内保准备工作

1. 选拔政治素质高、业务素质过硬的人员，合理安排班次，确定参加服务人员名单。人员配备如下：(1)客房部：楼层服务员、取送客衣服务员。(2)前厅部：接待员、豪华层接待员、行李员、大堂值班经理。(3)餐饮部：宴会服务员、迷你吧服务员、送餐服务员、饮料部服务员、厨房部服务员、相关餐厅服务员。(4)工程部：值班人员、应急维修人员。(5)行政部：食品检验人员。

2. 进行全面安全检查。安检范围包括饭店前厅、客房、公共区域、机房、其他可能活动的相关场所。

3. 确定食品来源，了解食品名称、数量、供应商。

4. 审查同期住店客人情况，准备房号、姓名、国籍、进出店时间、住店目的等资料。

5. 审查常住人员情况及公寓、写字楼租户情况。

6. 审查其他在店同期活动。

7. 准备相关区域平面图，主要有住房平面图、楼层平面图、宴会厅平面图、大堂平面图及其他相关区域平面图。

8. 对员工思想状况进行安全摸底，找出问题，杜绝隐患。

9. 对相关区域员工进行安全培训。

10. 向当地公安机关和饭店保卫处通报情况。

11. 与政府有关部门协调，负责配合有关机关进行安检。

12. 确定新闻机构及其人员。

警卫准备工作

1. 根据警卫对象活动情况，确定上岗人员，调整班次。

2. 制订店内随行警卫方案。

3. 对警卫进行岗前动员，讲解相关安全事宜。

4. 准备预备力量。

5. 清理饭店周围闲杂人员，清理停车场。

6. 与交警、派出所协调联系相关安全事宜。

消防准备工作

1. 对所有活动区域进行消防安全检查，检查所有消防设施、设备，消除隐患。

2. 制订区域防火安全措施和应急疏散方案。

3. 中控室根据警卫对象活动情况，调整监控镜头，准备保安监控。

4. 确定消防警卫人员，调整班次，确保人员质量和数量。

5. 向消防局通报情况。

（三）警卫方案

特级警卫方案由保安部总监制订，应包括下列内容：

基本情况

时间（日程）、人员、车辆、重要人物、活动范围。

警卫原则

1. 保证警卫对象人身安全。

2. 保证主要成员的人身安全。

3. 保证在饭店举行的各种活动正常进行。

4. 防止有损国格、店誉的各种治安案件发生。

5. 保证饭店正常经营。

重点岗位

1. 对警卫对象下榻的楼层及所有出入口实行24小时警戒，出入口进行封闭守卫。

2. 对警卫对象主要成员下榻的相关楼层及主要出入口，加24小时固定岗。

3. 对警卫对象在饭店举办各类活动的场所及主要出入口，加24小时流动岗。

4. 警卫对象在饭店内的活动线路的沿途，随活动加岗。

5. 对警卫对象使用的饭店公共区域，随活动加岗。

6. 对警卫对象使用的专业电梯，加专业电梯岗，随警卫对象活动。

7. 对警卫对象使用上、下交通工具的区域及一层电梯间加24小时岗。

8. 对警卫对象交通工具的停放区域，加24小时岗。

9. 加强对饭店内直接为警卫对象服务的各工种和岗位的管理。

任务分工

1. 警卫队全体人员负责警卫对象及代表团住所、活动路线、上下车场所及停车区域的安全,负责车辆的安全。

2. 内保负责警卫对象活动场所和活动安全,负责随行警卫对象在店内活动和出入公共区域的安全。

3. 内保负责食品、饮料的留样和化验,负责送餐服务和其他特殊服务的安全。

4. 消防办公室负责警卫对象活动所及所有场所的消防安全和应急疏散工作。消防中控室负责警卫对象活动所及所有场所的火情监控工作,负责关闭警铃和相关报警设施,并用人工监控代替自动监控。

5. 安全监控岗负责对特别楼层和警卫对象活动区域进行电视监控和录像。

6. 保安部行政办公室负责接听所有有关电话,保障通信联络畅通。

7. 内保经理负责和中方警卫组协调联络,提前半小时向饭店相关部门通报警卫对象活动的准确时间。

8. 警卫经理负责与交警及外围分局警卫组协调联络。

现场岗位

现场岗位主要有警卫、内保和消防各岗。

◆警卫岗

1. 封闭停车场,在每个在用的停车场设 1 名警卫。

2. 封闭下榻楼层,在警卫对象的下榻楼层各通道口各设 1 名警卫。

3. 封闭活动场所,在警卫对象预定活动的场所设置 1 名警卫。

4. 在随行人员相关楼层设置 1 名警卫。

5. 在相关电梯间设置 1 名警卫。

◆内保岗

1. 警卫对象进出饭店时,内保岗设置如下:大堂 2 个,三层 1 个,电梯间 1 个,食品留样 1 个。

2. 宴会用餐时,各门各设 1 个内保岗,相关电梯间设 1 个内保岗。

3. 其他活动时,现场至少设 2 个内保岗。

4. 送餐时,设 1 个内保岗。

◆消防岗

1. 警卫对象在饭店任何场所活动时,必须有 1 名消防主管在场。

2. 中控室保安根据活动安排固定监视屏,并进行跟踪录像。

上岗时间

警卫队提前1天清理停车场,并封闭楼层及活动区域。

全部岗位均提前1小时上岗,警卫、消防、内保巡视各自责任区。

值班

内保、警卫、消防各岗实行双值班制,有周详的排班表。

（四）特殊要求

1. 要求大堂和各主要出口警卫严格控制出入饭店人员。
2. 要求前厅大堂值班经理和电梯间警卫加强对来访人员的登记。
3. 所有赠送给警卫对象及代表团的物品,应先送交中方警卫组。
4. 所有找警卫对象的电话必须通过秘书机构。
5. 要求信息通畅,出现各类情况要及时报告保安部办公室。

（五）领导机构

饭店中方总经理为负责人,保安部总监为具体指挥与联络人。

（六）其他各级警卫方案

除特级以外的其他各级警卫方案,依其重要性酌减警卫力量和部署。

二、大型活动特级警卫方案

（一）适用范围

1. 党和国家主要领导人、外国元首到店参加活动。
2. 10个以上国家的贵宾和参加人数超过500人的大型活动。
3. 人数在800~1000人以上的大型活动。

（二）前期工作

保安部根据公安部门和饭店销售部门提供的信息,在预定时间前一个月开始准备工作。

内保准备工作

1. 掌握活动的基本情况:(1)活动时间:包括整个活动时间、警卫对象活动时间。(2)参加人员:参加活动人员情况、贵宾数量、贵宾级别。(3)活动内容:活动的主题,是否有宴会、记者招待会、新闻发布会。(4)活动地点:活动的区域、警卫对象的行走路线。

2. 对饭店前厅部、宴会厅、衣帽间、一楼大厅、活动楼层大厅、相关会议室进行全面安全检查。

3. 确定食品来源,了解食品名称、数量、供应商。

4. 审查其他同期活动。

5. 准备活动区域平面图、大堂平面图、宴会厅平面图及其他相关区域平面图。

6. 对员工思想状况进行安全摸底,杜绝隐患。

7. 对相关区域员工进行安全培训。

8. 选拔政治素质高、业务素质过硬的人员,合理安排班次,确定参加服务人员名单。人员配备如下:(1)餐饮部:宴会服务员、宴会厨房服务员、相关餐厅服务员。(2)工程部:音响组、应急值班人员。(3)行政部:食品检验人员。

9. 向当地公安机关和饭店保卫处通报情况。

10. 与政府有关部门协调,负责配合有关机关进行安检。

11. 确定新闻机构及其人员。

<u>警卫准备工作</u>

1. 根据活动现场情况和活动情况,确定上岗人员,布置力量。

2. 制订重要贵宾随行警卫方案。

3. 对警卫进行岗前动员,讲解相关安全事宜。

4. 准备预备力量。

5. 清理饭店周围闲杂人员,清理停车场。

6. 与交通警、派出所协调联系相关安全事宜。

<u>消防准备工作</u>

1. 对相应的活动区域进行消防安全检查。

2. 制订区域应急疏散方案。

3. 制订活动区域电视监控方案。

4. 关闭活动区域消防警铃,进行人工监控。

5. 向消防局通报情况。

(三)警卫方案

特级警卫方案由保安部总监制订,应包括下列内容:

<u>基本情况</u>

时间、人员、车辆、重要人物、活动范围。

<u>警卫原则</u>

1. 保证重要贵宾人身安全。

2. 保证参加活动人员的人身及财物安全。

3. 保证活动顺利进行。

4. 防止有损国格、店誉的各种治安案件发生。

5. 保证饭店正常经营。

重点警卫范围及岗位

1. 活动举办大堂为重点警卫范围，在举办地所有出入口设固定警卫岗，并在大堂设 1 个活动岗。

2. 在重点贵宾休息室门口设内保干部固定岗。

3. 大宴会厅主进口设内保干部岗。

4. 大宴会厅舞台后部设警卫固定岗。

5. 大宴会厅紧急疏散通道处设消防监控岗。

6. 大堂主楼道口设内保干部岗。

7. 大堂电梯设贵宾专梯岗。

8. 大堂红地毯两侧，随贵宾出入设随行岗。

9. 大堂门口设 2 名警卫礼仪岗、2 名警卫队主管岗。

10. 设交通管制岗。

11. VIP 停车场设警卫岗。

任务分工

1. 警卫队负责参加活动的来宾上下车场所、行走路线及活动场所外围的安全。

2. 警卫队负责参加活动的贵宾车辆的安全，负责参加活动的其他来宾车辆的安全。

3. 警卫队和交通警负责交通疏导和交通安全，安排车辆停放。

4. 内保负责大堂、宴会厅门口、宴会厅内活动场所的内部安全。

5. 内保负责食品、饮料的留样和化验，负责送餐服务和其他特殊服务的安全。

6. 消防负责活动所及所有场所的消防安全和应急疏散。

7. 消防中控室负责活动所及所有场所的火情监控，负责关闭警铃和相关报警设施，并用人工监控代替自动监控。

8. 安全监控岗负责对活动区域、饭店大堂和相关主要出入口进行电视监控和录像。

9. 保安部行政办公室负责接听所有有关电话，保障通信联络。

10. 内保岗负责和中方警卫组联络，及时通报信息。

11. 警卫负责与交通警及外围警卫组联络及交换信息。

现场岗位

现场岗位主要有警卫、内保和消防各岗。

◆警卫岗

1. 封闭活动使用的各停车场，并在每个停车场设 1 名警卫。

2. 饭店正门外设 2 名着装警卫，负责礼仪接待，阻止无关人员进入饭店。

3. 饭店正门外设 2 名警卫主管，负责交通管理，安排车辆停放。

4. 客用电梯厅设 2 名着装警卫，负责检查上楼人员和贵宾专梯。一层楼梯口处设 1 名着装警卫，负责阻止无关人员进入活动区。活动楼层电梯厅和走廊口各设置 1 名着装警卫，负责阻止无关人员进入活动区。

◆内保岗

1. 活动开始前、来宾陆续入店时，在大堂两侧各设 1 名主管负责大堂的安全。

2. 来宾入店时，在活动楼层平台设置 1 名主管，负责控制公共区域的制高点。

3. 在活动楼层大厅设 1 名主管，负责活动区域的安全。

4. 活动主会场门口设 1 名主管，负责检验请柬，阻止无关人员进入。

5. 设 1 名主管负责食品留样，保证上菜线路安全。

◆消防岗

1. 在宴会厅两侧消防通道各设 1 名消防警卫，负责消防疏散通道畅通及发生紧急情况时引导疏散人员。

2. 宴会大厅的舞台后部设 1 名消防主管，负责监控活动现场的消防安全。

3. 在安全监控室设 1 名主管，负责对整个活动现场进行跟踪录像。

上岗时间

警卫队提前 1 天清理停车场和活动区域，经公安安检后，上岗封闭。全部岗位均提前 1 小时到位。

（四）领导机构

饭店中方总经理为负责人，保安部总监为现场指挥。

（五）其他各级活动警卫方案

其他各级活动警卫方案，依重要性酌减警卫力量和部署。

第四章

饭店警卫管理

第一节 警卫职业道德规范及各岗岗位职责

一、警卫职业道德规范

1. 忠于职守,热爱本职工作。
2. 坚持原则,不徇私情,不以权谋私。
3. 保守国家和本职工作机密,保守企业及客人的秘密。
4. 能维护国家、集体和企业利益。
5. 尊重领导,服从指挥,听从安排。
6. 举止文明,按规定着装,工作中按规范姿势行走、站立、上岗。
7. 注意个人仪容、仪表,干净、整洁、朝气蓬勃。
8. 服务意识强,坚持饭店服务标准。
9. 纠正违章,态度和蔼,亲朋好友一视同仁。

二、警卫队各岗岗位职责

(一)共同职责

1. 严格执行《警卫人员职业道德规范》,执行饭店有关制度和规定。
2. 工作中坚守岗位,忠于职守,保持高度警惕性。
3. 维护饭店正常经营秩序,劝阻一切有碍正常经营的活动。
4. 做好交接班工作。对于在岗时间处理的各种情况,必要时写出书面报告。
5. 协调处理好与有关单位的关系。
6. 注意岗位周围饭店设备、设施的安全,保护饭店财产安全。

7. 每个警卫都有防火的责任。

8. 完成领导交办的岗位外的安全任务。

(二)正门警卫岗位职责

1. 负责监视饭店正门出入人员和物品的进出情况,可疑人员进出或人员携带危险物品进出时,应进行控制和报告。

2. 注意和疏散正门门口的闲杂人员,劝阻破坏和污染饭店环境和卫生的行为。

3. 阻止精神病人、乞丐、闲杂人员及盲流人员入店,劝阻衣冠不整者入店。

4. 疏散过往车辆和停留的车辆,保持交通畅通,阻止在车行道和停车位上存放物品。

5. 维护正门停车场秩序,保证车辆安全进出和停放。

6. 负责回答宾客的询问。

7. 在没有门童和行李员时,负责为客人开门及叫出租车。

8. 重大活动时执行礼仪岗警卫职责,问候进出店宾客。

(三)侧门警卫岗位职责

1. 负责监视进出饭店侧门的人员和物品情况,可疑人员进出或人员携带危险物品进出时,应进行控制和报告。

2. 维护饭店侧门的环境和秩序。

3. 阻止精神病人、乞丐、闲杂人员及盲流人员入店,劝阻衣冠不整者入店。

4. 非工作员工进出侧门时,应礼貌劝阻,并作记录。

5. 处理发生在岗位周围的各类治安事件,并上报主管。

6. 关注侧门花园情况,确保花园内设备安全。

(四)电梯厅警卫岗位职责

1. 负责监视进出客房楼层的可疑人员和危险物品,可疑人员进出或人员携带危险物品进出楼层时,应进行控制和报告。

2. 维护客梯厅的良好环境,阻止宾客有碍饭店环境和卫生的不良行为,保护饭店设备、设施。

3. 劝阻和疏散滞留在客梯厅的宾客。

4. 为宾客叫电梯,回答客人提出的问题,为客人提供问询服务。

5. 处理发生在岗位周围的各类情况,并上报主管。

6. 夜间 12 点后负责查询上楼客人的钥匙牌或住房卡。

7. 注意发现和控制一楼大厅两侧的嫖娼、卖淫人员。

8. 重要宾客乘坐专用电梯时,负责阻止两边穿行人员。

（五）结合部警卫岗位职责

1. 负责监控由结合部通道进入饭店的人员和物品，可疑人员进出或人员携带危险物品进出时，应进行控制和报告。

2. 结合部岗没有登记入客的职能，因此该岗警卫应劝阻到饭店的办公人员、推销人员、施工人员、商城工作人员由结合部进入饭店。

3. 对未穿工装进出此岗的员工进行验证和登记工作。

4. 各部门由此岗将物品运出饭店时，应进行登记，并查验出门条。

5. 负责垃圾间、收货库房和附近机房的安全。

（六）员工出入口警卫岗位职责

1. 负责对员工进出饭店进行验证、登记工作。

2. 从员工出入口运送各类物品出饭店时，应查验出门条。

3. 负责对进入饭店联系业务的人员进行会客登记，并和相关部门联系，晚间8点后禁止外来人员入店。

4. 负责将批准入店的外来人员的有效身份证明更换为饭店访客证明。

5. 负责阻止已离店（辞职、辞退）人员进入饭店。

6. 阻止外部人员进入员工后勤区域。

7. 查验进入饭店施工人员的有效证件。

8. 负责纠正职工的违纪行为。

（七）O/A 楼警卫岗位职责

1. 根据值班表站好每班岗。

2. 负责监控进出写字楼的人员和物品情况，可疑人员进出或人员携带危险物品进出时，应进行控制和报告。

3. 检查客户带出公寓、写字楼的大件行李及办公用品，并验收出门条。

4. 除公寓楼租户外，进出公寓楼的其他人员一律凭有效证件进行登记后，方可进入。

5. 所有在 O/A 楼内施工的人员，均应凭保安部发放的施工证进出。

6. 对夜间 10 点以后进入写字楼的人员，应验证并登记。

7. 禁止精神病人、乞丐、推销人员、闲杂人员、盲流人员进入写字楼。

8. 劝阻租住公寓的客人损坏饭店设备、设施的行为，要求公寓客人遵守饭店的规定。

9. 负责疏散 O/A 楼以及通往饭店入口处的车辆，保证路口畅通，阻止在门口停放车辆和物品。

10. 注意疏散停留在门口的客人和司机，劝阻破坏和污染饭店环境和卫生的行为。

11. 夜间注意一层走廊的情况。

12. 火险时负责打开消防门并保证畅通。

（八）巡视警卫岗位职责

1. 巡视警卫主要负责饭店及外围区域、公寓/写字楼及外围区域的安全。

2. 巡视时，必须按规定时间和路线进行。

3. 在巡视检查中，应注意可疑人员、可疑物品、异常声音及气味，发现异常应进行查验、处理并报告上级领导。

4. 检查饭店各种设施、设备及物品的完好状况，如有损坏，应进行登记并报告。

5. 饭店下班后，应检查各部门值班情况及执行安全制度的情况。

6. 制止员工违纪。发现员工违纪，应核实员工身份，填写违纪通知单，并由违纪员工签字。

7. 检查各部门锁门情况，关闭所有应关闭的门，尤其要加强对饭店重要部位、要害部位的安全检查工作。

8. 回答和提供任何客人提出的询问。

9. 注意防火，检查所有消防门的开启状况和疏散通道的畅通情况。

10. 进行外围巡视，注意发现和疏散饭店区域内的乞丐、小商贩和闲杂人员；检查客人停放车辆区域，确保车辆安全；检查保安部各岗位的执勤情况。

11. 检查饭店区域内的所有施工场所、施工人员、施工情况，纠正违章作业，消除安全隐患。

12. 处理各类治安事件，写出书面报告。

（九）办公室值班警卫岗位职责

1. 在非工作时间和节假日，保安部办公室设立警卫值班岗，值班岗岗位设在保安部内保办公室。

2. 值班警卫负责接转办公室所有电话，并做好记录。

3. 负责夜间、节假日保安部内保通信联系，发生紧急情况有人呼叫值班人员时，应根据情况调派警卫力量。

4. 回答客人和其他部门的问询。

5. 布置公安部门或上级机关安排的临时（紧急）查控工作。

6. 熟记当日饭店值班经理、保安部值班经理和警卫队带班人员的通信方法。

7. 掌握保安部处理问题的工作程序。

8. 没有人接岗时，任何情况下都不能离开办公室。

（十）啤酒屋、主题餐厅警卫岗位职责

1. 根据值班表按时到岗，坚守岗位。

2. 预防、制止和处理啤酒屋餐厅里发生的酒后闹事、拒付款、偷窃、卖淫、打架等治安事件。

3. 问候出入啤酒屋餐厅的客人并回答询问。

4. 每半个小时在啤酒屋餐厅里巡视一次，留意不要食品或要少量食品的客人，提醒周围客人妥善保管随身物品。

5. 注意保护醉酒客人及其财物安全。

6. 劝阻客人损坏饭店财产的行为。

7. 发生酒后闹事事件时，要注意保护其他客人、餐厅员工、饭店财产的安全，并控制场面，及时报告。

8. 发生紧急情况时，能及时打开疏散门，引导客人离开。

9. 发生紧急情况时，听从啤酒屋经理/餐厅经理的指挥，并向保安部报告。

（十一）员工自行车棚警卫岗位职责

1. 负责车棚内寄存的所有车辆的安全，防止任何偷盗、拆卸和损坏行为。

2. 查验存车人的有效证件或存车牌，禁止无牌车辆进入。

3. 负责整理停放的车辆，保证车辆整齐，存取方便。

4. 负责打扫停车场的卫生，保证干净整洁。

5. 维护停车场的所有设备。

6. 禁止任何人在停车场内寄放各种杂物。

（十二）专用停车场警卫岗位职责

1. 查验驶入车辆是否有有效证件，禁止无证车辆停放。

2. 注意入库车辆外观是否完好，如有问题，应立即告诉司机，并做记录。

3. 引导使用者按指定车位停车。

4. 负责停车场内所有停放车辆的安全，防止车辆被盗或发生拆卸、损坏和剐蹭等事故。

5. 注意提醒上、下行车辆安全行驶，避免在入口发生交通事故。

6. 注意和阻止行人穿行地下车库和在地下车库闲逛。

7. 阻止各部门在地下车库车位上随意存放物品。

8. 对每次出入的车辆进行登记，详细记录车辆出库、入库时间，开车人和车况等。

（十三）收费停车场警卫岗位职责

1. 对驶入车场的车辆进行确认，检查车辆外观。

2. 引导司机按车位停车,维护停放秩序。

3. 按饭店规定收取停车费,并交付收据。

4. 负责停车场内所有停放车辆的安全,防止车辆被盗或发生拆卸、损坏和剐蹭等事故。

5. 注意提醒上、下行车辆安全行驶,避免在入口发生交通事故。

6. 注意在收费停车场内活动人员的情况,阻止员工穿行停车场。

7. 阻止各部门在地下车库车位上随意存放物品。

8. 对每次出入的车辆进行登记,详细记录车辆出库、入库时间,开车人和车况等。

(十四)地下车库出入口警卫岗位职责

1. 此岗设在饭店地下停车场入口处,值班时间为早 6:30 至晚 10:30。

2. 负责指挥由地下车库坡道上下行的车辆,避免发生碰撞事故,保证坡道口交通畅通。

3. 负责疏通饭店入口至饭店正门通道的交通,严禁在此区段停放车辆。

4. 负责饭店入口至人流量较大区段的交通疏导,沿饭店墙一侧严禁停车。

5. 负责附近小型停车场停放车辆的安全。

6. 负责驱散值班区域的乞丐、小商贩、盲流等闲杂人员。

(十五)地下车库巡视警卫岗位职责

1. 监督司机按指定车位停放车辆。

2. 劝阻破坏地下车库环境和卫生的行为。

3. 阻止闲杂人员在车库内穿行。

4. 要求司机和客人遵守地下停车场的规则,制止违章行为。

5. 负责保持地下车库所有消防门单向关闭。

6. 保证存放车辆的安全,发现问题及时报告并做记录。

(十六)健身房警卫岗位职责

1. 健身房警卫岗上岗时间为晚 22:00 至次日早 7:00。

2. 每日上岗前负责和健身房下班员工进行交接,检查周围情况,分清责任。

3. 负责晚间健身房的安全,防火、防盗。

(十七)押款警卫岗位职责

1. 财务部门运送任何款项都由保安部派人押送。

2. 饭店内部押款时,警卫应在财务人员的前面或后面行走,保持警惕。禁止押款人和送款人员闲聊。

3. 在停留、等候和发生其他情况时,押款警卫的视线不能离开钱箱。

4. 在清点、交接钱款过程中，警卫人员必须在一旁监督，并心记交接过程，留意交接人员的举动，保证款项安全。

5. 在店外执行押款任务时，押款警卫必须携带警具。押款过程中，押款警卫必须在离现金 3 米以内的范围内警戒。

6. 发生紧急情况时，应首先让财务人员携带现款躲避，保证财务人员和现金的安全。

7. 非紧急情况，押款警卫不得接触钱箱（袋），不得替财务人员办理交接手续，不介入财务部的送款程序。

8. 发现财务人员违反财务规定或押款程序，应严厉制止，并在事后报告。

第二节　警卫工作程序

一、警卫交接班工作程序

保安部警卫队交班工作在每天早 8:00 和晚 8:00 分两次进行。

（一）交接内容

1. 各类工作器材（无线对讲机、电池、充电器、电警棍、手电筒等）。

2. 各类应急钥匙。

3. 保安部负责管理和使用的各种设施、设备。

4. 警卫队工作所需的各种表、规章制度、警卫报告书。

5. 当班时所发生的已处理的和未处理的各种情况记录。

6. 通报饭店内正在举行或将要举行的各种活动情况。

（二）交接程序

1. 接岗前 15 分钟，所有接岗人员必须着正装，在警卫办公室门口列队。

2. 交接主管向接班主管按上述顺序交接内容交代工作。

3. 接班主管仔细清点全部当面接交的各类物品。

4. 接班主管在交接班工作记录上签字、接管。

5. 接班主管向列队警卫提出当日工作要求。

6. 交接班主管分别带领交接班警卫上岗交接。

（三）换岗程序

1. 接班警卫分成两组列队，一组设警卫若干人，分别接管饭店和 O/A 楼的岗位。

2. 队列行进时，交班主管在队前带队，接班主管在队后跟队，全体列队人员着装整齐,步调一致。

3. 换岗路线分别为:

(1)O/A 楼换岗路线:由×门依次到×门。

(2)饭店换岗路线:由正门岗、电梯岗、西门岗、餐厅岗、结合岗、员工通道岗依次进行。

4. 换岗时,由每队第一名警卫接第一个岗,以此类推;换下的警卫排到队列最后,以此类推。

5. 每岗警卫换岗时,交接班主管应对岗位情况以及周围设备、设施情况进行交接。

6. 将下岗警卫队列带至警卫队办公室门前,参加班后会后解散下班。

7. 机动警卫负责交接班期间警卫队办公室的值班工作。

(四)换岗责任

1. 凡设备、设施交接不清发生损失和纠纷时,责任归接班主管。

2. 凡客人活动、接待领导及其他各种情况交接不清,导致事情未办或未办好的,责任归交班主管。

3. 交接班时发生任何问题,交班人交代不清的,接班人有权不接。

4. 交接班时应当签字。一旦签字,便要承担相应的责任。

有关警卫队交接班值班表见表 4-1。

表 4-1 警卫队每日排班表

场所 时间	正门	电梯厅	西门	结合部	员工通道	O/A 1门	O/A 2门	O/A 3门	饭店巡视	O/A 巡视	机动
8:00											
8:30											
9:00											
9:30											
10:00											
10:30											
11:00											
11:30											
12:00											
12:30											

续表

场所 时间	正门	电梯厅	西门	结合部	员工通道	O/A 1门	O/A 2门	O/A 3门	饭店巡视	O/A 巡视	机动
1:00											
1:30											
2:00											
2:30											
3:00											
3:30											
4:00											
4:30											
5:00											
5:30											
6:00											
6:30											
7:00											

二、警卫报告书制度

保安部为保证饭店正常经营,保证饭店安全情况能够得到及时报告,应制定警卫报告书制度。

有关警卫报告书的格式见表4-2。

表4-2 警卫报告书

GUARD REPORT

DATE: 年 月 日

时间 TIME	场所 VENUE	发现者姓名及部门 DISCOVERER	发生情况 DETAILS OF INCIDENT	处理结果 RESULT	填写人姓名 SIGNATURE

1. 警卫报告书主要记录饭店、写字楼、公寓24小时内发生的所有较为重大

和典型的各类事件，以及处理结果。

它们的2.警卫报告书由当天警卫队值班主管填写，填写内容应包括下列记录中的重要事宜：（1）警卫巡视记录。（2）白班警卫主管值班记录。（3）保安部值班经理的夜班记录。（4）处理事件的专项报告。

3.警卫报告书可不经保安部总监或警卫经理，直接抄送总经理、副总经理和保安部总监，由警卫队保存原件。

4.重大事件除填写警卫报告书外，还应有专门的报告附在报告书后送交上述人员。

5.警卫报告书填写人必须认真负责地填写报告书，实事求是，并签字承担责任。

6.除警卫队值班主管外，其他人无权填写和报送警卫报告书。

三、存取钥匙规定

1.为确保饭店每日工作正常进行，部分经营场所的钥匙应存放在保安部。

2.凡存入该岗的钥匙，必须经保安部总监和钥匙所属部门经理同意，并呈报存放钥匙的号码、数量、存放时间，领取人员在保安部备案。

3.领还钥匙人只能是部门指定的员工，并在指定的时间内领还钥匙，如需临时变更领还人员和时间，需由部门经理批准。如更换领还钥匙固定人员和时间，需由部门报保安部备案。

4.领钥匙的员工必须出示自己的员工证，经警卫与部门出具的名单、时间、数量核对无误后，方能发放钥匙。

5.领钥匙人在每次领取钥匙时，都必须和保安部警卫核对钥匙号和钥匙数量，确认钥匙状况良好后，双方在登记本上签字。

6.不按时领还钥匙或更换领还钥匙人出现问题的，责任由该部门承担。领还钥匙因手续不清出现问题，责任由保安部承担。

7.送还的钥匙与领取的钥匙号码、数量有误时，保安部警卫有权拒绝收回钥匙，必须由部门经理同意和确认，保安部才能存取钥匙。

8.保安部管理钥匙必须做到以下几点：（1）每次交接钥匙时，应严格清点钥匙数量，核实当日登记情况，发现有误，交接双方应当场解决。（2）每次领还钥匙时，必须认真核对员工身份，履行手续，填写记录，并让领钥匙人签名。（3）负责管理钥匙的警卫在任何情况下，都不能动用自己所管理的钥匙。紧急情况时，可以报告主管。

有关钥匙交接记录的格式见表4－3。

表 4－3　钥匙交接记录

	钥匙总数	现有钥匙	借出钥匙	交班人	接班人	年/月/日	备　注
书报厅							
成本办公室							
食品及酒水库							
收货部							
宴会销售办公室							
总库房							
管事部							
西餐厨房							
快餐厨房							
咖啡厅厨房							
宴会厨房							
啤酒屋厨房							
……							

四、巡视路线及程序

（一）巡视范围

警卫巡视工作范围分为四个部分：

1. 饭店部分：包括所有客房区域及公共区域。
2. 写字楼部分：包括 O/A 楼一层以上所有部分、楼顶及健身房。
3. 外围楼部分：整个中心的全部外围及地下停车场、员工活动区、后勤区域。
4. 餐厅和厨房：饭店和商城部分所有的餐厅、厨房和管事部等区域。

警卫巡视时，应填写警卫巡视记录（表 4－4）。

表 4－4　警卫巡视记录

年　　月　　日　　　　　　　　　　领班：

巡视时间	巡视区域	情况记录	巡视警卫

续表

巡视时间	巡视区域	情况记录	巡视警卫

（二）巡视路线

1. 饭店部分：饭店部分的巡视路线，由饭店顶楼楼层开始，依次为×层机房、饭店平台，由消防楼梯进入每层客房，以此类推至饭点一层结束。

2. 写字楼部分：写字楼巡视由 O/A 楼顶部开始，沿消防楼梯进入各办公楼层，直至首层各厅结束。公寓巡视由×号门顶楼（各机房）开始，沿消防楼梯进入各层直至首层，至×号门结束。

3. 外围：外围巡视由饭店××开始，经大堂→各餐厅外围→××→写字楼外围，到××结束。

4. 餐厅和厨房：餐厅、厨房巡视，白天以餐厅为主，夜间以厨房为主，从××开始，依次为快餐厅→咖啡厅→啤酒屋→烧烤屋→食品库→××，直至大堂。

（三）巡视时间

将4名警卫分为A、B两组，每次巡视时间约为1小时10分钟，休息时间为20分钟。

8:00（A组）外围：注意检查所有消防门是否上锁、关闭。

8:30（B组）O/A楼：注意客户上班情况及公寓客人离开情况。

9:30（A组）饭店：注意各楼层服务员上岗情况及公共区域客人。

10:00（B组）押款，检查员工违纪情况。

11:00（A组）外围和餐厅、厨房：注意保证各餐厅营业秩序，劝阻乞讨人员。

11:30（B组）O/A楼：尤其注意写字楼动向，保证午餐时间写字楼安全。

12:30（A组）饭店：注意楼层陌生人员情况及午餐时间楼层无工作人员时的楼层情况。

13:00（B组）写字楼、公寓：注意发现和控制楼内各种推销人员和闲杂人员。

14:00（A组）外围：注意外围秩序，查看正在休息的各部门员工有无违纪情况。

14:30（B组）写字楼、公寓：正常巡视，注意公寓的异常情况。

15:30（A组）控制各无岗出入口情况，查看员工有无违纪。

16:00（B组）写字楼、公寓：正常巡视，注意公寓的异常情况。

17:00（A组）餐厅、厨房：留意饭店公共区域的乞讨人员及形迹可疑的单身女性。

17:30（B组）外围：注意下班员工和各类出入饭店的人员，注意员工活动区和后勤区域人员下班情况。

18:30（A组）餐厅、厨房：特别注意饭店公共区域安全，留意在饭店公共区域活动的各类人员和形迹可疑的单身女性。

19:00（A、B组）交接班。

20:00（B组）O/A楼：注意写字楼客人下班情况及办公室锁门情况。

20:30（A组）外围、餐厅、厨房：保障外围设备安全，打开所有消防门。注意各餐厅内有无小偷和形迹可疑的单身女性。

21:30（B组）饭店：注意在楼层内活动的各类人员和形迹可疑的单身女性。

22:00（A组）外围、各出入口、员工活动区：注意中班员工下班和消防门的开启情况。

23:00（B组）O/A楼：最后检查写字楼各类门锁状况，关闭应关闭的门。

23:30（A组）餐厅、厨房：注意各部门结束工作情况及锁门情况，注意管事部人员工作情况。

0:30（B组）写字楼、公寓：注意防火和可疑人员，在O/A楼遇到任何人，都应检查证件。

1:00（A组）饭店：注意可疑迹象，防火，疏散通道，检查各部门值班情况。

2:30（A组）餐厅、厨房：注意各部门结束工作情况及锁门情况，注意管事部人员工作情况。

3:30（B组）写字楼、公寓：注意防火和可疑人员，在O/A楼遇到任何人，都应检查证件。

4:00（A组）外围：注意可疑迹象，防火，检查各岗值班人员。

5:00（B组）餐厅、厨房：注意各部门结束工作情况及锁门情况，注意管事部人员工作情况。

5:30（A组）饭店：注意可疑迹象，防火，疏散通道，检查各部门值班情况。

6:30（B组）写字楼、公寓：注意防火和可疑人员，在O/A楼遇到任何人，都应检查证件。

7:30（AB组）交接班。

8:00 下一班工作开始。

五、警卫处理问题程序

（一）交通事故处理程序

1. 根据交通法规，单位内部交通事故由责任单位负责，饭店红线内一般性交通事故由饭店保安部处理。

2. 饭店红线内交通事故由保安部警卫队具体负责处理，在非工作时间发生的交通事故由警卫队值班主管协助保安部值班经理处理。

3. 接到所有交通事故报告后，均应立即转至警卫队，警卫队值班人员接到报告后必须立即赶到事故现场，按先后顺序做如下工作：(1)抢救受伤人员，包括临时处理和送往医疗部门。(2)扣留肇事者和肇事车辆，如驾车逃逸，应立即询问周围证人。(3)疏散围观群众，布置人员疏导交通，设置警戒线保护现场。(4)查验现场，绘制事故草图，登记车号和司机驾驶证号，询问证人，双方当事人签字后，可移动车辆。(5)造成人员伤亡和重大损失的事故，无论是否在红线内，都应在到达现场的同时，报交通队。

有关交通事故的现场记录见表4-5。

表 4 –5　交通肇事现场记录

<table>
<tr><td rowspan="2">日期</td><td rowspan="2"></td><td rowspan="2">时间</td><td rowspan="2"></td><td>车型</td><td></td><td>车号</td><td></td><td>司机姓名</td><td></td><td>驾驶证号</td><td></td></tr>
<tr><td>车型</td><td></td><td>车号</td><td></td><td>司机姓名</td><td></td><td>驾驶证号</td><td></td></tr>
<tr><td rowspan="6">情况简述</td><td colspan="11"></td></tr>
<tr><td colspan="11"></td></tr>
<tr><td colspan="11"></td></tr>
<tr><td colspan="11"></td></tr>
<tr><td colspan="11"></td></tr>
<tr><td colspan="11"></td></tr>
<tr><td colspan="12">草图：</td></tr>
<tr><td colspan="2">司机
签名</td><td colspan="2"></td><td colspan="2">司机
签名</td><td colspan="2"></td><td>记录人
签名</td><td></td><td>勘察人
签名</td><td></td></tr>
</table>

（二）处理事故原则

1. 处理交通事故时，原则上比照当地交通法规处理。

2. 分出事故甲、乙双方，原则上争取两者协商解决并做调解书，让双方签字认可。

3. 损坏饭店设备的，由工程部报价，保安部负责索赔。

4. 事故处理完毕，为肇事双方出具事故证明。

5. 如调解无效，交当地交通管理部门处理，保安部负责出具完整的事故资料。

六、员工违纪处理程序（相关表见表 4 –6）

表 4 –6　纠正员工违纪记录

日期	时间	地点	员工姓名	所属部门	违纪情况	处理结果	当班警卫

续表

日期	时间	地点	员工姓名	所属部门	违纪情况	处理结果	当班警卫

1. 所有保安部员工发现饭店员工违纪时，都应及时予以纠正。

2. 纠正违纪必须使用规定语言，指出员工的违纪之处，向员工宣读相应的饭店或部门规定。

3. 认真核实违纪员工的身份证明，填写员工违纪通知单（表 4 –7）并由员工签字，同时签上自己的名字。

表 4 –7　员工违纪通知单

MISCONDUCT SLIP

______________部 DEPT.

下述员工因违反店规被保安部查获，特此通知：

THE FOLLOWING EMPLOYEE HAS BEEN CAUGHT BY THE SECURITY GUARD DUE TO VIOLATION OF THE HOTEL'S RULES AND REGULATIONS.

中文姓名 CHINESE NAME		英文姓名 ENGLISH NAME	
员 工 号 EMPLOYEE NO.		名　牌 NAME TAG	
部　门 DEPARTMENT		职　务 POSITTION	

续表

时间/日期 TIME/DATE		地　点 LOCATION	
违纪原因 CAUSE			
扣押物品 DETAINED ITEM		签　名 SIGNATURE	
当班警卫 DUTY GUARD		保安部值班员 DUTY OFFICER	

以上情况请您确认。

PLEASE CONFIRM THE ABOVE - MENTIONED SITUATION.

4. 如果需要扣留员工携带的违纪物品,应在扣留物品登记表上逐一列出扣留物品清单,扣留私人物品的,应给违纪者一份扣物单据。

5. 代办主管审阅当日违纪单是否符合饭店规定,做登记后报警卫经理,分发各部门。

6. 纠正违纪行为时,严禁保安部员工有下列行为:(1)打人、骂人或口出粗语。(2)使用污蔑性语言。(3)罚款。(4)扣留员工。(5)索取和收受员工的礼品。(6)利用职务之便放走违纪者。

7. 发现保安部员工违纪,比照其他员工提高一个级别的处罚措施进行处理。

七、发现未锁门情况处理程序

警卫在巡视过程中如发现办公室、客房、写字楼、办公室、仓库、餐厅、厨房、机房和饭店区域停放的车辆没有锁门,按以下程序处理:

1. 确认门锁是否正常,是否有被撬、被砸迹象。

2. 房内(车内)是否有人,如有人,应核实其有效身份证件。

3. 检查房内(车内)是否有被盗迹象,是否有其他异常迹象。

4. 如果发现异常情况,应立即通知大堂值班经理和保安部值班经理,按发案程序处理。

5. 如果未发现异常,可通知下列人员:房主(车主)、大堂值班经理、警卫队当班主管、保安部值班经理。

6. 上述人员到场后,警卫配合检查房内(车内)情况,并做好现场登记。登记表上应注明房号(车号)、发现人、发现时间、现场人员,并由锁门人签字。

7. 如果没有钥匙,应使用保安部提供的连锁锁门;不能锁门的,由保安部派人看守，并通知房主（车主）。

8. 在处理过程中，保安部人员不能离开现场。

警卫巡视时，凡发现饭店有部门未锁门或停放车辆未上锁时，均应填写相关表格。相关格式见表4－8至表4－16。

表4－8　仓库未锁门情况记录

日　期	时　间	地　点	现场情况	处理结果	巡视警卫

表4－9　O/A楼客户未锁门情况记录

日　期	时　间	房 间 号	现场情况	处理结果	巡视警卫

续表

日　　期	时　　间	房 间 号	现场情况	处理结果	巡视警卫

表 4－10　客人汽车未锁门情况记录

日　　期	时　　间	地　　点	车　　型	车　　号	现场情况	处理结果	巡视警卫

表 4-11　客房未锁门情况记录

日　　期	时　　间	房 间 号	巡视警卫	现场情况	处理结果

表 4-12　饭店内部办公室未锁门情况记录

日　　期	时　　间	部　　门	现场情况	处理结果	巡视警卫

表4－13　消房门未关情况记录

日　　期	时　　间	地　　点	现场情况	处理结果	巡视警卫

表4－14　厨房橱柜未锁门情况记录

日　　期	时　　间	厨房名称	现场情况	处理结果	巡视警卫

表 4－15　餐厅橱柜未锁门情况记录

日　　期	时　　间	餐厅名称	现场情况	处理结果	巡视警卫

表 4－16　机房未锁门情况记录

日　　期	时　　间	地　　点	现场情况	处理结果	巡视警卫

第三节　警卫队装备使用规定

警卫队装备，包括饭店给警卫队购买、配置、安装的所有设备、设施。

一、使用基本要求

1. 警卫经理应建立健全规章制度，保障所有设备完好，能投入使用，并对控制成本负主要责任。

2. 所有装备在使用年限必须完整有效，如发生损坏，责任者要负赔偿责任。

要建立设施、设备的交接班制度，确保责任到位。

3. 设备、设施报废的，必须在使用年限之外，并报保安部办公室批准、备案。

4. 使用各种设备、设施，尤其是各种警具和贵重器材装备时，必须遵守使用规定。

二、对讲机使用规定

1. 对讲机是保证饭店安全的专用通信工具，凡不涉及饭店安全的，不得使用对讲机。

2. 为保障对讲机完好，实行谁使用谁负责的原则。使用人在负责期间，应做到机不离身。

3. 使用对讲机通信时，必须使用规范语言，凡涉及国家、企业、客人秘密的事宜，严禁使用对讲机通话。

4. 在饭店、写字楼、公寓内部使用对讲机时，应注意控制音量。凡重大警卫活动，必须使用耳机通话。

5. 对讲机在使用过程中发生故障，使用者应立即报告并上交警卫队办公室，不得擅自拆卸和检查对讲机。

6. 交接使用对讲机时，接班人必须认真检查对讲机外观和通信功能，如有问题，有权不接，责任由交班人负责，接班后，责任由接班人负责。

7. 对讲机出现充电故障时，由警卫队专人负责更换电池和联络修理。

三、电警棍使用规定

1. 电警棍是在当饭店员工、客人的生命、财产受到威胁时，进行自我保护的一种工具，其他情况下严禁使用。

2. 电警棍的使用者仅限于值班警卫主管和巡视警卫组长，其他人员需要使用时，必须经过批准，批准权限于内保经理和警卫经理。

3. 在暴力或以暴力手段相威胁的情况发生时，允许使用电警棍电击人体四肢，使用时间不得连续超过 2 秒，一旦暴力或暴力威胁被解除，不得再使用电警棍。

4. 手持电警棍时，不得与他人开玩笑，不得由人代管电警棍。交接电警棍时，应采用规范的姿势，注意保护自己。

5. 爱护电警棍及附属设备，按规定保养和使用，不得拆卸。

6. 任何人无权批准借用电警棍或将电警棍带出饭店。

7. 由警卫队指定人员负责电警棍的充电、维修、保养。

四、警卫服装规定

警卫队服装,是指饭店为警卫配备的正式工作服及服饰。警卫服分为冬装和夏装,室外人员、室内人员和临时工的着装有所不同。

◆夏装

室外人员:帽子、帽徽、短袖上衣、红领带、臂章、皮带、裤子、袜子、皮鞋。

室内人员:长袖衬衣、西服、红领带、裤子、袜子、皮鞋。

临时工:短袖上衣、裤子、黑布鞋。

◆冬装

室外人员:帽子、帽徽、长袖衬衣、红领带、臂章、警卫服、袜子、皮靴、皮手套、呢子大衣。

室内人员:同夏季。

临时工:夹克服、长袖衬衣、棉帽、棉鞋、棉布大衣。

警卫着装应遵守下列规定:

1. 警卫在饭店上班或参加其他活动时,必须按上述服装要求着装。凡饭店装备有服装、鞋袜、服饰的,一律不得再着私人的服装、鞋袜、服饰。

2. 帽子应戴正,帽檐不得盖住眼睛,戴上帽子后不得露出额头。

3. 系好衬衫扣子,将衬衫一律扎在裤子里。工作时不得卷袖子。

4. 领带要系端正,长短适度,领带尖角与皮带扣上端平齐。

5. 上衣干净平整,兜盖在外,扣好全部扣子。

6. 裤子干净平整,和上衣一色。

7. 皮鞋完好,不得有污迹和破损,袜子不得有异味。

8. 各种服饰佩戴正确,帽徽端正,臂章位于肩下 10 厘米。

9. 坐岗警卫允许将帽子放在工作台上。室外警卫只要着工服,无论是否工作,都必须戴帽子。

10. 不准将工服穿回家或穿出饭店。不准将工服做他用。应仔细保管工服,一旦丢失或损坏,要负赔偿责任。

11. 警卫上岗前,值班主管必须检查全部上岗警卫的着装。对不按规定着装的警卫,有权不准其上岗,直至着装符合规定。

12. 保安部任何员工都有权纠正不按规定着装的保安部人员,不服从纠正者,将受到保安部的警告处罚。

13. 女警卫除按上述规定着装外,最好留齐耳的短发或扎辫着装,不得披散头发。

上述规定也适用于保安部其他分部门员工和全体管理人员。

第四节　出入饭店管理规定

一、员工出入口管理规定

1. 饭店员工(包括临时工)进出饭店必须走员工出入口,进门时应主动出示员工证(或临时出入证),验证后方可入店。

2. 饭店员工不得穿饭店制服离店。

3. 饭店员工不准在店内接待私人朋友,不准携带亲友进店参观或到员工食堂就餐。

4. 携带饭店公物或客人赠送的物品出店时,必须向保卫人员出示由部门主管签发的出门条。

5. 员工不得在员工出入口休息和逗留。

7. 凡到饭店联系业务的办公人员,填写会客登记单后方可入店。会客后应将有接待人签名的会客单交登记处。

8. 员工不遵守上述规定者,管理者将根据员工手册中的有关条例给予处分。

9. 外单位施工人员进店时应遵守上述规定,在保安部办理施工证后方可入店。

10. 保安部警卫人员负责执行以上店规。

二、员工出入饭店验证制度

根据员工手册的有关规定,为加强饭店的安全管理工作,维护饭店正常的工作秩序和良好的工作环境,防止公、私财物损失,饭店实行出入验证制度。

1. 饭店员工(包括正式工和临时工,高级管理人员除外)的出入证由人事部负责发放,其他人员如外企职工、施工人员、保姆、教师等临时出入饭店人员的出入证,由保安部负责发放。

2. 员工出入饭店必须走员工通道。非员工通道的出入口,严禁员工出入。

3. 员工进店必须主动向警卫人员出示出入证,如不主动出示证件、忘带证件、无理取闹不服从管理者,保安部将按员工手册的相关条款处理。

4. 饭店财物一律禁止员工带出店外,情况特殊必须带出店外的,应填写“携物外出单”,经部门总监或经理签字批准后,方可带出。

5. 饭店委托保安部执行上述规定。验证人员应坚持原则,严禁以任何方式和借口难为被验证者。

三、饭店会客规定

1. 该项规定适用于一切到饭店办公事的来访者。

2. 所有来访者必须走员工通道进店,其他警卫岗没有办理来访者入店手续的职责。

3. 来访人员必须出示自己的有效证件,如身份证或驾驶证,并认真填写会客登记表,不能漏项。

4. 来访人员凭会客单和有效证件换取访客证进入饭店。警卫如有疑问,应打电话给接待部门核实情况。

5. 来访者出店时,应让接待部门在会客登记证回执上签字,凭回执和访客证在员工通道口换取自己的有效证件。

6. 来访者进店、出店的物品有差异时,应说明原因。从饭店取走任何东西,应由接待部门出具携物出门证。警卫有疑问时,有权检查出店物品。

7. 饭店员工如需在工作时间会客,应经过部门经理批准,到员工出入口按上述手续办理会客登记,将来访者领进饭店。

8. 离店员工来店办理未尽事宜,应经人事部同意方能入店,入店手续同上。

9. 对访问住店客人的来访者,可参照公安部门的有关制度,在大堂值班经理处办理登记入店手续。

四、携物出门制度

为保证客人、员工及饭店财产安全,依照饭店管理条例,执行携物出门制度。

(一)适用范围

1. 下列人员携物外出需要执行本制度:(1)饭店 A 级(含 A 级)以下全体中、外员工。(2)办公楼的客户。

2. 下列物品出门需执行本制度:(1)在办公楼工作的中外雇员携带随身物品以外的其他物品、家具、办公物品。(2)公寓服务员、保姆携带随身物品以外的其他物品。

3. 饭店 A 级以下员工可携带的物品如下:(1)自己购买的物品。(2)从饭店借用的物品。(3)从店外带进来修理的物品。(4)客人或其他员工赠送的物品。(5)饭店发放的物品。(6)出借给外单位的物品。(7)饭店管理班子允许带出的其他物品。

(二)申领程序

1. 饭店员工携物外出需向所在部门提出申请,说明物品来源,提供相关证明。

2. 部门依规定为员工开具携物外出单,并写清物品清单,由部门经理签字。

3. 公寓、办公楼客人携物外出,需向物业部提出书面申请,注明携物名称、数量,由物业部开具出门条。

4. 携物人将部门经理和物业部批准的出门条送交保安部签字。

（三）管理制度

1. 携物外出单、出门条均当日有效。单、条上应填写清楚所携带物品名称、数量及其所属性质。

2. 员工携物外出单(出门条)要由部门经理签字。下列部门经理有权批准员工携物外出;餐饮部、客房部、前厅部、保安部、工程部、销售部、人事培训部、厨房部、行政部、财务部以及物业部。

3. 写字楼客户携物外出时要有公司负责人签字,并盖公司章,由物业部开具出门条,出门条必须有物业部经理签字、盖章。

4. 携物外出单(出门条)上记载的物品与携带物品不符时,警卫有权扣留物品和携物出门单。

5. 携物外出单(出门条)由保安部警卫队妥善保管,定期清点,每月返回部门。

6. 携物外出单(出门条)复印无效。

（四）其他事项

写字楼、公寓客人搬出 O/A 楼时,凭物业部给保安部的书面通知,警卫予以放行。

五、会客证制度

（一）适用范围

会客证适用于来饭店办公和会客的人员,使用者凭证进出饭店后勤区域办公或会客。

（二）申领程序

1. 来访者按饭店“会客登记制度”在员工通道警卫处办理会客登记手续。

2. 登记后,用个人有效证件如身份证、驾驶证等换领会客证,持会客证进店。

（三）管理制度

1. 不得转让、借用会客证。会客证丢失、损坏的要报告保安部。

2. 来访者必须在当天将会客证交回员工通道警卫处,同时换回自己的证件。

3. 丢失会客证必须说明情况,饭店规定需补交罚款的应补交罚款,然后才能换回自己的证件。

第五节 饭店停车场管理制度

一、停车场管理规定

1. 饭店停车场提供 24 小时停车服务。

2. 车场使用者应在指定车位停车,不能占用其他车位。

3. 车场内车辆行驶速度应在时速 5 公里以下,行车时不得追赶前面的车辆。从车位驶出的车有优先通行权。

4. 行车时不随便使用喇叭,驾车人服从信号指示灯和工作人员的指挥。

5. 车场内严禁吸烟和使用火种。

6. 保持车场卫生,驾车人应将车内烟蒂及其他垃圾分别投入指定容器中。

7. 不得在车场内指定的场所外装卸货物。

8. 不得在车场内洗车。

9. 不得在车场内添加汽油。

10. 在车场内停车时,务必关闭发动机,离开车辆时,应关好窗户,锁好车门及行李箱,贵重物品不得留在车内。

11. 禁止装有爆炸物品或其他危险物品的车辆停放在地下车库内。

12. 不得在车场内进行演说、宣传、募捐、饮酒、赌博等活动。

13. 不得将车场用于停车以外的目的。

14. 爱护车场设备,如有损坏,应负赔偿责任。

15. 严禁任何妨碍车场经营管理和停放车辆安全的其他行为。

二、员工自行车停车场使用规定

1. 饭店为员工设置自行车场,员工自行车场位于饭店员工通道外部。

2. 存车场设专人管理,24 小时提供服务。

3. 员工自行车场是专为饭店员工设置的自行车停放场所,凡饭店正式工、临时工,商城正式工、临时工均可在此停放自行车。

4. 员工凭员工证在保安部领取存车牌,凭牌存车。每个员工只办一个存车牌,丢失存车牌可以按规定补办。员工离职时,应到保安部交回车牌。

5. 存放车辆应服从管理,按顺序在指定区域存车、上锁。存车人应随身携带车上个人物品和易损坏设备,以免物品丢失或损坏。

6. 存车场只能存放自行车,不能停放三轮车、摩托车和轻便摩托车,不代保管和存放其他物品。

7. 严禁在存车场内修车、擦车或进行其他活动。

8. 停车人员应爱护存车场设备,如有损坏应予赔偿。

三、洗车场管理规定

1. 洗车场开放时间为每天7:00～19:00。

2. 洗车人员应服从管理,依次排队,并不得妨碍交通。

3. 洗车场有专门人员为客人擦洗车辆,每辆车冲洗一次收费×元。

4. 饭店车辆由司机自己冲洗,每次冲洗时间不得超过×分钟,冲洗后将车开走擦拭,不得占用洗车场。

5. 冲洗车辆时必须节约用水,爱护洗车场设备,用完后应自觉将水管等物品收好,并注意排放污水。

6. 洗车场开放后,饭店其余部位严禁冲洗和用水擦洗车辆,以保证饭店的秩序和卫生。

第六节 警卫管理常用表格

下面是饭店警卫工作常用表格,供参考使用。

表4－17 警卫队月报(______年______月)

一、当月警卫工作

查获违纪员工______________人

查获拿饭店物品____________人/次,穿工服外出 __________人/次

未带名牌、员工证___________人/次,未走员工通道__________人/次

违反消防规定______________人/次,违反其他规定__________人/次

涉及部门及人次____

处理违章施工______次 ____

处理治安事件______次 ____

处理交通事故______次 ____

发现未锁门_______次 O/A楼客户______次,客房__________次

店内办公室______次,仓库__________次

餐厅厨房________次,客人汽车______次

机房门_________次

发现设备损坏______次 ____

捡拾物品______次 ____

处理客人纠纷______次 ______________________________

重大警卫任务______项 ______________________________

本月停车场收入__________元

本月洗车场收入__________元

下月培训主题______________________________

二、本月警卫队人员统计

1. 在编人员

管理人员	人	警卫	人
C级	人	F级	人
D级	人	G级	人
E级	人	H级	人
		I级	人
正式工:	人		
临时工:	人		
共计:	人		

2. 变动人员

(1)本月提职人员__________人(姓名及级别)

____

(2) 本月辞职/解聘人员__________人(姓名及级别)

____

(3) 本月招聘人员__________人(姓名及级别)

____

(4) 本月调离人员__________人(姓名及部门)

____

三、岗位情况

(1)本月岗位__________个　每班警卫__________人

　　下月岗位__________个　每班警卫__________人

(2)变动情况

	地点	人数	时间	正式工/临时工
撤岗				

表 4-18 治安案件情况记录

日 期	时 间	地 点	现场情况	处理结果	执行人

表 4－19　大型活动登记表

日　　期	时　　间	地　　点	人　　数	车　　辆	贵　　宾	举办单位	活动主题

表 4－20　发现设备损坏记录

日　　期	时　　间	地　　点	发 现 人	设备名称	损坏情况	损 坏 者	单　　位	处理结果

第五章 饭店消防管理

第一节 防火安全责任制

饭店一般根据经营特点和安全要求，设立六级防火责任制，分六个级别共同承担饭店的消防安全责任，这六级防火体系是：防火安全委员会、饭店防火责任人、部门总监/经理、员工、保安部以及客人。

一、六级防火安全体系的职责

（一）防火安全委员会职责

1. 认真贯彻落实有关消防法规，确保将消防工作纳入饭店工作议事日程中，使消防工作与经营服务工作同计划、同布置、同落实、同检查、同总结、同评比。

2. 建立逐级防火责任制，员工对本部门总监/经理负责，部门总监/经理对总经理负责，以责任书的形式分清责任。

3. 定期召开防火安全委员会会议，布置消防工作，组织消防安全检查，研究、发现和消除重大火险隐患和各种不安全因素，改善消防安全条件，完善消防设施。对在消防工作上做出显著成绩或因为违反消防制度造成不良后果的部门和个人做出奖励或处罚的决定。

4. 组织开展对义务消防队的培训、演习以及员工的消防安全教育。

5. 发生火灾时，按照消防应急方案组织扑救。追查火灾原因，对有关责任者进行处理。

（二）饭店防火负责人职责

1. 贯彻执行《中华人民共和国消防条例》及其实施细则和其他有关消防法规。

2. 组织实施逐级防火责任制和岗位防火责任制。

3. 认真听取消防局的意见或建议，并遵照执行。

4. 把消防工作列入日常经营管理的议事日程，做到“六同时”。

5. 监督消防知识教育，加强对员工的消防安全培训工作。

6. 组织消防安全检查，督促相关部门整改火险隐患。

（三）部门总监/经理职责

1. 认真贯彻饭店和国家有关消防安全的法规制度，将防火工作列入本部门日常经营和管理议事日程。

2. 根据防火安全委员会的要求，制定本部门防火安全制度，并监督落实和执行情况。

3. 组织领导本部门义务消防队，定期进行全员的消防安全教育。

4. 定期对本部门进行防火安全检查，主持研究火险隐患整改方案，改善消防安全条件，及时处理本部门的火灾、火情事故，注意保护事故现场，对造成事故的个人或单位，提出处理意见，并将情况上报防火安全委员会。

5. 对本部门责任范围的安全事宜定人、定点管理，遇有人员变动，岗位责任不变。

（四）员工职责

1. 员工必须严格遵守饭店各项消防规章制度，主动协助部门防火责任人做好日常防火工作，保证不发生消防责任事故。

2. 认真学习消防法规和防火、灭火知识。熟悉、看护工作环境周围的消防设施、设备，接受店方消防安全培训。新员工必须经过入店消防培训考试，考试合格后方可上岗。

3. 做到两知、三会，即知防火常识、知灭火常识，会报警、会自救逃生、会协助救援。

4. 经常对工作岗位进行防火安全检查，发现火险隐患和不安全因素，应及时报告处理。

5. 一旦发现火情，要及时报警并参加扑救，必要时引导客人从消防安全通道疏散。

（五）保安部职责

1. 协助饭店管理集团，根据《中华人民共和国消防条例》和相关消防规定，贯彻“预防为主，防消结合”的原则，做好饭店防火工作。

2. 建立健全饭店的各级消防组织，制定、修改、完善饭店的各级消防制度和防火责任制，制订检查和实施消防应急方案和疏散方案，不断完善消防管理机制。

3. 检查、监督国家消防法规和饭店防火制度的落实情况，纠正、整改各类火险隐患，发现、弥补消防工作中的漏洞，确保饭店不发生火灾事故。

4. 检查、维护饭店的各类消防设施，维护、保养、调配、购置轻便灭火设备，保证饭店全部消防设施、设备能有效使用。

5. 根据饭店经营要求，提供消防安全保障，确保饭店各种大型活动和重要接待任务的消防安全，为客人提供消防安全咨询和服务。

6. 组织饭店内部的消防宣传和培训工作，搞好防火安全教育，提高饭店员工的消防意识，做好义务消防队的组织工作。

7. 发生火灾时，组织义务消防队员进行扑救和抢险，调查火灾原因，提出处理意见。

8. 执行消防奖惩条例，行使奖励权和处罚权。

（六）客人职责

1. 饭店所有客人都必须遵守消防法规和饭店的各项消防安全制度。

2. 饭店的所有客人都有义务做好火灾的预防工作，发现火情，应立即报告饭店。

3. 所有在饭店内活动的其他人员都必须遵守饭店的消防安全制度。

4. 办公楼和公寓租户是饭店的长住户，应同饭店签订专门的防火责任书，履行合同约定的消防责任。

5. 在饭店进行各种装修、改造、布置、设计的人员，应同饭店保安部签订专门的防火责任书，以明确消防责任。

二、工程部、保安部消防责任分工

（一）原则

1. 工程部负责对所有消防设备进行维修保养，使之永久处于准工作状态，并协助保安部操作、检查消防设备。

2. 保安部负责消防设备的日常管理和检查，发现损坏和丢失，及时报工程部维修。

3. 工程部将维修计划抄报一份给保安部，由保安部监督计划的执行情况，并协助完成维修任务。

4. 工程部负责订购固定消防设备维修备品、备件。

5. 保安部负责购置、保管简易灭火器材。

6. 消防控制中心的所有设备由保安部使用，由工程部负责维修、保养。

（二）分工

工程部职责	保安部职责
消防水池	
1. 保证水位在警戒线以上	1. 检查水库水位
消防泵房	
1. 半个月试运转一次水泵 2. 保证稳压泵正常工作 3. 做年检计划 4. 制定泵、空压机的大修计划	1. 检查压力表的压力 2. 检查水箱的水位 3. 检查所有阀门是否泄漏，是否处于正常位置 4. 检查所有管道是否损坏、泄漏，发现问题，应及时报告工程部
室外消火栓	
1. 保证消火栓和水泵接合器能正常工作 2. 每年保养两次，冬季前进行防冻处理	1. 进行出水检查 2. 保证室外消火栓不被圈占或埋压
室内消火栓	
1. 维修阀门和出水口 2. 保持消火栓启动灵活 3. 使消火管网和阀门处于正常工作状态	1. 每季度进行一次出水试验 2. 保护消火栓及箱内器材不丢失、不损坏 3. 监督处理非火灾使用消火栓
自动喷淋系统	
1. 维修、保养水流指示器 2. 维持水罐水位及正常压力 3. 每年检查一次报警阀 4. 使管网和阀门处于正常工作状态	1. 检查水力警铃 2. 检查、巡视所有喷淋头 3. 检查所有管道及阀门 4. 检查水罐水位
水幕系统	
1. 维修、保养报警阀 2. 每年检修一次报警阀 3. 使管网各阀门处于正常工作状态	1. 检查报警阀 2. 检查阀门的工作状态 3. 掌握开启水幕系统的程序
1301 系统	
1. 使系统处于准工作状态 2. 半年检查一次瓶体、瓶头阀、压力表、喷嘴、管道等 3. 每年给钢瓶称重一次，并做记录	1. 检查钢瓶压力 2. 检查系统的工作状态 3. 检查钢瓶压力表
灶头灭火系统	
1. 保持传动系统灵敏度有效 2. 检查灭火剂数量和充灌灭火剂	1. 经常检查设备零件有无丢失 2. 抽检传动系统灵敏程度

续表

工程部职责	保安部职责
消防控制中心	
1. 保证中央控制器中控台和打印机等所有设备正常工作 2. 由系统供应商负责全面报警系统检修 3. 维修保安监控系统,保证正常工作	1. 要24小时值班 2. 正常使用各种设备 3. 记录所有火灾报警,消除各种非火灾报警信号
区域控制器	
1. 维修、保养	1. 防止被人损坏
各种探测器	
1. 半年抽验一次烟感、温感、光感和天然气探头 2. 两年清洗一次探测器 3. 更换探头	1. 防止被遮挡和损坏 2. 禁止改变探头使用功能 3. 协助工程部做检修工作
手动报警器	
1. 保证能正常工作 2. 更换被损坏的易碎玻璃	1. 检查有无损坏 2. 防止被遮挡
消防电话	
1. 保证所有电话能正常工作	1. 检查电话插孔有无损坏 2. 检查电话座机
应急广播系统	
1. 保证系统工作正常 2. 每半年检查全系统	1. 抽检应急广播系统的功能 2. 防止喇叭被损坏 3. 配合工程部做半年检查工作
应急照明和疏散标志	
1. 保证正常工作 2. 更换坏的照明灯	1. 检查应急灯是否工作 2. 和工程部一起定期检查应急照明系统
防火门	
1. 保证所有防火门开关灵活,顺序器工作正常 2. 维修和保养电磁阀、顺序器、闭门器	1. 检查门是否符合消防要求
防火卷帘	
1. 确保手动升降灵活、联动工作可靠 2. 负责修理有故障的卷帘门	1. 检查防火卷帘是否符合消防要求
防排烟系统	
1. 每年启动一次防排烟风机,检查排烟阀 2. 维修、保养所有防排烟口	1. 配合工程部试验防排烟系统

续表

工程部职责	保安部职责
防火阀门	
1. 保证防火阀门能正常工作 2. 维修、检查阀门	1. 抽检阀门的工作性能
应急发电机	
1. 每月试运转一次 2. 每半年带负荷运转一次	1. 配合工程部做试验
消防电梯	
1. 定期维护、保养 2. 保证灵敏好用并符合消防要求	1. 定期检查易碎玻璃和消防开关位置 2. 每年检查一次消防功能是否符合要求

三、施工单位防火安全责任

为了加强对施工现场的消防管理，根据有关防火管理的规定，饭店必须与施工单位签订消防安全责任书，约定由施工单位承担下列责任：

1. 施工单位在工程设计、材料选用、施工方案确定等方面，必须遵守防火规定和要求。在施工筹备期间，应将施工图纸方案、施工审批表、防火措施报饭店物业部、工程部、保安部审核。

2. 施工单位在开工前 15 天，持加盖保安部公章的全套申报手续，向公安消防管理局申报施工许可证，待批准并获得施工许可证后方可施工。

3. 施工单位要严格施工管理，不得擅自更改批准后的施工方案。

4. 施工单位用电要向饭店工程部申请，电气设备应由正式电工安装，并设置配电箱。不得随意乱拉临时线，必须使用临时线的要使用双层护套电线。

5. 施工单位进行明火施工时，应到饭店保安部办理临时动用明火许可证（表 5 - 1），并严格执行消防安全制度，保安部在签发动火证后，应派人到现场进行检查。

6. 施工单位应对所有参加施工的人员进行防火安全教育，要求员工严格遵守施工现场安全防火规定。施工现场如发生火灾，应及时报警并组织扑救，并注意保护事故现场。

7. 施工单位施工中需使用易燃、易爆物品时，应事先通知饭店保安部，并符合《化学危险物品安全管理条例》的规定，采取有效的安全措施。存放易燃、易爆物品应有专用库房，由专人保管，不得过夜存放。

8. 施工单位在施工中不得大面积使用脱漆剂等易燃液体。在现场喷漆时，要有良好的通风措施，不得和其他工种交叉作业，现场严禁明火，并应使用防爆电器。

9. 施工单位必须在施工现场设禁烟标志和防火安全制度牌。

10. 施工单位处理施工的堆料或垃圾时不得圈占消防设备，不得堵塞消防通道和疏散楼梯间，并应及时清运垃圾。

11. 饭店负责监督、检查和指导上述安全责任书的执行情况，并为上述条款的执行提供方便和协助。饭店在检查中发现施工过程有违反消防安全规定或未办理应办手续的，有权对当事人给予处罚并责令停工。

12. 工程竣工后在消防局验收之前，饭店保安部、工程部对改造后的消防内容进行预验收。

13. 施工中，凡因施工单位未遵守消防法规而造成火险、火灾的，施工单位必须承担责任，并赔偿经济损失。

表 5－1　动用明火许可证

动用明火许可证　NO.

<table>
<tr><td>用火部门</td><td colspan="3"></td><td>用火部门</td><td colspan="2"></td><td>使用人</td><td></td></tr>
<tr><td>用途</td><td colspan="3"></td><td>用途</td><td colspan="2"></td><td>看火人</td><td></td></tr>
<tr><td>用火地点</td><td colspan="3"></td><td>用火地点</td><td colspan="2"></td><td>签发日期</td><td></td></tr>
<tr><td>使用人</td><td></td><td>看火人</td><td></td><td rowspan="3">消防措施</td><td colspan="4" rowspan="3">1. 将 5 米以内的易燃物清理干净，刮 5 级风时停止焊割。
2. 配足看火人员，准备好灭火器材、水、沙子等。
3. 氧气瓶和乙炔瓶间距大于 15 米。
4. 严格执行饭店关于电气焊工防火安全制度的规章。</td></tr>
<tr><td colspan="2">使用人说明</td><td colspan="2"></td></tr>
<tr><td colspan="2">交回日期时间</td><td colspan="2"></td></tr>
<tr><td colspan="4">经办人/批准人盖章签字</td><td colspan="5" rowspan="2">经与操作人员核查各项措施落实情况，准许动火，并在用火后
于　　年　　月　　日上/下午前交回此证。

批准部门负责人签字</td></tr>
<tr><td>备注</td><td colspan="3"></td></tr>
</table>

四、办公楼客户（租户）防火安全责任

饭店将场所出租时，应当与各承租单位约定各自的安全生产管理职责，这种约定，通过双方签订专门的安全生产管理协议的形式确定。通过这种形式，要求

承租单位做好内部安全生产管理工作，并承担相应的责任。饭店对各承租单位的安全生产工作统一协调、管理。具体规定如下：

1. 饭店办公楼承租方应按国家消防法规和当地有关消防的规定及出租方的安全制度，使用租用的办公室，并负责租用区域内的消防安全。发生紧急情况时，承租方应服从饭店人员指挥。

2. 承租方应指定专门人员，负责防火安全事宜，并与饭店保安部保持工作联系。

3. 承租方应在租用的房间内自配足够数量的轻便灭火器。

4. 承租方不得将易燃、易爆物品带入和存放在办公楼内，更不得在办公楼内燃放烟花爆竹或焚烧物品。

5. 承租方对租用的房间进行装修改造、打隔断施工的，应先报饭店物业部，然后由承租方按有关消防法规的要求，到当地消防局办理审批手续，待消防局批准后方可施工。若承租方未经上述审批或虽经审批但又私自改变施工设计方案进行施工，影响室内原设计安装的消防设施功能和消防设施保护面积的，承租方应立即拆除造成不利影响的部分或相应增加烟感探头和喷淋头。

6. 承租方在房间内增设、安装电气设备，应经饭店保安部批准。承租方使用电气设备，必须采取有效的防火安全措施，制定相应的管理制度。

7. 在紧急情况下，饭店保安部有权使用备用钥匙进入承租方租用的办公室内。承租方自己安装门锁的，应向饭店物业部提供备用钥匙，否则，一旦发生紧急情况，保安部在无钥匙的情况下可破门而入，损失由承租方承担。

8. 根据消防法规，承租方要接受饭店保安部的防火安全检查，饭店保安部有义务向租户讲解消防知识，帮助解决火险隐患。

9. 发生火灾时，承租方应立即向饭店电话总机或饭店消防控制中心报警，并积极扑救。

10. 承租方因其违反有关防火安全规定或因其内部管理不善引起火灾的，责任自负。饭店保安部可根据有关规定做出相应的处理。

第二节　防火管理规定

一、动用明火管理规定

1. 在饭店内任何部位动用电焊、气焊、喷灯等明火，必须经部门领导同意，以文字形式报饭店保安部审核、批准（或持派工单），领取动火许可证后方可作业。

2. 保安部负责审核、管理和签发动火证,并到现场检查安全措施执行情况。

3. 动火作业过程中应严格遵守下列规定:(1)动火人必须持有国家颁发的焊工证,操作过程中设专门看火人。(2)将作业区5米以内的易燃物清理干净。刮5级风时应停止作业。(3)配足看火人员,准备好灭火器材、水、沙子等。(4)氧气瓶、乙炔瓶间距大于15米。(5)严格执行饭店关于电气焊工防火安全制度的规章。

4. 饭店内部不准随意使用会产生强烈热辐射的电热器具,如电炉、红外线加热器等。

5. 饭店区域及外部200米范围内不许焚烧垃圾、树叶等,不许使用明火进行任何施工。

二、电器设备管理规定

1. 工程部的各项电器工作作业必须由正式电工上岗操作,电工必须经过电业部门正式考核,持证上岗。电工必须严格执行电工手册的规定,遵守操作规程,并结合饭店的防火要求,进行各种安装维修工作。

2. 饭店内所有用电设备都必须是国家标准产品,有产品合格证和使用、安装说明。

3. 增设、更换电器设备必须经使用部门、工程部、保安部共同检查合格后方可使用。所有普通电加热设备都必须由保安部、工程部批准后方能安装使用,并在保安部备案。

4. 不准超负荷使用电器设备和线路。线路接头要牢固,绝缘要良好。禁止使用不合格产品和零配件。

5. 要定期检修所有电器设备和线路并建立明文制度,发现可能引起火花、短路、发热及电线绝缘损坏情况,必须立即修理。

6. 在储存易燃液体、可燃气体钢瓶、石油及其他化学危险品库房内敷设照明线路时,应使用金属套管,并采用防爆型灯具,电闸箱和灯的开关应安装在库外。

7. 禁止在任何灯头上使用用纸、布或其他可燃材料做的灯罩。

8. 在任何部位安装、修理电器设备时,在未经试验正式通电之前,安装、修理人员离开现场时必须切断电器设备的电源。

9. 应保持高低压配电室清洁干燥,通风良好。室内禁止吸烟。在室内动火必须经主管领导、保安部门批准,执行饭店的动用明火管理规定。

10. 使用电热工具和导线必须符合规定要求,绝缘效果良好,并有合格的保险控制,电热工具必须设在可靠的不燃基座上,使用时要有专人看管,用完断电。

三、电、气焊作业管理规定

1. 电、气焊工应经过专门培训,掌握焊割安全技术,并经考试合格后持证上岗。

2. 使用电焊、气焊、喷灯时要选择安全地点。作业前要仔细检查周围情况,清除周围的可燃物。如无法清除可燃物,应采取浇湿、设接火盘、遮隔或其他安全可靠措施加以保护。作业时不许使用乙炔发生器。

3. 在焊割前,要对焊割工具进行全面检查,严禁使用有毛病、安全保护装置不健全或失灵的焊割工具。

4. 进行焊割作业及点火时,要严格遵守操作程序,焊条头、热喷嘴要放在安全地点。焊割结束或中途离开现场时,必须切断电源,并仔细检查现场,确认无余火复燃危险时方可离开。在易燃、可燃物较多的场所焊割,操作完毕半小时内应反复检查,有无火险隐患,预防火灾事故。

5. 保证电焊机的各种导线不残破裸露,导线不与气焊的软管、气体的导管以及有气体的气瓶接触。不得将气焊的软管从使用场所以及储存易燃、易爆物品的场所或部位穿过。禁止将油脂或沾油的物品与氧气瓶、导管等接触。

6. 不准将电焊机地线接在建筑物、机械设备或各种管道金属架上,必须设立专用地线,不得借路。

7. 对盛有或装过易燃、可燃气体及化学危险物品的容器和设备,在未彻底清洗干净前,不得进行焊割。

8. 严禁在有可燃蒸汽、气体和爆炸危险物品的场所焊割。如在这些场所进行焊割,应按有关规定保持一定距离。

9. 焊割作业时,不准与油漆、喷漆、木工以及其他易燃操作同时交叉作业。

10. 焊割现场必须配备足够数量的灭火器材。

四、吸烟管理规定

1. 在店员工禁止在所有客用区域吸烟。在员工活动区,除饭店设置的吸烟处外(更衣室),其他部位严禁吸烟。所有员工吸烟区应设专人负责防火和卫生清扫。

2. 员工在专设的吸烟处吸烟时,必须按照规定,将烟头和火柴棒熄灭后放入烟灰筒内,确定烟头或火柴棒完全熄灭后方可离去。严禁乱扔烟头、火柴棒、纸烟盒等易燃物。

3. 饭店公共场所、餐厅和客房内设置了专供宾客使用的烟灰筒和烟缸,当班服务员应经常检查烟缸,捡拾丢在地上的烟头和火柴棒,熄灭烟灰筒和烟缸里的火种。

4. 各部门防火负责人在征求保安部意见后,决定本部门办公室是否允许吸烟。不允许吸烟的办公室必须设醒目的禁烟标志,允许吸烟的办公室应配置足够数量的烟缸。在办公室内吸烟时,不准随地乱弹烟灰、乱扔烟头和火柴棒,不准用纸篓、纸盒等可燃物品代替烟缸,要将烟头和火柴熄灭在烟缸内。

5. 对违章吸烟和违反上述规定的员工,保安部将依据消防奖惩条例和有关规定,给予罚款处理。对屡犯者和造成不良影响或实际损失的责任者,除给予必要的经济处罚外,还要视情节轻重给予行政处分,直至追究刑事责任。

6. 全体员工有责任监督并自觉遵守吸烟管理规定。饭店对积极监督、维护和纠正违章吸烟的员工,要给予表彰或物质奖励。

五、消防设施、设备管理规定

1. 饭店内安装、配制的各类消防设施、设备是一旦出现火情时灭火专用的,饭店必须保证这类设施、设备完好灵敏,不得无故拆损、破坏,也不许挪作他用。

2. 修理各种消防管道或停水维修、调试消防自控设备的,应事先报保安部,经批准并建立相应的应急措施后方可作业。

3. 饭店必须保持各消防安全通道和安全出口畅通,任何人不得堵塞通道或给安全门加锁。

4. 保安部负责定期检查、更换饭店内的所有消防器材,并联系检修,以确保器材灵敏好用。对消防器材的配备和变动情况要登记备案。

5. 各部门、班组有责任对自己工作范围内的消防设备器材进行维护,发现问题,应及时汇报保安部。

6. 任何破坏消防设备、设施的行为,都将按治安管理处罚条例被追究法律责任。

六、施工改造消防管理规定

1. 饭店的施工改造应以当地的建设工程现场消防安全管理办法、宾馆防火安全管理规定、建筑工程防火管理规定以及高层建筑消防管理规定为依据。

2. 饭店(O/A 楼)部位需要进行新建、扩建、改建、装修的,其工程设计、材料选用、施工方案等应符合相关的防火技术规范要求。施工前应事先办理审批手续,施工单位(承包商)应将施工图纸、施工方案、安全措施等相关材料送饭店工程部及保安部审批备案后，于开工前 15 日报当地消防局，经消防局审批后方可施工。施工单位不得擅自更改批准后的施工方案。施工前，施工单位需到饭店保安部办理“施工人员通行证”。

3. 施工工程竣工后，先经饭店工程部、保安部查验，经当地消防部门监督机关验收合格后，方可使用。

4. 施工单位应向饭店工程部申请施工现场用电。电器设备应由正式电工安装，并设置配电箱。不得随意乱拉临时线，必须使用临时电源时，应符合消防要求。

5. 进行明火施工时，应按“动用明火管理规定”的要求工作。

6. 施工单位应对施工人员进行防火安全教育，督促员工严格遵守施工现场安全防火的有关规定。

7. 施工中需使用易燃、易爆物品时，必须符合《化学危险物品安全管理条例》的规定，采取有效的安全措施。易燃品要有专用库房，由专人保管。

8. 施工单位在施工中不得大面积使用脱漆剂等易燃液体。在现场喷漆时，不得和其他工种交叉作业，要有良好的通风措施。现场严禁明火，并应使用防爆电器。

9. 施工单位必须在施工现场设禁烟标志和防火安全制度牌。

10. 施工单位处理施工的堆料或垃圾时不得圈占消防设备，不得堵塞消防通道和疏散楼梯间，并应及时清运垃圾。

11. 饭店保安部应与施工单位（承包商）签订安全管理和消防安全协议书。双方应加强对施工现场的管理，发现违章及时纠正，对存在的火险隐患应立即整改，并根据情况对责任人给予处罚。

七、办公室防火管理规定

1. 在办公室不提倡吸烟，饭店员工应自觉遵守严格限制吸烟的规定。

2. 用过的废纸应放在纸篓内，并及时清除。

3. 及时清理或销毁无用资料、文件。

4. 不得在办公室拉临时电源线。如需增加电源，必须由工程部做正式和固定的电源。

5. 不准在办公室内使用电加热器具，特殊情况需到保安部办理登记手续（见表 5－2）。

6. 机要室、档案室、财务部、计算机室、电话总机室、图书室等地严禁吸烟。

7. 员工下班前要进行防火安全检查，切断电源，确认无问题后关窗、锁门。

表 5－2 电加热器具使用申请表

APPLICATION FOR USE OF ELECTRICAL APPLIANCE

<table>
<tr><td colspan="2">申请使用部门：
Dept.</td><td>使用负责人：
Responsible person.</td></tr>
<tr><td colspan="2">申请理由、地点：
Reason & Location.</td><td>电器名称、功率：
Name & Power.</td></tr>
<tr><td colspan="2">使用时间、期限：
Time & Term.</td><td>总监/经理签字：
Signature of Dir. /Mgr.</td></tr>
<tr><td rowspan="3">工程部确认
Confirmed by
Engineering Dept.</td><td colspan="2">电源插头、插座、导线是否符合要求？
Plug, outlet, wires qualified?</td></tr>
<tr><td colspan="2">线路允许的容量：
Allowed Capacity：</td></tr>
<tr><td colspan="2">电工经理签字：
Signature of Electricity Mgr. ：</td></tr>
<tr><td rowspan="3">保安部审核
Verified by
Security Dept.</td><td colspan="2">使用环境：
Surrounding：</td></tr>
<tr><td colspan="2">安全措施，要求：
Safety measures and requirements ：</td></tr>
<tr><td colspan="2">消防经理签字：
Signature of Fire Marshal：</td></tr>
<tr><td>备 注
Remark</td><td colspan="2"></td></tr>
</table>

第三节 岗位、工种防火制度

一、客房（包括公寓）防火制度

1. 客房部全体员工必须掌握相关消防知识，严格执行并有责任向客人宣传公安部门规定的饭店客人消防安全须知。

2. 客房服务员要结合打扫、整理房间及其他服务工作的时机，随时注意查看火源、火种，如发现未熄灭的烟头、火柴棒等，要及时熄灭后再倒入垃圾袋内，以防失火。

3. 加强对客房内配备的电器的管理，发现不安全因素如短路、打火、漏电、接触不良、超负荷用电等问题时，除及时采取措施外，应立即通知工程部检修，并报保安部。

4. 客房服务员有责任劝阻宾客不随意安装使用各类自备电器设备，客人不听劝阻的，应报保安部。

5. 客房服务员有责任劝阻宾客不将易燃、易爆、枪支弹药、化学毒剂和放射性物品带进楼层和房间，客人不听劝阻的，应及时报保安部。

6. 客房服务员应及时清理房间内的可燃物品，如废纸、报纸、纸箱（盒）等，杜绝起火隐患。如果客人房间内的可燃物品较多又不让清理的，或客人不遵守公安部门制定的住宿防火规定的，客房服务员应及时报自己的上级主管。

7. 客房服务员应经常查看楼层起火源，做到勤转、勤看、勤查、勤闻、勤说。对饮酒过量的客人应给予特别关注，防止因吸烟、用电、用火不慎等引起火灾。

8. 楼层服务员应经常检查各层消防通道和楼梯，阻止任何人在消防通道和楼梯存放各种物品，保持消防门无锁常闭、消防楼梯畅通无阻。

9. 客房服务员应学会使用楼层中配置的轻便灭火器材和墙壁消火栓，熟悉饭店的消防报警程序和消防应急方案。

二、前厅防火制度

1. 前厅部应负责饭店门厅、前厅、前台、行李房、书报亭以及大堂公共区域的消防安全。

2. 前厅、前台工作人员应注意发现并制止宾客将易燃、易爆物品、枪支弹药、化学剧毒物质和放射性物质带进饭店区域，如宾客不听劝阻，应立即报告值班经理和保安部。

3. 前厅、前台工作人员应随时注意查看工作区域内有无宾客扔掉的未熄灭的烟头、火柴棒等，发现后应及时熄灭并清理。

4. 饭店举行活动需在大堂增设彩灯、蜡烛等物品时，在摆放期间，前厅部应派专人定时进行巡逻，防止发生意外。

5. 行李寄存处、前厅服务处不得存放上述第二条所规定的危险物品。前厅部应制定相应的存放制度，向客人明示。

6. 书报亭内不得存放易燃、易爆物品，严禁吸烟。工作人员应及时清理各种包装用品。

7. 书报亭晚班下班前,必须进行防火检查,关闭电源,清除垃圾后方可锁门下班。

三、餐厅(包括酒吧、咖啡厅、宴会厅)防火制度

1. 在各种宴会、酒会和正常进餐服务中,要注意吸烟防火。在撤收台布时,应注意发现是否有未熄灭的烟头、烟灰、火柴棒掉在烟缸外,如有,应拿到后台将台布抖净,以免将烟头卷入,引起险情。在清扫垃圾时,应将烟缸里的烟灰用水浸湿后,再倒进垃圾桶内。

2. 在餐厅内使用各种移动灶、炉和加热器具时,必须设专人看管,并配置相应的灭火器。

3. 不得在餐厅的出入门及疏散通道堆放物品,要保持通道畅通。应设专人管理所有门的钥匙,营业时间应将所有消防门锁打开并保持消防通道畅通。消防门是单向开启的,应保持能出不能进的状态,以便紧急情况时疏散用。

4. 餐厅应对各种电器设备进行经常性的自查,发现短路、打火、跑电、漏电、超负荷等问题的,应及时通知工程部修理,并通知本部门领导和保安部。

5. 餐厅应将消防安全要求纳入工作程序中,要求员工在每次营业活动结束后,必须进行一次消防检查,在关闭所有电源和清除各类火种后,方可锁门下班。

四、厨房防火制度

1. 厨房员工在使用各种炉灶时,必须遵守操作规程,并由专人负责。使用前后都要进行安全检查,发现问题应及时报告工程部修复。严禁带故障操作或遗留火险隐患。

2. 厨房内各种电器设备的安装使用必须符合防火要求,严禁超负荷运行。应保证电器设备绝缘良好,接点牢固,要有合格的保险装置。操作中应严格执行安全操作规程。厨房增设电器设备的,应由工程部派人安装并报保安部备案。厨房内必须配置足够数量的轻便灭火器材和灭火毯。应将消防器材放置在醒目位置处,不得随意挪动。

3. 在炼油、炸食品和烧烤食品时,操作人员不得离岗。油锅、烤箱温度不能过高,油锅放油不得过满,严防油过热溢出着火酿成火灾。

4. 厨房员工使用各种燃气炉灶、烤箱时,必须按操作规程操作,先火后气。操作时不得往炉灶火眼和烤箱内倒置各种杂物、废物,以防堵塞火眼发生事故。工作人员下班前应关闭电源、燃气阀门,熄灭明火。

5. 点燃天然气时,应先点小火、后点大火,并设专人看管,严禁离开岗位。若发生天然气失火,应先关气、后灭火。

6. 应经常清洗厨房内的通风道、排烟道、排烟罩。

五、歌舞厅防火制度

1. 歌舞厅应根据情况设置专职或兼职的消防人员，建立防火安全责任制度。歌舞厅经理是歌舞厅消防安全的责任人，应定期组织对员工的消防安全培训，使其具备一定的消防技能。

2. 歌舞厅应在营业和操作场所设置明显的消防标志，如禁烟、禁火标志，在紧急出口，必须设置应急照明灯。

3. 不得在歌舞厅的防火门和消防疏散通道堆放物品，应保持通道畅通无阻。在营业时间，各消防门不许上锁，并设专人看管，以便发生紧急情况时能及时疏散客人。

4. 严禁将易燃物品、易爆物品、枪支弹药、化学剧毒物品带入歌舞厅，不许用明火寻找座位。

5. 安装和检查维修歌舞厅的各种电气设备时，必须由正式电工负责。使用临时电源必须符合安装要求，不得超负荷用电。

6. 歌舞厅不得擅自挪动、更改、遮盖消防设施、设备，必须保证消防疏散门的原设计和原锁系统不被改变。

7. 歌舞厅举办重大活动和专项活动时，应制订相应的消防安全方案，并报饭店保安部进行安全检查，获得批准后方可举办活动。

8. 歌舞厅营业结束后，应指定专人进行安全巡视检查，确保关闭所有电源、熄灭所有火种。歌舞厅内严禁非值班人员留宿。

六、计算机房防火制度

1. 计算机房是饭店的重要部位，机房内严禁吸烟和明火作业，严禁存放易燃、易爆及其他与工作无关的物品。

2. 应及时清理用过的废纸、过期的文件或其他可燃物。需要烧毁废纸时，应另选安全地点并保证现场始终有人看守。

3. 经常检查防火规定落实情况，定期对设备进行清理、检查、保养。

4. 临时安装各种电源和用电设备时，应报工程部、保安部批准后，由工程部专业电工实施安装。各种用电设备必须符合国家标准。

5. 工作人员应了解室内 1301 灭火系统的自动报警程序和注意事项，有责任保护设备完好无损，发现问题应及时报工程部修复。

6. 值班人员因故暂时离开机房时，必须对所有房间进行安全巡视，切断无用电源，确认无安全问题后锁门。

七、电话总机房防火制度

1. 机房内严禁吸烟和明火作业，不准存放易燃、易爆及和本机房无关的物品。无关人员严禁入内。

2. 检修设备应由专业人员进行，增加电器设备和线路时，应经工程部和保安部共同批准。

3. 值班人员要坚守岗位，保持室内清洁，保证走道畅通。值班人员应注意各种部件的运转情况，发现异常及时处理。

4. 电话机房人员应了解室内 1301 灭火系统的自动报警系统、灭火原理和注意事项，有责任保护设备完好无损，发现问题及时报工程部修复。

八、消防泵房防火制度

1. 严禁非工作人员进入泵房，不准在泵房内会客。

2. 严禁携带剧毒物品进入泵房。

3. 禁止在泵房内吸烟。

4. 不得在泵房内随便使用明火，必须使用时，需经保安部同意办理动火手续后方可使用。

5. 水泵电机控制柜、空气压缩机等设备需由指定的消防工程人员操作、检修。

九、电梯机房防火制度

1. 严禁在电梯机房内吸烟和存放易燃、易爆物品，严禁将电梯机房兼做库房和其他工作间。应保持电梯机房通风良好。

2. 应定期清扫机房、梯箱顶部和梯井底部，及时清除毛发、纸屑、垃圾等可燃物。

3. 应经常对电梯的电气设备及电器线路进行检查、维修、保养，防止打火、短路等类事故发生。

4. 检修设备时，应由专业人员按操作规程进行，无关人员严禁入内。

5. 在检修中，应严格按操作程序使用各种油剂、清洗剂、油擦布等，使用后妥善处理，不得乱扔乱放。

十、音像室防火制度

1. 严禁在室内吸烟，室内不得使用明火。应防止外来人员带入火种。

2. 严禁用易燃液体擦拭地板、清洗设备。

3. 禁止随意安装临时灯线，需要使用临时电源时，临时电源设备必须符合国家标准，并由正式电工安装。插头、插座如有损坏，应及时报修和更换，不得用线头代替插头。

4. 经常检查各种设备、线路，发现过热和超负荷现象应及时处理。

5. 下班后要进行防火安全检查，关闭各种电源后方可离去。

十一、化验（含食品检验和水化验）室防火制度

1. 不得在化验室内存放过多的易燃、易爆物品，应分开放置性质相抵触的化学物品，严格密封盛装挥发性物品的容器。

2. 严格遵守操作规程，保持试验设备状态完好。在使用电热工具和能移动的电器设备时，要与周围易燃、可燃物保持安全距离。禁止乱拉临时线。

3. 室内要有良好的通风。

4. 室内禁止存放与化验无关的其他物品。

5. 每天下班前要进行防火安全检查，关闭各种电源后方可离去。

十二、木工加工间防火制度

1. 加工间内应设置醒目的“严禁吸烟”标志并严格遵照执行。

2. 加工间内应配置足够数量的轻便灭火器。

3. 严禁在加工间内动用明火，如必须使用明火作业，应采取有效的防火安全措施，按规定办理动火手续后方可作业。

4. 及时清理锯末、木屑等可燃物，随时清扫维修作业点。

5. 严禁在加工间内存放油漆、稀料等易燃液体，不得过量存放木材等可燃物。

6. 应定期检修各种加工机械，发现问题及时修理。

7. 不准在加工间内乱拉临时线。

8. 应对机械设备的电机加设保护装置，防止木屑等进入电机。应及时清理电机上积存的木屑等杂物。电机附近不准堆放可燃物。

9. 每天下班前必须进行防火安全检查，清理现场，关闭各种电源，确保无误后方可离去。

10. 木工必须掌握消防常识，并会使用配置的室内灭火器。

十三、油工加工间防火制度

1. 严禁在加工间内吸烟和动用明火，应在明显位置设“严禁吸烟”标志。

2. 严禁携带火种入内，应保持室内通风良好。

3. 不得在加工间内过量存放油漆、稀料等易燃、易爆的液体。正在使用中的易燃液体,要放在有盖子的容器中,减少挥发。

4. 给加工间配置的电器设备应达到电力设计规范要求的防爆、隔爆等级。不得私自乱拉电线,不得私自安装电器设备。

5. 每天下班前要进行防火安全检查,妥善处理剩余的油漆等易燃物,关闭各种电源。

6. 油工必须掌握消防知识,并会使用轻便灭火器。

十四、锅炉房防火制度

1. 锅炉房属饭店要害部位,严禁无关人员进入。

2. 工作人员要坚守岗位,严格遵守锅炉房的安全操作规程,严禁擅离职守。

3. 禁止在锅炉房附近堆放易燃、易爆物品,不准在锅炉房内存放和分装易燃、易爆物品,不准烘烤可燃物。

4. 工作人员必须严格执行工作程序,定期清理煤灰和粉尘。

5. 工作人员应经常检查炉体、管道、阀门,经常测试安全阀、气压表、水位计等,保证设备灵敏有效。

6. 在电焊作业时,禁止利用炉体充当地线。维修气焊时,必须保证氧气瓶、乙炔瓶之间有 15 米以上的安全距离,且远离热源。维修工作结束后,应立即将氧气瓶、乙炔瓶转移到阴凉安全地带。

7. 所有工作人员应掌握紧急情况下的应急操作程序。

十五、锅炉房油罐间防火制度

1. 各组人员应定期检查油罐间,每组两次,在交班日记中做好记录。检查内容是:(1)消防器材是否齐全、完好,轴流风机及油泵工作是否正常。(2)三个油罐及各进油回油管道、节门、法兰处有无跑、冒、滴、漏现象。(3)禁止在油罐车卸油时将油盖打开,以免造成跑油现象。量完油位后,应将量油孔油盖关紧。(4)发现问题及时处理,并立即向有关领导及部门报告。

2. 严禁将各类火种、火源和有散发火花危险的机械设备及可燃、易爆物品等带进油罐车间内。严禁在油罐间内进行有火花危险的作业。需在油罐间外部施工时,必须经消防部门审核批准后方可进行。

3. 严禁在油罐间内外及煤仓附近吸烟。

4. 与工作无关的人员严禁进入油罐车间。严禁外来人员及车辆进入煤仓区域。需临时进入油罐车间内工作时,需有正式工作人员在场监督指导。

5. 工作人员必须熟练掌握周围各种灭火器材的使用方法,定期演练,经常维护、保养。遇有火情应全力扑救、及时报警。

6. 应认真做好油库间的钥匙交接工作,用完后应立即放回原处,防止丢失。油罐间应将备用钥匙存放在工程部值班室钥匙柜中。

7. 严禁在油罐间内安装临时电缆及电器。

8. 对违反规定有下列情形之一者,应处以罚款:(1)将火柴、打火机带进油罐间。(2)将易燃、易爆物品带进油罐间。(3)发生跑油事故。(4)油罐间内油罐表面或地面有油污。(5)电器按钮开关可能发生打火现象。(6)灭火器材失效或丢失零件。(7)不会使用某种灭火器者。(8)钥匙管理不善。

十六、变配电室及发电机房防火制度

1. 变配电室及发电机房是饭店的要害部位,严禁在此吸烟和明火作业;严禁存放易燃、易爆物品以及与机房无关的一切物品;严禁无关人员入内。

2. 变配电室和发电机房应建立严格的工作程序并认真执行。要设 24 小时值班人员,并坚守岗位。

3. 值班电工应按规定对运行设备进行巡视,做好运行记录和值班记录,正确填写和使用倒闸操作票,严格执行配电室的各项安全管理规定。

4. 必须经常保持变配电室和发电机房的各项电气设备及各类安全保护装置完好、灵敏、有效,并定期清扫、检修。

5. 严禁用汽油、煤油等易燃液体擦洗设备。

6. 应保持变配电室室内清洁、走道畅通、通风良好。应配备足够数量的轻便灭火器,安放醒目,定期维护。

7. 变、配电室和发电机房员工应了解和掌握室内 1301 灭火系统的自动报警程序、灭火原理及注意事项,应掌握电气灭火知识,会使用灭火器材。

8. 不得在变配电室存放危险物品和杂物,不准堆放或者存放杂物(含电工维修用备品、备件,不含变配电室必备绝缘用具)。禁止在变配电室内设床铺。

9. 变配电室应当配备用电设备和配电线路平面分布图等安全技术资料。这些资料是设备检修、事故处理、更新改造的重要技术依据,也是电工熟悉本单位配电系统情况及设备分布情况的重要资料。

10. 变配电室的电工应当正确穿戴工作服饰,使用饭店配发的劳动防护用品。应当妥善保管变配电室的高压绝缘用具(高压验电器、闸杆、接地棒、高压绝缘靴、高压绝缘手套等),并定期做耐压试验,不得将绝缘用具挪作他用。

11. 变配电室应在明显位置设配电系统操作模拟图板,以便直观地让值班电工掌握饭店电器系统的运行状态。模拟图板应与配电系统实际运行方式相符。

12. 变配电室应设置防水设施和挡鼠板,尤其应加强对变配电室门、窗、电缆沟的防水保护，在变配电室直通室外的门处设置挡鼠板，定期对电缆沟投放鼠药。

十七、安全用电管理制度

电是饭店生产经营活动的主要动力源，一旦发生故障，将严重影响正常经营秩序。电气设备、配电线路故障引发事故是饭店常见的生产安全事故之一，发生事故的主要原因有设备老化、使用不当、线路短路、超负荷用电、接触电阻过大和电火花等。为减少用电事故的发生，正确有效地利用电能，各饭店一定要加强安全用电管理工作。安全用电的主要制度有：

1. 饭店设置的电源线路应当符合国家标准或者行业标准。

2. 应对临时用电线路采取有效防护措施。拉接临时线路前，必须到饭店安全管理部门进行申请，经批准后，由专业电工负责安装和拆除。临时线必须使用双重绝缘的橡胶护套线或者塑料护套线，穿越地面时应当采取防止踩踏和碾压的防护措施，并有漏电保护装置。

3. 电气设备应当安装防漏电装置，每月最少检查一次防漏电装置，并做好记录。发现漏电保护装置失灵应当立即更新，严禁检修后重复使用。

4. 电气设备应当加装过载保护装置，一旦线路通过的电流超过允许通过的安全电流时，过载保护装置就会自动动作，切断电源，避免因电线或者电器设备升温过快而导致电气火灾的发生。

十八、安全出口管理制度

安全门和安全出口是疏散人群的地方，安全出口一旦被堵塞，将会引发各种安全隐患，特别是发生紧急情况时，将会引发更大的灾难。有关安全出口的管理制度有：

1. 饭店应当保证安全出口畅通，不得封闭、堵塞安全出口。在安全出口处不得设置门槛。

2. 疏散门应当向疏散方向开启，不得采用卷帘门、转门、吊门、侧拉门。

3. 安全门的门内和门外 1.4 米的范围内不得设置踏步（台阶），以免疏散时人员踏空摔倒，引发踩踏事故。

十九、安全疏散管理制度

1. 营业区域内的安全出口数目、安全疏散距离、疏散门和疏散通道的宽度应当符合国家标准或者行业标准。

2. 饭店应在营业区域内的安全出口和疏散通道及其转角处设置发光疏散指

示标志。指示标志在断电且无自然光照明时,能够指引疏散位置和疏散方向。

3. 指示标志应当设置在安全出口的顶部和疏散通道及其转角处距地面高度1米以下的墙面上。

4. 设置在疏散通道上的指示标志的间距不得大于10米,以免误导人们的疏散方向,延缓人员疏散。

5. 在饭店营业区域内的安全出口、疏散通道和变配电室、锅炉房、空调机房、水泵房、厨房操作间等重点部位应设置应急照明灯。应急照明灯的连续照明时间不得少于20分钟,其地面最低照度不得低于0.5勒克斯。

6. 饭店应在客房、会议室等经营场所设置中英文对照的逃生疏散图,在客房内设置宾客安全须知,设请勿卧床吸烟等标志。

7. 为防止饭店的落地式玻璃门、玻璃窗、玻璃墙等对客人造成误伤,饭店应在落地式玻璃门、玻璃窗、玻璃墙上设置安全警示标志。

8. 在疏散通道、安全出口、消防梯、消火栓、消防器材等处,饭店也要设置明显的安全警示标志。安全警示标志应清晰、规范,易于识别。

二十、天然气调压站防火制度

1. 天然气调压站是饭店重要部门,站内严禁吸烟和明火作业,无关人员严禁入内。

2. 工作人员必须严格遵守安全操作规程和交接班制度,经常检查各种仪表、阀门、设施,掌握调压站内天然气报警器和警钟的工作原理,保证空气流通,发现问题及时排除并报告。

3. 调压站室内应铺设胶皮地面,以防打火引起火灾。

4. 在调压站附近明显处应设置“严禁烟火”标志,调压站周围10米内严禁明火。

5. 严禁在调压站内拉设临时电路,配备的电器设备必须采用防爆装置。

6. 发生天然气火灾时,调压站值班人员应负责关闭送气阀门,坚守岗位,听从指挥。

二十一、库房防火制度

1. 库房的每个员工都是库房区域的专门防火员,有不可推卸的消防职责,必须掌握一定的消防常识。

2. 库房内严禁吸烟和使用明火,严禁携带火种进入库房。

3. 物品入库时,工作人员应认真检查是否有火种隐患,特别要对草包、纸包、布包等物品进行严格检查,如有可疑迹象,应另行存放,进行观察。

4. 库房内的照明灯具及其线路必须符合电力和消防设计规范，由正式电工安装、维修，禁止乱拉临时线。引进库房内的电线必须装置在金属或硬质难燃塑料套管内。

5. 不准在库房内使用碘钨灯、电熨斗、电炉子、红外线加热器、电烙铁、电钟、电风扇和电视机等电器设备，不得使用60 瓦以上的白炽灯，不准超负荷作业，不准用不合格的保险装置。

6. 每年至少要对库房内的灯具、电线等设备进行两次检查，发现电线老化、破损、绝缘不良可能引起打火、短路等不安全因素，必须及时更新、维修。

7. 储存化学易燃、易爆物品的库房，通风要良好，应安装防爆密闭式电器照明设备或不设置照明设备。

8. 在存放易燃和可燃物品的库房外应设置明显标志。不准在库房附近进行分装、封焊、维修，不准动用明火。

9. 不得将遇水容易发生燃烧、爆炸的化学易燃物品存放在潮湿和容易积水的地方。

10. 受阳光照射容易燃烧、爆炸的化学易燃物品和闪点在 45℃以下的桶装易燃液体不准露天存放，在炎热季节必须采取降温措施。

11. 应设专人对化学易燃物品进行入库前的检查，保证容器密封，发现破损、残缺、变性和物品变质、分解等情况时，应当立即进行安全处理。

12. 各种物品应根据不同性质分库、分区、分类储存，不准将性质相互抵触、灭火方法不同的物质混存。应在特殊物品库房门外标明储存物品的名称、性质和灭火方法。

13. 物品应按“五距”要求码放整齐：(1)顶距：货垛距顶 50 厘米。(2)灯距：货垛距灯 50 厘米。(3)墙距：货垛距墙 50～80 厘米。(4)柱距：货垛距柱子 10～20 厘米。(5)垛距：货垛之间间距为 100 厘米，主要通道宽度不应小于 150 厘米。

14. 应保持库内通道和入口畅通。应将消防器材放在指定地点，不得随意移动。在消防器材 1 米范围内不能堆放物品。

15. 不准在库房内设办公室、休息室。库房内不准住人，不准用可燃材料搭建隔层。

16. 每天下班前应进行防火安全检查，做到人走灯灭。

二十二、危险品库房防火制度

危险物品是指易燃、易爆物品，如燃气、燃油、酒精、油漆、稀料、易腐蚀的化学液体等物品。

1. 储存危险物品应当单独设置库房。

2. 管理危险品库房除应执行一般库房的防火制度外,还应严格执行《化学危险品管理条例》等有关规定。

3. 应将危险物品分类存放,不准混放。性质特别危险的物品,必须单独储存。性质互相抵触的物品和灭火方法不同的物品,应分开隔离储存。库内严禁存放其他可燃物品。

4. 应根据各种危险物品的实际使用和销售情况,确定合理的储存量,不得超量储存。

5. 危险物品进出库应有详细登记,并由专人管理。

6. 不得将遇水发生危险的物品堆放在露天或低洼容易受潮的地方。应将遇热分解、自燃的物品储存在阴凉、通风的库房内。

7. 必须定期对存放的物品进行检查,如发现包装破损、残缺及物质变质、分解等情况,应立即采取措施。

8. 库房内的照明灯具及电气线路必须符合防爆电气线路安装标准,采用防爆灯具。应定期对库内电气、照明设备进行检查,做好修理、更换工作。

9. 在库内开启易燃、易爆物品的容器时,严禁使用能够产生火花的工具。

10. 库房内严禁吸烟和使用明火。

二十三、施工现场防火制度

1. 凡有新建、改建、内部装修等施工项目的,必须由施工单位申报消防局批准,并和饭店保安部签订安全责任书后,方能施工。

2. 施工现场的消防保卫工作由施工单位负责,饭店工程部、保安部负责现场监督。施工单位应根据工程项目、工程量、场地、工期等各方面情况,制订消防保卫工作方案,并与保安部签订消防安全协议书。

3. 施工单位要确定一名主要行政领导为现场防火负责人,实行逐级防火责任制,明确各岗位防火任务。

4. 凡施工现场需要明火作业的,必须到保安部办理动用明火许可证。严禁使用乙炔发生器,严禁非焊工作业。明火工地应配备轻便灭火器材。

5. 施工现场如需用电,应向饭店工程部申请,由正式电工安装、移动电气设备。安装工艺必须满足防火要求。

6. 施工现场不准过量存放易燃、易爆物品。使用易燃、易爆物品只限当日用量且经保安部门登记核准。使用时要有良好的通风措施,不许和其他工程交叉作业,并应使用防爆电器。剩余的易燃、易爆物品不准在施工现场过夜。

7. 施工现场严禁吸烟,施工堆料或建筑垃圾不得圈占消防设备及通道。应及时清理施工垃圾,保证安全通道畅通。

8. 施工单位领导应对全体施工人员进行必要的防火安全教育，使之能严格执行各种防火管理制度，遵守各项操作规程，做到文明施工、安全施工。

9. 施工现场应配备足够数量的消防器材，施工人员必须做到“两知三会”。

二十四、车库、停车场防火制度

1. 停车场工作人员必须按时清扫车库、车场地面上的垃圾、油渍和废弃物，以防遇有火种发生火灾。

2. 禁止在车库、车场存放易燃、易爆物品，严禁堆放各种可燃物。

3. 禁止在车库、车场内维修、保养车辆和乱扔废弃物。

4. 严禁在车库、车场区域内吸烟，不准在通道上停放车辆，以免影响应急疏散。

二十五、洗衣房防火制度

1. 严禁在洗衣房及工服室内吸烟，严禁堆放易燃、易爆物品。

2. 应对洗衣房的各类电器设备进行定期检查和维修，禁止带故障运行。新增和临时使用的电器设备必须符合国家标准，并由工程部正式电工安装。

3. 烘干棉织品后应及时散热，防止自燃。

4. 当班人员下班前应对整个洗衣房进行防火安全检查，切断电源，关闭蒸汽总阀。

5. 全体洗衣房员工都要有消防常识，会使用配备的轻便灭火器。

二十六、物业部防火制度

1. 向所有公寓楼租户宣传、贯彻有关消防安全的法规和饭店的各项防火制度，提高租户的防火意识和警惕性。

2. 经常进行消防安全检查，发现租户有违章用火、用电行为的，以及电器设备使用不当现象的，应及时制止并报告保安部。

3. 每日定时检查各安全通道，保持安全通道畅通。发现租户在楼道内堆放垃圾的，应及时处理并报告保安部。

4. 禁止任何人将易燃、易爆物品带入和存放在 O/A 楼内。

5. 监督、检查楼内所有施工项目是否有完备的消防手续和安全措施。

6. 维护好所辖区域的消防设施、设备，使之灵敏有效，不允许任何人更改、挪用、遮盖消防设备，发现问题及时报告工程部。

7. 提醒租户出门前应切断室内的所有电器设备电源，关灯、关窗、锁门。

8. 一旦发生火灾，应及时报警并协助疏散客人。

二十七、医务室防火制度

1. 室内禁止吸烟和使用明火。

2. 电热设备应与可燃物保持一定距离，工作完毕及时切断电源。

3. 医务室内不宜过多储存乙醚、酒精等易燃液体和气体，要设专人登记保管这类物品，并存放在安全地点。

4. 医务室必须在易燃物品存放点建立严格的消防制度和措施。

二十八、员工宿舍防火制度

1. 宿舍内严禁存放易燃、易爆物品，禁止卧床吸烟，不得乱扔烟头及未熄灭的火源。

2. 禁止乱拉临时电源线路及安装照明设备，严禁使用各种电热器具和其他电器。

3. 有人留宿的房间禁止锁门，房间内应张挂紧急情况疏散示意图，住宿员工必须了解疏散示意图所指明的逃生方向。遇突发事件，服从指挥，顺序疏散。

4. 员工宿舍内应配备足够数量的轻便灭火器。楼道和房间内的各类消防设施、设备不得被挪作他用，应保持消防疏散通道畅通。

5. 有员工留宿时，行政部应设专人值班，并定时巡逻。

6. 凡住宿员工均被视为义务消防队员，当饭店发生紧急情况需要人力时，住宿员工必须服从命令，听从调遣，执行灭火、疏散救人、转移财产、抗洪救灾或撤离等任务。

二十九、健身房防火制度

1. 健身房当班人员应坚守岗位，严格执行本岗位工作程序，经常注意工作区域内的消防安全，防止因吸烟以及用电、用火不慎等引起火灾。

2. 经常检查各类电器设备，发现不安全因素，如电器短路、打火、漏电、超负荷用电、电器接触不良等，应及时采取措施并通知工程部检修。

3. 服务人员应每 2 小时查看 1 次桑拿浴室。没有客人时，桑拿浴室加热箱温度应设定在二挡，室内温度应控制在 70℃以下。

4. 应将加热箱上的火山石均匀分布在炉上，不让热量集中烘烤木屋顶板。严禁将可燃物带进桑拿浴室或在加热箱周围烘烤衣物。发现桑拿浴室木质炭化，应报告有关部门。

5. 桑拿浴室的门里外均不得设置门锁，以防不测。下班前，当班人员应对桑拿浴室进行安全检查，关闭加热箱电源，打开木屋门后方能离开。

6. 健身房员工必须会使用轻便灭火器，懂得消防常识。应保持消防通道和疏散门畅通，发生紧急情况时，会指导客人安全疏散。

第四节　消防安全检查制度

为了能够及时发现、纠正和消除各类火险隐患和消防违章行为，确保饭店安全经营，保安部对饭店实行消防安全检查制度。

一、消防安全检查的形式

1. 一级消防安全检查：一级消防安全检查是消防中心巡视员对饭店各防火部位进行的日常安全巡视。

2. 二级消防安全检查：二级消防安全检查是消防办公室主管对安全责任区进行的日常安全巡视。

3. 三级消防安全检查：三级消防安全检查是消防经理对全店的消防安全情况进行的安全检查。

4. 四级消防安全检查：四级消防安全检查是保安部总监对饭店的消防重要部位和设施进行的安全检查。

5. 五级消防安全检查：五级消防安全检查是饭店防火委员会、消防局对饭店消防安全的整体状况进行的安全检查。

二、消防安全检查的范围

消防安全检查的范围，包括饭店的重要防火部位、各要害部位、重要部位、各部门公共区域、工作区域、后勤区域、客房区域、写字楼、公寓以及饭店全部的消防设施、设备和商城的消防设施、设备。

三、消防安全检查的组织实施

一级消防安全检查

1. 一级消防安全检查由消防控制中心的消防巡视员对饭店各防火部位、消防设施设备进行分类安全巡视。

2. 一级消防安全检查每 24 小时进行 13 次，检查的范围和项目由责任人根据消防、保安监控中心的相关巡视规定进行，以便为饭店每日正常经营创造安全的环境，保障消防设施、设备处于正常状态。

3. 巡视时，应随时纠正、处理在检查中发现的问题，当时纠正不了的应上报中控室主任。发现设备有问题的应分类填写派工单。

4. 每次检查均需填写相关的防火部位和消防设备巡视记录表(表5-3~表5-6)。

表5-3　一类重点防火部位巡视记录表

日期	年　月　日	时　间		巡视员		班　次	
项　目		位　置	存　在　问　题				工作单
1301系统							
电脑房		O/A B1					
3.1#配电室		O/A B1					
3.2#配电室		O/A B1					
总配电室		H/B2					
电话总机		H/B2					
发电机房		H/B1					
锅炉房		H/B1					
1.1#配电室		FSS/B1					
1.2#配电室		FSS/B1					
消防中控室		H/B1					
消防泵房水系统							
消防泵房水池水位		H/B3					
喷淋水罐水位		H/B3					
喷淋系统管道压力		H/B3					
消火栓供水管道压力		H/B3					
喷淋水罐压力		H/B3					
干式喷淋压缩空气减压阀		H/B3					
喷淋系统空气压缩机		H/B3					
喷淋系统水表		H/B3					
干式喷淋阀门状况		H/B3					
水泵阀门状况		H/B3					
消火栓系统供水阀门状况		H/B3					
油工间		H/B2					
木工间		H/B2					

表5-4　二类重点部位和设施巡视记录表

项　目	楼　层	位　置	存　在　问　题	工作单
消火栓箱				
手动报警站				
送、排烟口				
防火门				
火灾探测器				
喷洒头				
疏散楼梯				
安全通道				
可燃物排放				
消防电梯				
安全出口灯				
疏散指示灯				
灭火器				
施工动火				
卷帘门				
电动防火门				
喷淋设施				
灶头灭火系统				
警铃				
活动灶具				
消防电话				
应急广播				

表 5－5　消火栓箱检查登记表

检查日期	检 查人	检查日期	检 查人	检查日期	检查人

表 5－6　轻便灭火器检查记录表

饭　店 灭　火　器　检　查　记　录		
日　期	检查人姓名	备　注

二级消防安全检查

1. 二级消防安全检查由消防主管根据责任区的具体情况组织实施。

2. 二级消防安全检查每周进行2次，每年固定次数不能少于100次。

3. 二级消防安全检查不需要请示、批准，由责任人自己规定检查时间和范围。主要检查安全制度执行情况，发现火险隐患和纠正消防违章行为，解决一级消防安全检查中发现的问题。

4. 在二级消防安全检查过程中，必须随时纠正检查中发现的问题，纠正不了的应上报消防经理。每次检查均应填写相关的消防安全检查记录表（表5－7）。

三级消防安全检查

1. 三级消防安全检查由消防经理根据一、二级消防安全检查的情况组织实施。

2. 三级消防安全检查每月进行1次，每年固定次数不能少于12次。

3. 三级消防安全检查由消防经理组织专业人员和相关人员进行，检查前口头呈报保安部总监批准，并应有检查方案。

4. 三级消防安全检查的范围包括重要防火部位的消防安全情况，饭店重要部位、要害部位的消防安全情况，重大施工场所消防安全情况，新发现的消防安全隐患消防安全情况以及消防设施、设备是否存在隐患和问题。

5. 三级消防安全检查完毕，由消防经理将检查情况用书面形式向保安部总监汇报，并填写消防安全检查记录表（表5－7），发火险隐患通知书（表5－8），跟踪整改结果。

四级消防安全检查

1. 四级消防安全检查由保安部总监根据饭店整体消防安全状况，为保障重要活动和节假日安全或配合社会和消防部门的要求组织实施。

2. 四级消防安全检查于每年的3、6、9、12月固定进行4次，另外还应结合具体情况和要求不定期地进行，每年不能少于2次。

3. 检查前，由保安部制订检查方案，呈报饭店防火安全委员会批准，然后由保安部牵头组织人员进行。

4. 四级消防安全检查内容包括：检查各部门消防安全制度的执行情况，饭店全部重要防火部位、防火制度的执行情况，具体工种、岗位消防安全制度执行情况，员工消防意识情况，重大的消防隐患整改情况，客人遵守饭店消防管理制度的情况（参见表5－9，表5－10）。

5. 四级消防安全检查结束，应提出检查报告，发火险隐患通知书（表5－8），提出整改措施，并复查整改结果。

五级消防安全检查

1. 五级消防安全检查是饭店防火安全委员会、消防局、旅游局对饭店实施的消防检查。

2. 五级消防安全检查每年不定期进行，主要目的是饭店排除重大消防隐患，确保重大活动的消防安全，使饭店的消防安全始终保持高水平。

3. 检查前，保安部应准备好检查报告，提出饭店存在的、保安部解决不了的消防隐患，以及保安部为消除这些隐患而采取的相应措施。

4. 饭店防火安全委员会可以通过举行消防学习、疏散学习的方式来检查饭店的消防应急方案和疏散方案的准备情况。

5. 五级消防安全检查结束后，保安部需对检查中提出的要求写出书面报告，并根据检查要求限期整改。

四、各级消防安全检查的要求

1. 三、四、五级消防安全检查实施前，应制订方案和计划，并精心组织力量，协调各部门行动。

2. 消防安全检查过程要有记录，检查结果要有报告，检查出的问题要有专人落实。

3. 检查出的制度问题、火险隐患要发火险隐患通知书（表5－8），检查出的设备问题要及时填写派工单。

4. 针对检查出的问题，消防办公室要有相应的整改措施，并复查整改结果。

表5－7　消防安全检查记录表

<table>
<tr><td>检查人员</td><td></td><td>职务</td><td></td><td>填表日期</td><td></td><td>上报日期</td><td></td></tr>
<tr><td>检查部位</td><td colspan="2">发现问题</td><td colspan="3">解决措施和结果</td><td>责任人</td><td>备　注</td></tr>
<tr><td></td><td colspan="2"></td><td colspan="3"></td><td></td><td></td></tr>
</table>

表 5 -8　火险隐患通知书

NOTICE OF FIRE HAZARD OBSTRUCTION

保安部
Security Dept.

检查部位 Place		日期 Date	
检查人员 Inspector		时间 Time	
存在问题: Problems			
整改意见: Comments on Rectification 以上问题　限________日改正 Allow ________ Days to Finish Improvement			
被检查部门主管意见: Comments by Dept. Head Concerned			
保安领导批示: Reviewed and Approved by Security Director			
备注: Remarks			

注:此隐患通知书一式三份,报店领导、保安部存档,送被监察部门主管。

Copy Distribution: Hotel Management, Security Office, Inspected Dept.

表5－9 客户消防情况登记表

<table>
<tr><td colspan="2">公司所在地点</td><td>写字楼</td><td>公寓楼</td><td>展 厅</td><td>饭 店</td></tr>
<tr><td colspan="2">房间号</td><td></td><td></td><td></td><td></td></tr>
<tr><td rowspan="8">基本情况</td><td colspan="2">公司名称</td><td>人数</td><td colspan="2">经 营 范 围(性 质)</td></tr>
<tr><td colspan="2"></td><td></td><td colspan="2"></td></tr>
<tr><td colspan="2">公司总负责人</td><td></td><td>电 话</td><td></td></tr>
<tr><td colspan="2">防火负责人</td><td></td><td>电话/手机</td><td></td></tr>
<tr><td colspan="2">紧急情况联系人</td><td></td><td>电话/手机</td><td></td></tr>
<tr><td colspan="2">公司内部有无防火制度</td><td></td><td>夜间值班</td><td></td></tr>
<tr><td colspan="2">公司雇员防火培训情况</td><td colspan="3"></td></tr>
<tr><td colspan="5"></td></tr>
<tr><td rowspan="6">房屋装修改造情况</td><td>总面积</td><td>房间数</td><td>门锁情况</td><td colspan="2">装修材料</td></tr>
<tr><td></td><td></td><td></td><td colspan="2"></td></tr>
<tr><td colspan="2">无探头(烟感)房间数</td><td>无喷洒房间数</td><td colspan="2">无探头(烟感)、无喷洒头房间数</td></tr>
<tr><td colspan="2"></td><td></td><td colspan="2"></td></tr>
<tr><td colspan="2">现配备灭火器材数量</td><td></td><td>种类/型号</td><td></td></tr>
<tr><td colspan="5"></td></tr>
<tr><td rowspan="2">施工审批</td><td colspan="2">工程部审批</td><td colspan="2">保安部审批</td><td>消防局审批</td></tr>
<tr><td colspan="2"></td><td colspan="2"></td><td></td></tr>
<tr><td colspan="2">房间物品摆放情况</td><td colspan="4"></td></tr>
<tr><td colspan="2">房间使用电器情况</td><td colspan="4"></td></tr>
<tr><td colspan="2">存在的火险隐患</td><td colspan="4"></td></tr>
<tr><td colspan="2">消防安全措施</td><td colspan="4"></td></tr>
<tr><td colspan="2">备 注</td><td colspan="4"></td></tr>
</table>

签 字： 填表时间： 年 月 日

表 5 - 10　客户使用电器记录表

公司所在地	写字楼		公　寓	展　厅	饭店主楼
房间号					
公司名称					
名　称	**数量**	**功率**	**牌号及产地**	**安装使用情况**	**防火措施**
电磁炉					
微波炉					
电　锅					
电　壶					
电熨斗					
取暖电加热器					
加湿器					
负氧离子发生器					
传真机					
电　脑					
复印机					
打印机					
烘干机					
粉碎机					
电冰箱					
电吹风					
电烤箱(炉)					
电动打印机					
电咖啡壶					
充电器或电加热器					
压力容器及化学品					
备　注					

填表人:　　　　　　　　　　　　　　　　　　　　年　　月　　日

第五节　消防档案管理制度

消防档案是饭店实行科学消防管理的基础，保安部应当按照当地消防管理部门的相关规定和饭店消防工作实际，建立相应的消防档案管理制度。

一、建档范围

1. 饭店所有消防设备、设施及其运行、维修、保养、更新记录均应建档。

2. 饭店发生的各类火灾，火险事故的发生、扑救、调查的各类材料均应建档。

3. 保安部及相关上级的消防安全隐患检查、整改建议、整改结果均应建档。

4. 保安部进行的各类消防培训、业务考核、消防学习、消防宣传工作情况均应建档。

5. 保安部的各类消防规章制度、应急方案以及疏散方案的修改、审议、领导指示均应建档。

二、档案基本内容

1. 饭店固定消防设施、设备的配置（表 5－11，表 5－12）
2. 饭店移动、轻便消防设施、设备的配置（表 5－13）
3. 饭店各类消防设施、设备的故障、维修、变换、更新（参见表 5－14）
4. 饭店一、二级重点防火部位基本情况（参见表 5－15）
5. 中控室火灾报警记录及故障记录（参见表 5－16）
6. 火灾事故调查表（参见表 5－17）
8. 消防月报（参见表 5－18）
9. 消防目标管理
10. 消防总结
11. 饭店各类消防管理制度及其变更情况
12. 饭店各类工种、岗位防火责任制及其变更情况
13. 消防应急方案、紧急疏散方案及其历次演习情况
14. 商城地区火灾应急方案及演习情况
15. 三、四、五级消防安全检查记录

16. 三、四、五级消防安全检查发现的隐患及整改措施
17. 一、二、三级消防演习方案和记录表
18. 一、二级消防巡视、检查记录
19. 大型活动消防预案
20. 员工防火安全责任书
21. 部门防火安全责任书
22. 租赁双方防火安全责任书
23. 施工甲、乙单位防火安全责任书
24. 饭店义务消防队组织情况
25. 饭店义务消防队培训情况
26. 各种消防培训、考试记录
27. 当地消防部门、旅游管理部门、总公司关于消防的文件
28. 国家政府新颁布的消防法规和指令性文件
29. 消防奖惩记录
30. 火险隐患通知书
31. 其他各类消防管理、统计表格(如表5-19)

三、管理方式

1. 消防档案的建立和管理工作由保安部消防部门负责。消防部门需指派专人收集、整理消防档案,分类存放。

2. 原则上,消防档案材料一经归档不能再提取,以保证档案材料的完整率为100%。确因工作需要需提取或借阅时,应经消防经理同意并在消防档案借出登记本上签字,并注明借还日期。复印饭店消防档案应经保安部总监签字同意。

3. 根据消防档案的性质和使用时限,应对消防档案定期进行分类、归档:(1)重要指令性文件、法律性文件和所有较为重要的文字材料、图表,每星期归档一次。(2)一般行文、函件、备忘录、消防巡视检查记录、消防月报、消防奖惩记录、火险隐患通知书、消防演习记录、火灾情况登记表、灭火器消耗统计表、新购和维修灭火器记录、厨房油烟道清洗记录以及新员工入店消防考试答卷等,每月归档一次。(3)每年11月份将本年度和上半年度的归档档案进行整理、分类,分别进行封存、一般性存放和销毁。

4. 保安部总监、经理将随时检查消防档案的管理情况。

5. 消防档案属饭店财产,任何人无权外传和将其据为己有。消防档案管理人和消防经理离任时,应和接替人员交接消防档案。

表 5－11　饭店消防设施、设备配置

	饭　店		O/A 楼		商城		设备数量
名　称	数　量	具体位置	数量	具体位置	数量	具体位置	总计
中央控制器	1	消防中控					1
区域控制室	6	消防中控,6F,10F,15F 服务间	5	CZ10 机房	4	1F,1F,5F,6F	15
区域控制盘	8	5F,7F,8F,9F,11F,12F,14F,16F					8
自动打印机	1						1
1301 系统	6	锅炉房,应急发电机房,中控总配电室,电话总机房	3	电脑房,3.1#配电室,3.2#配电室	2	后门配电室,卸货平台配电室	11
灶头灭火	7	各厨房			9	各厨房	16
烟感探头	1165	各处	673	除公寓房间外各处	884	各处	2662
温感探头	19	各卷帘门及机房,煤场	6	各卷帘门	19	各卷帘门	74
煤气报警机	1	消防中控室	1	CZ10 机房	1	1F 北部电梯后管道竖井内	3
手动报警器	206	所有公共区域,机房	182	所有公共区域,机房	113	所有公共区域,机房	501
水流指示器 水流指示阀	46	1F,3F,5F—16F 中部楼梯间,2F,4F 走廊,锅炉房,花房等	21	办公楼 1—8F 走廊席,B1 壁球厅,31#机房	14	B1—6F 东部偏南	81
喷淋头	4156	除 B3、18F 外各处	2007	除公寓外各处	3489	各处	9652
防火卷帘门	16	B1,1F,3F,16F	3	B1,7F	12	B1,1F,2F,3F,4F,5F	31
电动防火门	28	B1—16F	113	B1—8F	16	B1—6F	157

续表

	饭　店		O/A 楼		商城		设备数量
名　称	数　量	具体位置	数量	具体位置	数量	具体位置	总计
消防电梯	3	L2.7,L2.8,L2.9 电梯	6	L3.1—L3.6 电梯			9
警铃	22 区	各处	17 区	各处	8 区	各处	47 区
应急广播	18 区	1F—18F 走廊,客房	16 区	B1—8F 走廊	8 区	各处	42 区
火警显示盘	1	前厅办公室门口	1	L3.3 电梯 1F	1	商城东门	3
煤气计量器	5	22#机房,职工食堂,煤气调压站	162	公寓各层楼道间	4	男更衣室,L1.1 电梯后面的竖井内	171
送风排烟		B3—18F		B1—8F		B1	
压正送风机组							
应急发电机	1	B1 中部发电机房					1
消防电话	28	6F,10F,15F 服务间内,机房,配电室	10	机房,配电室	22	机房,配电室	58
灭火器	360	各处	360	各处	90	餐厅,厨房,机房	822
室内消火栓	174	走廊,机房	129	走廊,机房	77	走廊,机房,厨房	380
室外消火栓	5	外围	5	外围	4	外围	14
破拆工具	1	客用自行车库					1
喷淋水泵结合器	2	正门外西侧					2

续表

	饭　店		O/A 楼		商城		设备数量
名　称	数　量	具体位置	数量	具体位置	数量	具体位置	总计
消火栓 水泵接合器	1	正门外西侧	1	消防门东门外	1	正门外	3
消火栓水泵	2						2
喷淋水泵	2						2
水幕水泵	1						1
稳压泵	2						2
空气压缩机	1						1
喷淋水罐	1						1
干式喷淋阀	3						3
湿式喷淋阀	12						12
消防蓄水池	300 立方米 ×4						1200 立方米
排风机组							

表 5－12　饭店消防电梯一览表

电梯代码	电梯位置	载重量	升降区域	备　注
L2.7	饭店西部	1000KG	B1～17/F	
L2.8	饭店东部	1000KG	B1～17/F	
L2.9	饭店中部	1600KG	B3～16/F	
L3.1	公寓一区	800KG	1/F～8/F	
L3.2	公寓二区	800KG	B1～8/F	
L3.3	公寓三区	800KG	B1～8/F	
L3.4	公寓四区	800KG	B1～8/F	
L3.5	办公楼东部	800KG	B1～8/F	
L3.6	办公楼西部	800KG	B1～8/F	

表 5－13　饭店室内消火栓箱/灭火器配备表

楼　层	商　城		饭　店		办公楼		公　寓	
	消火栓	灭火器	消火栓	灭火器	消火栓	灭火器	消火栓	灭火器
B3			5	38				
B2			7	37				
B1	12	30	27	99	16	80		
1/F	12	34	13	40	6	8	6	7
2/F	10	4	4	4	6	10	8	31
3/F	9	4	7	30	6	4	8	31
4/F	9	4	4	4	6	4	8	31
5/F	9	4	8	10	6	4	8	31
6/F	11		9	8	6	4	8	31
7/F	4	10	9	8	7	4	8	31
8/F			9	8	6	4	8	31
9/F			9	8	3	26		
10/F			9	8				
11/F			9	8				

续表

楼 层	商 城		饭 店		办公楼		公 寓	
	消火栓	灭火器	消火栓	灭火器	消火栓	灭火器	消火栓	灭火器
12/F			9	8				
13/F			9	8				
14/F			9	8				
15/F			9	8				
16/F			9	8				
17/F			7	14				
18/F			2	4				
累计	76	90	183	360	68	148	62	224
说明	1. 饭店共有消火栓箱389个,每个箱内有一具灭火器。 2. 饭店另配有灭火器822具。 饭店管理的灭火器共计1211具。							

表5-14 灭火器月消耗统计表

项目 种类	重量型号	消耗能量	原配置地点	原配置日期	消耗原因	消耗总数	待修数	新购补充	现有数量
1211灭火器									
干粉灭火器									
二氧化碳									
清水泡沫									
消防组建议									

表 5－15　饭店防火重点部位

序号	名称/位置	所属部门	确定理由	消防负责人
1	锅炉房 H/B1	工程部	长期使用柴油作燃料，柴油罐总储量大，一旦发生火灾将影响正常供暖并引起油库爆炸。	锅炉房主管
2	总变电室 H/B2	工程部	进户电压高，负担向其他配电室分配电力，是饭店、O/A 楼及商城的供电中枢。	电工经理
3	电话总机 H/B2	前厅部	该部位是饭店的通信枢纽，设有电池室，具有一定的起火危险。	电话经理
4	电脑房 A/B1	财务部	全部系进口设备，储备饭店重要信息资料。	电脑房经理
5	消防中心 H/B1	保安部	该部位是饭店的消防控制指挥中心、保安监控中心以及楼宇自动化控制中心，功能复杂，一旦发生问题将影响饭店乃至 O/A 楼的正常经营。	消防经理
6	发电机房 H/B1	工程部	该部位是应急供电中枢，一旦发生问题将导致所有消防设备无备用电力。	总工程师
7	洗衣房 H/BI	客房部	该部位设备复杂，用电量大，温度高且易燃物多，存在火灾危险。	洗衣房经理
8	多功能厅 H/3F	餐饮部	人员集中活动场所，钢屋架，木装修，用电量大，邻近厨房，一旦发生火灾不易疏散，极易造成人员伤亡。	宴会服务经理
9	食品库 H/BI	财务部	库存价值大，一旦发生火灾将造成重大经济损失。	成本经理
10	幼儿园 A/1F	物业部	有教师和幼儿若干人，幼儿的自我保护能力差，一旦发生火灾，将造成重大损失。	幼儿园园长
11	油木工间 H/B2	工程部	大量使用易燃物品，易发生火灾。	木工经理

表 5－16　火警记录报表

年　　月　　日　7:00～日 7:00

序 号	报警时间	地 点	方 式	三方确认人员签字/到达时间			原 因	复位时间
				消防确认员	值班工程师	大堂值班经理		
1				/	/	/		
2				/	/	/		
3				/	/	/		
4				/	/	/		

续表

序 号	报警时间	地 点	方 式	三方确认人员签字/到达时间			原 因	复位时间
				消防确认员	值班工程师	大堂值班经理		
5				/	/	/		
6				/	/	/		
7				/	/	/		
8				/	/	/		
9				/	/	/		
10				/	/	/		
备注								

表 5－17　饭店火灾情况调查表

<table>
<tr><td colspan="2">着火地点</td><td colspan="3"></td><td colspan="3">年　月　日</td></tr>
<tr><td rowspan="2">火警</td><td>设备报警</td><td></td><td>地点</td><td></td><td>时间</td><td colspan="2"></td></tr>
<tr><td>报告者</td><td></td><td>地点</td><td></td><td>时间</td><td colspan="2"></td></tr>
<tr><td rowspan="2">灭火人员</td><td>保安部</td><td colspan="6"></td></tr>
<tr><td>其他部门</td><td colspan="6"></td></tr>
<tr><td colspan="2">采用措施</td><td colspan="6"></td></tr>
<tr><td colspan="2">设备动用</td><td colspan="6"></td></tr>
<tr><td colspan="2">扑灭时间</td><td colspan="3"></td><td colspan="2">事故责任人</td><td></td></tr>
<tr><td colspan="2">起火原因</td><td colspan="3"></td><td colspan="2">火灾损失</td><td></td></tr>
<tr><td colspan="8">火灾现场记录：</td></tr>
<tr><td colspan="4">消防组意见：

年　月　日</td><td colspan="4">保安部意见：

年　月　日</td></tr>
<tr><td colspan="4">总/副总经理意见：

年　月　日</td><td colspan="4">安委会意见：

年　月　日</td></tr>
</table>

表 5-18　消防月报

（______年______月）

中控室接报警______次

施工动火　______次

环境不良　______次

设备故障　______次

人为因素　______次

商城区域　______次

消防演习　______次

火灾事故______起　____

____

____

消防巡视______次　发现确认问题共________，主要是：

消火栓箱器材损坏或丢失________个

防火门设备损坏________个

手动报警器损坏________个

安全出品疏散指示灯问题________个

消防电话丢失或故障________个

灭火器丢失或损失________个

纠正各种违反

消防法规行为________人次　其中：____

____

____

一级消防安全检查________次　其中：二级________次，三级________次

发现问题________个

解决问题________个

需要解决的主要问题：____

____

____

填报修理

设备派工单________张，共________点，已修复________个点

开具动火证________张

参加旅游局会议________次　议题：____

____

接待消防官员________次　来店目的：____

____

____

消　防　培　训________次　科目：新员工入店培训________次

义务消防队培训________次

续表

消防演习________次　　地点：________ 目的：________ 布置宣传橱窗________年第________期　主题：________ 清洁整理灭火器________具，灭火栓箱________个 调配灭火器________个，区域：________ 消耗灭火器________具，原因：________ 修复灭火器________具，类别：________ 申报施工图纸________份　________ ________ 本月施工场所________个　________ ________ ________ 下月消防培训主题：________ ________

表 5－19　饭店天然气表盘及阀门位置

（不包括 O/A 楼 162 套）

部　位	管辖区域	备　注

第六节　消防安全奖惩制度

一、明确饭店奖惩制度的目的、依据和奖惩对象

1. 目的。通过对在消防工作中出现的正确与错误的典型事例所涉及的部门或个人实施奖励或惩罚,使广大员工受到消防知识教育,提高全员消防意识。

2. 依据。《中华人民共和国消防条例》及《中华人民共和国消防条例实施细则》,《中华人民共和国治安管理处罚条例》,当地防火安全责任制暂行规定,饭店员工安全手册。

3. 奖惩对象。部门、分部门、班组、员工、临时工及外来人员。

二、奖惩办法

1. 权限。饭店防火安全委员会授权保安部实施奖惩人民币一定限额的权力。饭店总经理有权直接做出奖惩决定,包括奖励现金、实物或给予其他待遇和处分。各部门领导可参照此制度奖惩本部门员工,奖惩形式仅限于调整工资档次,或使用“警告通知单”和“过失通知单”,而不涉及现金,并且不与保安部实施的奖惩重叠。

2. 奖励。通常的奖励形式为奖金,奖励尺度由保安部确定,并办理现金申请手续,获得批准并领到现金后,向获奖部门或个人致函,并抄送相关部门。获奖者接到书面通知后,携带本人员工证到保安部领取奖金。

3. 惩罚。保安部视违纪情节轻重选择以下四种惩罚形式:(1)口头警告并填写员工违纪通知单(表4－7),部门领导接此通知后自行处理。(2)填写员工警告通知单,经当事者、保安部消防经理和人事部总监签字即生效。一页留保安部存档,一页交人事部办理扣款手续,一页由部门领导转交当事者。(3)填写员工过失通知单,经当事者、保安部总监和人事部总监签字即生效。一页留保安部存档,一页交人事部办理扣款手续,一页由部门领导转交当事者。(4)填写违章罚款通知单(表5－20),经保安部总监签字即生效。第一联保安部存档,第二联交人事部,第三联交部门领导转交当事者。付款形式分为缴纳现金和工资扣款两种。现金罚款由保安部当月上缴财务部,工资扣款由人事部办理扣款手续。对集体的罚款应注明部门、班组名称和所有被罚人员姓名。

表 5－20　违章罚款通知单

PENALTY NOTIFICATION

年　　月　　日

被罚款人姓名　Name	部门　Department
罚款原因　Reason	
罚款数额 Amount	人民币　　　　元 RMB ¥
付款形式 Payment	即时 At time 工资扣除 Deduction
执行人姓名 Executed by	
职务 Position	
保安部领导签字 Security officer signature	

三、奖惩条件

（一）奖励

凡具备下列条件之一的部门或个人，可在日常或年终受到奖励：

1. 部门防火负责人重视消防工作，经常开展防火安全教育，坚持经常性地对本部门进行防火安全检查，及时整改火险隐患。辖区内的消防器材、设施、设备维护良好。员工防火意识强，严格遵守各项防火管理制度和规定。义务消防队员按要求参加活动,并发挥作用。

2. 在当地消防局、当地旅游局和上级总公司进行的消防检查、考核、智力竞赛等活动中,有出色表现的部门或员工。

3. 热忱关心、积极参与消防工作,并做出一定贡献的员工。

4. 在消防工作方面提出合理化建议并被采纳的员工。

5. 对违反消防管理制度、规定的行为敢于制止和上报的员工。

6. 发现火险隐患及时报告,避免饭店蒙受重大损失的员工。

7. 遇火灾扑救及时,措施得力,将火灾损失减小到最低限度的员工。

(二)惩罚

凡有下列行为之一的部门和个人,将受到惩罚:

1. 部门员工防火意识普遍较差,员工消防违纪比例高,并因集体违反饭店防火管理制度和规定,酿成火灾事故或造成恶劣影响的部门或部门领导。

2. 违反饭店防火管理制度和规定,不按消防技术规范和安全操作规程作业而导致火灾事故,造成一定损失或不良影响的直接责任者和直接领导者。

3. 违反饭店防火管理制度和规定,且无视公安消防部门或保安部劝阻或处罚的。

4. 接到"火险隐患通知书"后消极对待的责任者。

5. 违章吸烟者。

6. 违章动用明火的作业者及其直接领导。

7. 无故挪动、损坏消防器材、设施、设备。

8. 堆积物品堵塞消防通道、消防楼梯、消防电梯前室,或影响消火栓箱及其他消防设施、设备正常使用的。

9. 工程人员维修、调试、改造消防设施、设备,使其失去或改变原有功能却不报告保安部和消防控制中心的。

10. 未经饭店保安部同意,且未获得当地消防局颁发的"工程施工现场消防安全许可证"就非法进行具有一定规模的新建、扩建、改建及装修工程的施工负责人和直接责任者。

第七节　消防、保安监控中心管理制度

一、消防、保安监控中心管理规定

1. 严禁迟到、早退。无故迟到、早退10分钟以上者，给予口头警告1次；迟到、早退累计3次视为旷工1次；迟到、早退30分钟以上者，按旷工处理；特殊情况应经中控室主管批准。

2. 坚守岗位，保证消防座机、监控、巡视三个岗位24小时有人。接班人员因故不能准时到岗的，当班人员应主动顺延工作时间直到接班人员到岗，或请示主管安排替班，不得擅离职守。

3. 中控室内必须保证有两人值班，如有人因特殊原因需外出时，应将巡视人员呼回。

4. 因故不能上班时（包括倒休），需提前24小时征得中控室主管的同意。

5. 负责维护中控室内的器材和设备，严禁私自拆卸设备或不按程序操作设备；严禁磕碰、损坏设备；严禁无关人员触动、使用室内设备。

6. 消防、保安监控的所有文字材料、特定指示及录像内容均属内部保密范围，任何人无权向他人透露或外借。

7. 接报警、传警、应急广播、接受故障客梯客人求救、解答他人提出的问题及与其他部门沟通情况时，应做到文明礼貌，反应敏捷，语言精练，准确无误。

8. 消防巡视员在进行消防巡视时，要认真做好记录，并注意仪表仪容，举止得体。处理违章要有理、有力、有节，不徇私情。

9. 保安监控员应认真监控屏幕，发现问题应立即报告。严禁扣压情况，擅自处理。

10. 不得接受任何人委托或擅自动用室内一切与消防、保安有关的设备。

11. 严禁在控制室内吸烟、吃零食、嬉笑、打闹，值班员在岗期间不得睡觉，严禁做与工作无关的事情。

12. 工作期间必须着饭店统一配发的工服。

13. 控制室内电话为火警应急之用，必须保持线路畅通，任何人不得因私事占用。

14. 除保安部总监、经理、消防经理同意外，不得在控制室内接待、容留任何无关人员。

15. 要经常检查通信器材，保证通信器材完好、有效、畅通。

16. 遵守员工手册中规定的各项要求。

17. 严格交接班制度，认真填写工作记录，并负责转达上级的各项要求。

18. 巡视人员应按指定的区域和路线进行巡视检查，不得做与本职工作无关的事情。

二、监控中心职责

1. 监控中心属饭店要害部位，负责饭店消防安全，保证治安安全，发生紧急情况时指挥通信联络。

2. 监控中心作为饭店的消防控制室，负责对饭店整个区域的火灾进行监视、预报、确认和扑救。

3. 监控中心作为饭店保安监控室，负责通过电视监控，保证饭店各出入口、重要区域、重要部位的安全。

4. 监控中心负责对全店的消防电梯、服务电梯的安全运行进行监控，确保电梯运行安全，及时发现问题。

5. 在紧急情况时，监控中心负责饭店通信联络，传达信息，发布店领导指示，播放应急广播。

6. 监控中心负责检查饭店固定消防设备、设施，负责对饭店轻便灭火器材进行检修、保养、配置。

三、电视监控员职责

1. 全面熟悉、掌握治安监控方式和探头控制的具体区域。

2. 认真监视屏幕，发现问题及时汇报，并详细记录时间、地点、内容，重要情况应录像存档。

3. 每 5 分钟记录 1 次屏幕情况，每小时检查 1 次监控探头工作情况。

4. 严格遵守保密制度，不得向无关人员传授操作方法或让其观看监控情况。

5. 做好每日的工作记录和交接班记录。

四、电视监控各分镜头职责

1 号镜头：负责监控前台收款处，观察前台收款台内是否有员工在岗；注意发现收款台附近的可疑人、物；注意监控结账客人所携带物品的安全。

2 号镜头：负责监控前台接待处，观察前台接待、问讯各台内是否有员工在岗；留意在大厅活动的人员和放置的物品，并注意监控客人所携带物品的安全。

3 号镜头：负责监控大堂酒吧，观察酒吧营业情况；注意各类可疑人员如窃贼、单身女性、酗酒闹事者等;注意大堂是否有人闹事。

4 号镜头: 负责监控大厅客用电梯厅,对由此进入客房区域的人员和物品进行监控。

5 号镜头: 负责监控 5 层客用电梯厅,对进入该楼层的人员和物品进行观察,注意发现可疑人员及可疑物品;注意发现与客房无关的服务人员进入客房区;注意夜间在楼层活动的所有人员。

6 号镜头: 负责监控 6 层客用电梯厅,对进入该楼层的人员和物品进行观察,注意发现可疑人员及可疑物品;注意发现与客房无关的服务人员进入客房区;注意夜间在楼层活动的所有人员。

7 号镜头: 负责监控 7 层客用电梯厅,对进入该楼层的人员和物品进行观察,注意发现可疑人员及可疑物品;注意发现与客房无关的服务人员进入客房区;注意夜间在楼层活动的所有人员。

8 号镜头: 负责监控 8 层客用电梯厅,对进入该楼层的人员和物品进行观察,注意发现可疑人员及可疑物品,注意发现与客房无关的服务人员进入客房区;注意夜间在楼层活动的所有人员。

9 号镜头: 负责监控 9 层客用电梯厅,对进入该楼层的人员和物品进行观察,注意发现可疑人员及可疑物品,注意发现与客房无关的服务人员进入客房区;注意夜间在楼层活动的所有人员。

10 号镜头: 负责监控 10 层客用电梯厅,对进入该楼层的人员和物品进行观察,注意发现可疑人员及可疑物品,注意发现与客房无关的服务人员进入客房区;注意夜间在楼层活动的所有人员。

11 号镜头: 负责监控 11 层客用电梯厅,对进入该楼层的人员和物品进行观察,注意发现可疑人员及可疑物品;注意发现与客房无关的服务人员进入客房区;注意夜间在楼层活动的所有人员。

12 号镜头: 负责监控 12 层客用电梯厅,对进入该楼层的人员和物品进行观察,注意发现可疑人员及可疑物品;注意发现与客房无关的服务人员进入客房区;注意夜间在楼层活动的所有人员。

13 号镜头: 负责监控 13 层客用电梯厅,对进入该楼层的人员和物品进行观察,注意发现可疑人员及可疑物品;注意发现与客房无关的服务人员进入客房区;注意夜间在楼层活动的所有人员。

14 号镜头: 负责监控 14 层客用电梯厅,对进入该楼层的人员和物品进行观察,注意发现可疑人员及可疑物品;注意发现与客房无关的服务人员进入客房区;注意夜间在楼层活动的所有人员。

15 号镜头: 负责监控 15 层客用电梯厅,对进入该楼层的人员和物品进行观察，注意发现可疑人员及可疑物品；注意发现与客房无关的服务人员进入客房区；注意夜间在楼层活动的所有人员。

16 号镜头：负责监控 16 层客用电梯厅，对进入该楼层的人员和物品进行观察，注意发现可疑人员及可疑物品；注意发现与客房无关的服务人员进入客房区；注意夜间在楼层活动的所有人员。

17 号镜头：负责监控餐厅门口及酒吧休息区域，对在此区域里休息的人员进行观察。注意发现可疑人员及物品，注意监控客人所携带物品的安全。

18 号镜头：负责监控饭店 18 层健身房区域，注意发现可疑人员及物品，及可能闹事的迹象。夜间注意发现进入健身房区域的人员。

19 号镜头：负责监控地下停车场，保证停放车辆安全。对停车场内的闲杂人员进行观察，注意发现可疑物及危及行车安全的物品，保证车库出入口畅通。

20 号镜头：负责监控大厅楼梯，注意由此进入宴会、会议区域的人员和物品。举行大型活动时，对上下楼梯的人员进行观察。

21 号镜头：负责监控大厅区域、大宴会厅及走廊，对大厅区域进行观察，注意发现可疑人物及可疑迹象，特别注意在非正常工作时间在此区域活动的人员。举行大型活动时，对现场进行观察。

22 号镜头：负责监控员工通道，对员工进出饭店的情况进行观察，密切注意进出员工通道的其他人员和物品，注意发现可疑迹象。

23 号镜头：负责监控客用保险箱，注意在该处活动的任何人员，阻止无关人员进入该室，并对客人存取物品的情况进行观察，确保正确履行安全手续。

24 号镜头：负责监控饭店正门区域，观察由此门进出饭店大堂的人员和物品。注意乘坐出租车到店客人随身携带物品的安全。举办大型活动时，注意交通状况和发现可疑人员、物品。

25 号镜头：负责监控饭店西门，观察由此门进出饭店的人员和物品。夜间注意监控进出的人员。

26 号镜头：负责监控地下停车场西车道，观察由此进出车库的车辆和人员及其携出饭店的物品。注意发现车道上是否有阻碍车辆行车的障碍物。

27 号镜头：负责监控地下停车场东车道，观察由此进出车库的车辆和人员及其携出饭店的物品。注意发现车道上是否有阻碍车辆行车的障碍物。

28 号镜头： 负责监控饭店卸货月台，监控由此进出饭店的人员和物品，注意保护存放在卸货月台区域里物品的安全。观察卸货车辆的运行、停放情况，发现是否有员工由此出店。

29 号镜头： 负责监控饭店锅炉房卸煤区，观察由此处进出饭店的锅炉房区域的人员、车辆、物品的安全。注意保持车道畅通。监控存煤区消防情况。

30 号镜头： 负责监控商城卸货月台，观察由此处进出饭店的锅炉房区域的人员、车辆、物品的安全。注意保持车道畅通。监控存煤区消防情况。

执行所有监控任务时，都应同时监控区域内的消防安全。

五、消防值班员职责

1. 严密监视消防控制台及打印机的信号，准确判断、正确处理各种信息和报警，并认真填写消防中心值班记录表(表 5 – 21)。

表 5 – 21 消防中心值班记录表

FIRE MINUTES NO.

值班员 ON DUTY		日 期 DATE	____年____月____日____时____分至____日____时____分	
报警时间 ALARM TIME	区 域 ZONE	原 因 REASON	处理情况 TREATMENT	恢复时间 RETURE TIME
值班记事 NOTES				
值 班 人 RELAYS			时 间 TIME	

2. 接到火警讯号后，应迅速、准确地按一级报警程序通知相关部门和人员。

3. 接到报警现场的确认报警后，应迅速、准确地执行二级报警程序，并进行灭火准备。

4. 接到或发现设备故障，应立即通知工程部，并做好处理记录。

5. 负责向下一班交代本班发生的各种情况，包括火警、误报、故障、联动等。

6. 负责向下一班交接消防监控设备和当班使用的各种物品和未完成的其他工作。

7. 做好本班的值班记录。

六、消防巡视员职责

1. 负责检查巡视区域消防设施情况，包括消防水池、消防泵房、排烟阀、防火门、疏散指示、应急照明灯的现状等，发现问题应及时处理或报告上级主管，并通知工程部修复，做好记录。相关巡视工作任务表参见表 5－22。

2. 负责检查、保养、维护、配置整个饭店区域内的轻便灭火器和消火栓箱，确保这些器材灵敏有效，发现问题应及时修理或更换。

3. 负责检查、巡视饭店各要害部位、重要部位、公共区域、施工区域的防火安全情况，发现问题应及时纠正和处理。重大问题应及时报告，并做好巡视记录。

表 5－22　饭店保安部例行消防工作任务表

周期	项　　目	位置	次数	责任人	周期	项　　目	责任人	次数	方式
每日	消防泵房水池水位	H/B3	2	消防巡视员确认	每月	消防月报	经理	1	递交
	消防泵房水罐水位	H/B3	2			消防电梯运行	主管	1	检查
	喷淋系统管道压力	H/B3	2			消防电话座机	主管	1	检查
	消火栓系统管道压力	H/B3	2			应急发电机空载运行	主管	1	监督
	喷淋水罐压力	H/B3	2			消防安全检查	主管	10	实施
	喷洒系统空气压缩机	H/B3	2			初级消防演习	经理	1	实施
	喷洒系统水表	H/B3	2			轻便灭火器的替代	主管	1	实施
	湿式喷洒阀门状况	H/B3	2			消防组例会	经理	4	实施
	干式喷洒阀门状况	H/B3	2			消防宣传橱窗	主管	1	实施
	水泵阀门状况	H/B3	2			义务消防队培训	经理	1	实施
	消火栓系统供水阀门	H/B3	2						
	消防中控室 1301 系统	H/B1	2						

续表

周期	项　目	位置	次数	责任人	周期	项　目	责任人	次数	方式
每日	发电机房1301系统	H/B1	2		每年	报警探头清洗	经理	1	
	锅炉房1301系统(2个)	H/B1	2			厨房灭火系统	主管	2	
	电话总机1301系统	H/B2	2			水喷淋系统试验	经理	1	
	总变电室1301系统	H/B2	2			消火栓系统出水试验	经理	1	
	变压器室1301系统	H/B2	2			消防水幕系统模拟试验	经理	1	
	财务部1301系统	O/A/B1	2			干式消防水系统防冻	主管	1	
	1.1#配电室1301系统	FSS/B1	2			室外地下消火栓井	主管	2	
	1.2#配电室1301系统	FSS/B1	2			消防水泵接合器	主管	2	
	3.1#配电室1301系统	O/A/B1	2			应急广播系统试验	经理	2	
	3.2#配电室1301系统	O/A/B1	2			1301系统维修	主管	1	
	安全出口灯		1/2			中控人员消防考试	主管	4	
	疏散指示灯		1/2			轻便灭火器的维修	经理	1	
	防火门/电动防火门		1/2			电动防火门联动	主管	2	
	防火卷帘门		1/2			防火卷帘门联动	主管	1	
	施工动火	现场	1			防烟、排烟系统试验	主管	1	
	轻便灭火器		1/2			应急发电机负荷运行	经理	1	
	消防电话座机		1/2			消防电话插空	主管	2	
	厨房灭火系统		2			中级消防演习	经理	1	
	消防疏散楼梯通道		1/2			高级消防演习	总监	1/2	
	消防电梯运行		1/2						
	消火栓箱		1/7						
	纠正各种消防违章现象								

4. 接到消防报警后，立即协同相关部门人员到报警地点进行确认。对于误报，立即通知消防中心将联运信号复位；对于初起小火，立即采取措施灭火，然后通知消防中心。

5. 经确认发生本人不能控制的火情，立即将火场信息反馈给消防中心，讲明起火地点、部位、火势、燃烧物等情况。

6. 灭火前，听从现场最高职务者的指挥，采取措施控制火势，疏散无关人员。

灭火中担负火场通信联络工作，灭火后负责联运信号的现场复位，交接、清点、保管相关器材，并写出火情报告。

7. 火情被确认后，负责登记火警记录表，督促火情确认人员签名。填完火情确认表后，返回消防中心。

七、消防、治安监控中心交接班程序

1. 消防、治安监控中心系饭店要害部位，必须保证执行不间断的连续工作方式，以保证工作的连续和完整。

2. 消防、治安监控中心实行 24 小时三班工作制，交接班工作在每班正式上岗前 10 分钟进行，交接责任人分别为上、下班的小组负责人。相关的交接班记录参见表 5－23。

3. 交接内容是：(1) 正在工作中的各种设备、设施，运行中的各数据和信号，包括报警屏幕、打印机、录像机及工作台上各信号灯及按钮。(2) 各种工作器材、对讲机、插孔电话、应急灯、录像带、录音带、应急钥匙，检查器材数量是否完好无损。(3) 当班工作所需要的各种表格、火警报告书。(4) 当班时所发生的各类已处理和未处理的报警和保安监控情况。(5) 当班时饭店各类消防设施、设备的运行情况，以及故障设施名称及处理结果。(6) 清点监控探头数目。

表 5－23　消防控制中心交接班记录

<table>
<tr><td colspan="6">年　月　日　时　分至　月　日　时　分</td></tr>
<tr><td colspan="6">备　忘　录

</td></tr>
<tr><td>设备名称</td><td>警　铃</td><td>广　播</td><td>电动防火门</td><td>防火卷帘</td><td>1301</td></tr>
<tr><td>现　状</td><td></td><td></td><td></td><td></td><td></td></tr>
<tr><td>设备名称</td><td>监控设备</td><td>灶头灭火</td><td>消 防 泵</td><td>消防水池</td><td>喷淋水罐</td></tr>
<tr><td>现　状</td><td></td><td></td><td></td><td></td><td></td></tr>
<tr><td rowspan="3">交接物品</td><td>钥　匙　把</td><td>插孔电话　个</td><td>防毒面具　付</td><td colspan="2">水带分配器　个</td></tr>
<tr><td>手　机　个</td><td>阀门开关　个</td><td>战 斗 服　套</td><td colspan="2">工 具 车　辆</td></tr>
<tr><td>应 急 灯　个</td><td>广播磁带　盘</td><td>录 像 带　盘</td><td colspan="2">大 力 钳　把</td></tr>
<tr><td>交班人员</td><td colspan="3"></td><td>班次</td><td></td></tr>
<tr><td>接班人员</td><td colspan="3"></td><td>班次</td><td></td></tr>
<tr><td></td><td colspan="3"></td><td></td><td></td></tr>
</table>

4. 交接程序是:(1)上岗前15分钟,所有当班的中控室员工应着装完毕到达中控室。(2)由交班组长向接班组长按上述交接内容交代工作 。(3)接班组长仔细清点和察看全部交接物品。(4)接班组长试运行一遍正在工作的设备,确认设备运行正常。(5)接班组长在交接班工作记录上签字、接管。(6)接班组长清点上岗工作人员数量,并提出当日要求。(7)接班人员从岗位上替换下班人员。

5. 交接班的责任是:(1)凡属设备、设施交接不清发生损失和纠纷的,责任由接班组长负责。(2)凡属当日发生的各种情况、报警、设备故障、领导任务等因交接不清导致出现差错的,责任由交班组长负责。(3)交接时发生任何问题,交班人交代不清的,接班组长有权利不接。(4)接班人员未能全部到齐的,交班组长不得下班。(5)签字后,接班组长开始承担责任。

八、消防、治安监控中心每日工作程序

1. 交接班工作完毕后,中控各岗人员按规定职责上岗,随时做好赴火灾现场的准备。

2. 消防值机员的工作程序是:(1)接班后检查工作中所需的各类器材,如对讲机、插孔电话、应急钥匙等的状况及存放位置。(2)检查中央控制台的运转情况,试灯、试应急广播、试麦克风、试打印机。(3)检查电脑显示的各种信息,了解火情和故障情况,判断中央控制台是否继续工作。(4)上述程序检查完毕,确认无问题后开始正常的监控工作。(5)接到报警后,先消音,再确认报警的地点,并依次通知火灾确认员、大堂值班经理、工程部值班工程师(商城消防值班室),在火警记录本上记录报警基本情况,等待现场确认。(6)接到现场确认员报告后,应区分不同情况做出不同处理:火情如属误报,应将联运信号复位,并记录复位时间和误报原因;如果火情被确认,应执行二级报警程序,开始灭火工作。(7)接到故障报警信号后,先消音,再确认故障报警是否属实,然后向工程部发派工单。(8)接到电梯求救信号后,通过电话与呼救人联络,询问情况,安慰被困者,及时通知工程部抢修,并通知大堂值班经理去解救地点向被困人道歉。

上述任何一项工作结束后,即恢复正常监控方式。

九、保安监控员工作程序

1. 接班后,检查监控设备的工作状态,确认所需器材如录像机、录像带及操作钥匙的数量及存放位置。

2. 运行和检查一遍所有的监控探头,确认监控设备运行正常。

3. 检查上班值班记录,了解全天饭店的安全要求及是否有遗留问题。

4. 上述工作结束后,开始正式监控。

5. 每逢正点,应对整个监控探头进行清点,检查探头有无故障或丢失,监控区域是否对位。

6. 每5分钟做一次全部探头的监控记录,每5分钟对特殊要求的重要活动场面做一次记录。

7. 发现可疑情况或问题时,应将该现场的监控镜头由扫描状态调至定位状态,以便仔细观察、辨别现场情况,必要时向上级主管报告和做好记录。

8. 对重要活动和重要人物进行监控录像和跟踪录像。

上述任何一项工作完成后,即恢复正常监控程序。

十、消防巡视员工作程序

1. 接班后,检查确认火情和巡视工作所需器材和设备,如对讲机、插孔电话、应急灯、应急钥匙及巡视记录表是否齐备,能否正常工作。

2. 根据巡视工作程序,按规定的时间、地点和路线进行消防巡视。巡视中注意和中控室保持联系。巡视结束填写"消防巡视记录表"。

3. 接到消防监控中心的火警报告后,立即带好所需器材去报警地点,按应急方案进行火情确认。在巡视途中接到火警报告后,应立即中断巡视。

第八节　消防、保安监控中心巡视细则

一、巡视范围

一类重点部位

11个场所:电脑房、配电室、总变电室、电话总机、应急发电机、锅炉房、消防中心、泵房、木工间、油工间、仓库区域。

二类重点部位

×个餐厅:(略)。

×个厨房:(略)。

消防设施和设备

A组:火灾探测器、火警显示盘、喷淋头、喷淋管网阀门、水流指示器。

B组:轻便灭火器材×具、重点机房×个。

C 组:消火栓箱、消防通道、防火门、电动防火门、卷帘门、疏散指示标志、安全出口标志、消防电梯、消防楼梯、手动报警器、警钟。

施工场所

(略)。

办公数/公寓楼

所有公共区域和各出租办公室及其他重点巡视部位。

消防设施和设备规定区域的划分

一区:饭店辖区及商城所有地下部分。

二区:饭店×~×层。

三区:O/A 楼×~×层。

注:消防控制中心三班倒,每班负责一个区。

二、每日巡视次数、时间及对象

次数	时间	巡视对象
第一次	9:00 -9:40	规定范围、消防设施和设备的 A 组。
第二次	9:45 -10:25	规定范围、消防设施和设备的 B 组。
第三次	10:30 -11:10	规定范围、消防设施和设备的 C 组。
第四次	13:00 -14:00	二类重点部位防火例行检查。
第五次	14:05 -16:05	一类重点部位防火例行检查。
第六次	18:30 -19:10	规定范围、消防设施和设备的 A 组。
第七次	19:15 -19:55	规定范围、消防设施和设备的 B 组。
第八次	20:00 -20:40	规定范围、消防设施和设备的 C 组。
第九次	20:45 -22:45	一类重点部位防火例行检查。
第十次	0:30 - 1:30	二类重点部位防火例行检查。
第十一次	2:00 - 2:30	O/A 楼例行检查。
第十二次	4:00 - 4:30	锅炉房例行检查。
第十三次	6:00 - 6:30	锅炉房例行检查。

三、巡视路线

一类重点防火部位

电脑房→配电室→总变电室→电话总机→木工间→油工间→地下仓库区域→消防泵房→应急发电机房→锅炉房→管事部仓库→地下一层冷库区域→消防中心。

二类重点防火部位

各饭店可根据餐厅和厨房的布局及位置合理确定巡视路线。

消防设施、设备

各饭店可根据消防设施、设备的布局及位置合理确定巡视路线。现举例如下：

一区：下B3层由东向西经L2.7楼梯至B2，经L2.8楼梯至地下1层，依次巡视23#/28#机房、22#机房、锅炉房、西部疏散楼梯、卸货平台、中部疏散楼梯，至餐厅经L2.7出口，由警车库西坡道下至地下车库，依次巡视34#机房，壁球厅，33#、32#、31#机房，财务部，最后回中控室。

四、巡视程序及巡视内容

一类重点防火部位巡检内容

1. 1301系统。检查确认控制盘显示、压力表指示、系统外观及连接状况，记录钢瓶环境温度，查看该1301系统所保护的重点防火部位有无火险隐患或异常情况。

2. 消防泵房。检查确认泵房里外间水池水位浮标在安全水位，喷淋水罐水位在玻璃管中部，喷淋系统管道、消火栓供水管道、水罐压力表显示的压力在0.8~1.2MPa，干式喷淋压缩空气减压阀指示在150Psi，喷淋系统水表指示在800kPa以上，喷淋系统阀门、干式喷洒阀门、水泵阀门、消火栓系统供水阀门处于开启状态，消防电话座机畅通。

3. 油工。检查确认是否有违章吸烟、交叉作业现象及火种、电热器具、易燃液体使用保管不善、气味过浓。

4. 木工。检查确认是否有违章吸烟，火种、刨花、锯末等是否积存过多。

5. 仓库区域。注意发现异响。

二类重点防火部位巡检内容

重点巡视检查是否存在下列现象：

1. 餐厅。烟灰缸内有遗留火种，酒精炉、边灶炉、临时灶具靠近可燃物，可燃气泄漏，灶具软管过长或靠近火焰，有燃烧着的香、蜡烛。

2. 厨房。天然气泄漏，使用的灶具特别是炸锅无专人看管，厨师未按规范要求进行操作，灶头灭火系统未处在准灭火状态。

消防设施、设备巡检内容

1. 火灾探测器。重点巡视检查是否存在下列现象：探头脱落、损坏，探头上有悬挂物品，探头被遮挡。

2. 火警显示盘。重点巡视检查显示盘外观和报警点。

3. 喷淋系统。重点巡视检查喷淋头是否损坏、被遮挡，喷淋头上是否有悬挂物品，水流指示器外观是否完好，阀门状态是否良好，阀门周围是否有障碍物。

4. 消火栓箱。灭火器、火枪、水带、手动报警器、手轮、螺母、箱体是否丢失、损坏，插孔电话是否畅通。检查完毕，应在箱内记录表上签字，每年对消火栓箱保洁两次，重点部位的消火栓箱应随时保洁。

5. 应急照明系统。重点巡视检查安全出口灯和疏散指示灯长明状况和充电状况，系统是否丢失、损坏。

6. 防火门、电动防火门。重点巡视检查闭门器、吸门器、门把手、装闭门器的防火门是否保持关闭状态。无火警时，电动防火门是否保持常开状态。每日20:00－20:40 第八次巡视期间，除巡视责任区域外，还应重点确认 16 个紧急疏散防火门是否畅通无阻。这 16 个防火门的位置是：

饭店区域 10 个：

◆东消防楼梯 1 层有 2 个

◆西消防楼梯 1 层有 2 个

◆中部消防楼梯 1 层有 1 个，地下 3 层有 3 个

◆贵宾停车场内东侧 1 个

◆贵宾停车场内西侧 1 个（两入一出）

O/A 楼区域 6 个：

◆网球场西侧 1 个（两入一出）

◆员工宿舍通向 L3.3 1 层有 1 个

◆员工宿舍通向 L3.4 1 层有 1 个

◆员工宿舍通向 L3.5 1 层有 3 个

主食品库内疏散通道的防火门平时是否锁闭。紧急疏散需要开启时，由保安部总监或消防经理下达命令，警卫队负责用备用钥匙开启正门，消防警卫负责用专用钥匙开启通往户外的防火门。

7. 卷帘门系统。重点巡视检查门帘位置是否正常，门下是否有障碍物，控制开关是否被破坏。

8. 轻便灭火器。重点巡视检查压力表指示位置是否正常，安全销、喉管是否损坏或丢失，将被移动的灭火器放回指定的位置。

9. 消防楼梯和消防通道。重点巡视检查防火门是否保持常闭状态，周围是否有可燃物、障碍物堆放，通道是否畅通。

10. 消防电梯。重点巡视检查 1 层迫降开关、电梯门及各部件外观是否完好，停靠位置是否下沉，是否有异常声响。

11. 灶头灭火系统。重点巡视检查启动拉手、易熔丝、箱体、有无喷放痕迹。

12. 手动报警站。重点巡视检查手动报警站外观及玻璃是否完好，报警灯是否闪亮。

13. 警铃。重点巡视检查警铃是否脱落或被遮挡。

14. 重点机房。重点巡视检查重点机房是否存放有可燃、易燃物，是否有跑、冒、滴、漏现象，是否有违章吸烟、动火。

<u>施工现场</u>

重点巡视检查施工规模，易燃、易爆物品数量及使用情况，违章使用电器、明火、交叉作业情况，喷漆时挥发可燃气体浓度，通风措施，按动火证规定的要求对照检查动火现场。

<u>O/A 楼</u>

从外部宏观查看屋顶、窗内有无异常闪亮、火光，经各层楼道查看有无异响以及是否有可燃液体、气体泄漏、电气火灾、烟气、焦煳味等可能出现的火险情况。

第九节　饭店义务消防队章程

一、宗旨

1. 根据《中华人民共和国消防条例》和当地防火安全责任制暂行规定，组建饭店义务消防队。

2. 保证饭店客人安全和财产安全是饭店员工的职责，参加饭店义务消防队是饭店员工的义务。

3. 义务消防队实行轮流制，每一名员工都要参加义务消防队 1 ~2 年。

二、组织机构

1. 义务消防队隶属于饭店防火安全委员会。

2. 消防队长由工程部总监和保安部总监担任，分队长由夜班经理和消防经理担任。

3. 防火安全委员会委托保安部消防组负责义务消防队的日常工作。

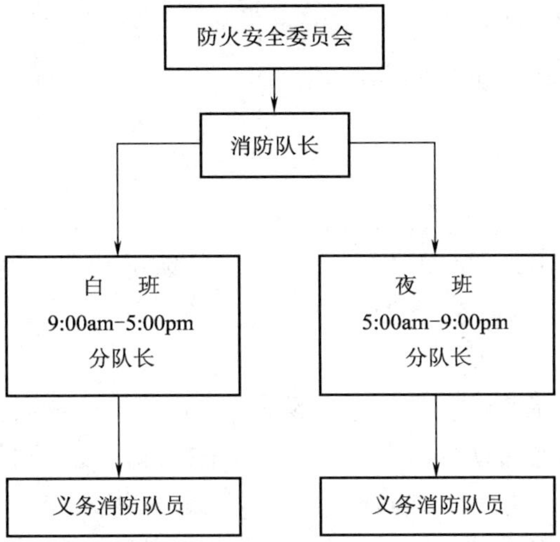

三、选拔义务消防队员的条件

1. 义务消防队员必须有良好的身体素质，责任心强，关心企业经营安危，热爱消防工作，具有一定的工作能力和组织能力。

2. 组建义务消防队实行自愿报名和部门推荐相结合的原则。

3. 夜间是消防工作的重点，应适当增加夜间工作人员中义务消防队员的比例。

四、义务消防队员的职责和任务

1. 认真学习、贯彻执行并积极宣传消防法规和饭店消防规章制度。

2. 掌握消防知识，做到两知三会。

3. 经常对本部门进行防火安全检查，纠正违章行为，排除火险隐患。

4. 保管好为本部门配置的消防设施、设备和灭火器材。

5. 参加初期火灾的扑救工作。

6. 饭店发生火灾时，参加人员的疏散工作。

7. 义务消防队员不配备专用器材，不要求队员到危及生命安全的场所去救火。

五、培训

1. 义务消防队员每日参加一次培训活动，参加培训的时间按正式出勤记录。

2. 培训内容按拟订培训大纲进行（详见第七章内容）。

六、标志

义务消防队员在当班期间应佩戴义务消防队员的徽章，徽章应佩戴于工作服左胸位置处。

七、奖惩

1. 对热爱消防工作，尽职尽责，表现积极的队员给予奖励。

2. 对发现重大火险隐患，及时报告或处理，使饭店免受损失的队员给予奖励。

3. 对在救火和疏散中表现出色的队员，向有关单位申请报功。

4. 对无故不参加活动的义务消防队员，呈报部门按缺勤处理。

5. 对本部门存在的重大火险隐患知情不报，发生火情处理不当，造成不必要损失或消极对待组织活动的队员，将视情节给予处罚。

6. 对发生火灾或造成重大火险隐患负有一定责任的队员或消极对待组织活动的队员，将视情节给予处罚。

7. 奖惩权限和尺度以饭店消防奖惩条例为依据。

第十节　灭火工作程序

此工作程序旨在指导员工如何处理火情。

一、总纲

1. 在发生火灾时，要求通信联络畅通，行动快捷。

2. 所有新到店的员工都必须阅读并掌握灭火工作要点。

3. 各部门经理应组织本部员工每六个月重新学习一遍本工作程序。

4. 发现火情时，应立即向消防中心和电话总机报告，然后由消防中心和电话总机工作人员报告值班经理或总经理/副总经理。大堂值班经理应负责初期现场指挥，并向更高级别管理人员汇报情况。

二、火灾报警程序

<u>内线电话报警</u>

一般情况下，内部电话或外部电话直接向饭店消防中心报警就是有火情发生。

外线电话报警

1. 饭店消防中心火警电话分机号码为××××××××。

2. 电话总机接到报告火警的电话，应首先报告饭店消防中心。

3. 饭店消防中心设有一部外线火警电话，用以和 O/A 楼、商城、当地消防局联系。

设备报警

设备报警是饭店装置的自动报警设施通过自动或人工手动方式向消防中心报警。

1. 离子烟感、光电烟感和温感探头自动报警信号在消防中心显示。

2. 1301 系统喷放信号和灶头自动灭火系统喷放信号在消防中心显示。

3. 手动报警按钮(易碎玻璃被击碎)信号在消防中心显示。

4. 自动喷淋系统或水流指示器报警信号在消防中心显示。

饭店消防中心

消防中心是饭店消防的监控中心，饭店所有火警必须首先报至消防中心，并由消防中心发出。

1. 饭店消防中心监视控制饭店商城所有消防系统。

2. 饭店消防中心接受任何消防报警。

3. 饭店消防中心与下列部门保持随时联系：电话总机、大堂值班经理、工程部值班室、工程部空调组、工程部消防组、商城消防值班室、当地火警台、当地急救站、当地医疗中心。

三、火情确认程序

饭店消防中心在接到火情警报时，采取的第一步骤是通知下列三方进行确认。三方是指：工程部值班工程师、大堂值班经理、消防中心消防队员。

值班工程师

1. 携带手电、机房钥匙。

2. 负责监控火灾现场的电、水、天然气、空调等各种设备。

3. 夜班可由工程部值班员负责，要求同上。

大堂值班经理及物业部当班主管

1. 除物业部辖区发生火情外，均应通知大堂值班经理到场。

2. 在物业部辖区发生火情的，则通知物业部当班主管到场，夜间由主管物业部经理或经理指定的人员到场。

3. 以上到场人员应携带万能钥匙或备用钥匙，保证联合确认人员迅速进入现场。

饭店消防员

1. 消防员平时为消防巡视员，火警发生时为消防确认员。

2. 携带对讲机、消防插孔电话、灭火器、消防门钥匙、火警记录表到现场。

现场联合确认由大堂值班经理指挥

1. 值班工程师、大堂值班经理、消防员必须在 3 分钟内到达现场确认火情。

2. 大堂值班经理负责指挥整个确认过程，担任现场指挥，指挥另两方人员。

火情误报

经确认火警为误报时，应采取下列措施：

1. 一方或两方未及时到现场联合确认时，先到场者可处理本部门管辖的应急工作。误报原因被查明、故障被排除后，应及时通知消防中心将联运信号复位，如果涉及联动空调系统、火警报警系统复位，更要及时处置。

2. 大堂值班经理负责复查是否将确认结果通知了消防中心。

3. 确认工作应在 5 分钟内结束，三方确认员应填写火警记录表。

四、灭火程序及疏散程序

真实火情二级报警

1. 三方确认人员中任何一方到现场目击真实火情后，应立即进行二级报警。

2. 对初起小火，使用携带的灭火器材或就近使用灭火器材，迅速将火扑灭，然后报告消防中心。

3. 火势扩大，不宜扑灭时，应先用电话报告消防中心。无通信手段时，可打碎就近的手动报警器再次报警，然后根据情况控制现场。

五、二级火警现场人员工作程序

消防员

1. 将火场情况详细、准确、迅速地报告消防中心，消防中心须立即通知保安部总监及电话总机。

2. 记录三方确认人员到现场时间。

3. 控制现场并采取下列措施：

(1)使用各种器材灭火,阻止火势蔓延。

(2)抢救被困人员或重要物品,同时注意保护现场。

(3)关闭周围门窗,但不上锁,减少空气流通。

(4)清理楼道内的障碍物,确认消防设备器材和疏散口的位置,为增援人员到达现场和客人撤离现场做准备。

值班工程师

1. 切断电源,防止触电。

2. 关闭空调,减少新风。

3. 保障消防设备灵敏好用。

4. 使用消防设备器材灭火。

夜间由工程师值班员负责以上任务。

大堂值班经理

1. 尽快向电话总机通报火场详细情况。

2. 命令电话总机按应急方案通知有关领导成立灭火指挥部,应指明相关部门的名称。

3. 了解现场客人和职工情况,拟订疏散方案。

4. 向灭火指挥部报告情况,并移交指挥权。

电话总机

电话总机接到大堂值班经理的正式火警报告后执行下列程序:

1. 依次向保安部总监、工程部总监、总经理/副总经理、驻店经理以及相关部门总监/经理报告火场的位置、状态和人员情况,做好电话记录。

2. 夜间则依次向保安部值班经理、工程部值班员、饭店值班经理、总经理、副总经理和相关部门值班经理报告,做好电话记录。

3. 相关部门是指与火灾有直接或间接关系的部门,部门的总监/经理到场,应有利于抢险救灾。相关部门由大堂值班经理认定,并将名单提供给电话总机。

4. 总机工作人员、前厅在岗人员、客房部值班人员负责回答客人询问:"火情正在调查中,如果需要采取进一步措施,我们将立即通知您。"

灭火指挥部

在二级报警发出后,饭店按应急方案组成灭火指挥部,负责指挥灭火和疏散工作。

1. 灭火指挥部的位置一般设在大堂值班经理处。

2. 灭火指挥部由总经理、副总经理、驻店经理、饭店值班经理、工程部总监、保安部总监和客房部经理组成。

3. 灭火指挥部应决定以下工作：

◆是否通知所有部门总监/经理

(1)否。

(2)是。给电话总机指令，并明确指示被通知者如何行动。

◆是否需要组织增援

(1)否。

(2)是。白天召集饭店义务消防队员，夜间召集各部门值班人员和员工宿舍留宿人员。

◆是否需要组织救护

(1)否。

(2)是。通知医务室　电话××××

通知饭店车队　电话××××

如有人员伤亡，应通知急救中心(电话120)。

◆是否需要组织疏散

(1)否。

(2)是。是全部疏散、还是部分疏散。

- 确定疏散区域、路线、顺序和汇合地点。

- 保安部负责消防通道、消防楼梯、消防门畅通无阻，必要时操作消防电梯，启动疏散地区的消防警钟，顺序开通应急广播系统，指导疏散。广播时要用中英文两种语言反复播送。

- 客房部派服务员到楼层引导客人疏散并负责检查疏散楼层的客房内有无滞留客人，关闭门窗但不反锁，同时做好记录。

- 前厅部负责提供客人名单，并到汇合地点清点人数。

◆是否需要报119火警台

(1)否。

(2)是。指定报警人，报警人应为专业消防人员。

- 报火警台后，还应报当地消防局和公安局饭店管理处。

- 报火警台后，应通知饭店消防中心和饭店总机。

- 保安部负责派人在正门处等候并引导消防车，指示火场部位和室外消防设备位置。

- 饭店灭火指挥部派人向专业消防指挥人员介绍情况，提供支持。

六、火灾善后

1. 保护现场。

2. 取证。
3. 与保险公司联系。
4. 调查事故。

第十一节　消防应急方案

一、消防应急方案 A（上午 9:00 至下午 5:00）

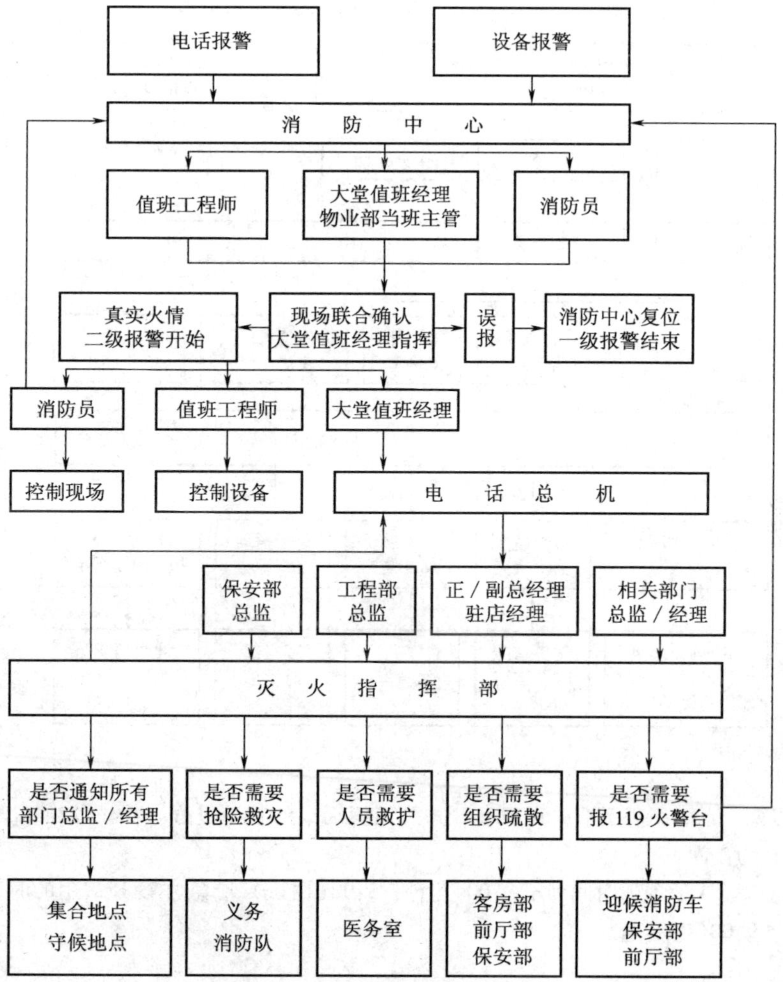

二、消防应急方案 B(下午 5:00 至上午 9:00)

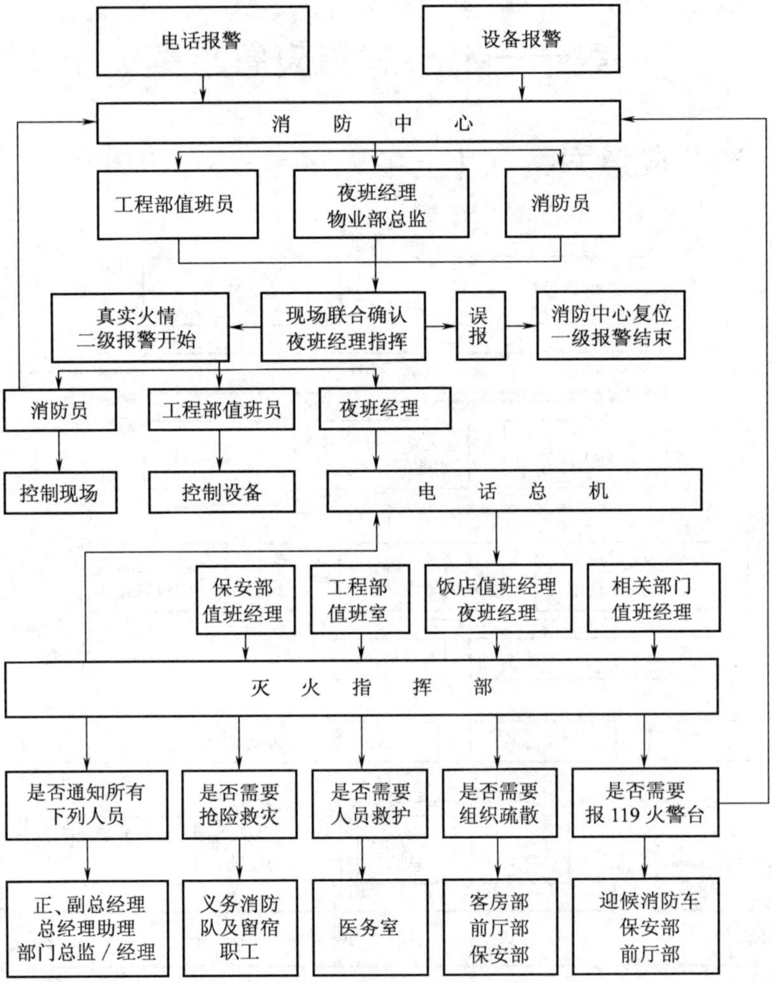

说明:

上以两个示意图表示从火灾报警开始到组织灭火的整个过程。程序分为 A、B 部分,A 为白天,B 为夜间。

应急方案 A 适用的时间为早 9:00 至下午 5:00(白班),应急方案 B 适用的时间为下午 5:00 至早 9:00(夜班)。

三、消防疏散方案

疏散原则

尽可能减少人员伤亡和财产损失。

适用范围

当饭店某个部位发生以下情况之一时，可下达该部位或该区域的疏散命令：

1. 火灾威胁到人身安全。
2. 火灾威胁到财产安全。
3. 火势蔓延，不能控制。
4. 其他危及人员生命或财产的情况。

疏散程序

1. 灭火指挥部中饭店职务最高者向饭店电话总机下达疏散命令。

2. 电话总机依下列顺序向各部门传达疏散命令：消防中心、保安部、客房部、前厅部、物业部、工程部、财务部、行政部、餐饮部、公关部。

3. 各部门按疏散方案规定的任务开始行动。疏散命令应指明疏散的范围、疏散顺序及集合地点。

疏散顺序

疏散顺序依次是：起火的房间、火场周围的房间、火场本层的全部房间、火场以上一层房间、火场以下一层房间、火场以上二层房间、火场以上三层房间……依此类推。

集结地点

根据各饭店实际实际情况确定集结地点。

部门任务

1. 消防中心接到疏散命令后，立即对需要疏散的区域以中、英、德、日、韩语反复进行应急疏散广播 10 分钟，并对不需要疏散的区域以上述语言播放安静等候指令内容的广播，将楼内所有电梯强制降到首层。

2. 保安部负责维护疏散现场秩序，保障消防通道、防火门畅通。阻拦企图乘电梯的人员乘电梯。优先帮助老、弱、病、残、儿童、妇女撤离，对行走困难者，应背、扶下梯。把守重点部位和看管贵重物品，接受客人和其他部门的求助。

3. 客房部人员要分工通知疏散区域客房内的每一位客人，并将客人疏导到安全出口。客房部人员和保安部人员一起检查所有房间，确认房间内无人后，把所有门窗都关上，以阻止火焰蔓延，然后用粉笔在门上做“√”记号。根据当时天气情况和客人具体情况，向疏散集合地的人员提供相应物品。

4. 前厅部人员负责在一层的各消防楼梯出口处接应客人，并引导到集结地点。大堂值班经理在完成三方确认后应返回大堂，对照客人住宿名单清点人数，解答、解决客人的问题、困难。

5. 当 O/A 楼发生火灾需要物业部疏散客人时，物业部应按上述客房部和前厅部的工作程序工作。根据饭店具体情况合理设置集结情况。其他工作分工不变。

6. 工程部迅速成立应急组，负责保障疏散区域的送风排烟系统、防火门等消防设备处在正常使用状态。应付工程抢险任务，并负责与市政水、电、气等管理部门的工作协调。

7. 财务部指挥人员负责维护本部门区域内的正常秩序和安全，负责将受到火灾威胁的贵重物品和文件转移到安全场所，并向保安部提出看管要求。

8. 行政部派医生到集结地点为客人提供医疗服务，准备车辆、司机，为运送伤病员或将客人送往其他饭店做准备。

9. 餐饮部指派人员维护本部门区域内的秩序，保证部门财产安全，负责将食品饮料和简易餐具送到客人集结地点，并提供服务。

10. 公关部负责统一对外的宣传口径。

部门留守

以下岗位人员不能擅离职守，除非本岗位发生火灾：

1. 消防中心。

2. 电话总机。

3. 保安部值班室。

四、一级消防演习方案

演习的目的

1. 检查消防设备情况。

2. 选择重点区域，检查可能存在的安全问题。

3. 锻炼快速反应能力，缩短火情确认时间。

报警方式

饭店消防负责人根据情况在饭店、写字楼、公寓的房间、机房、仓库、厨房等区域设置其中一种报警方式：

1. 烟感报警

2. 可燃气体探头报警

3. 击碎手动玻璃站报警

4. 喷淋水流指示器报警

5. 电话报警

消防中控室工作

消防中控室值班员接到报警信号，查清报警地点并做下列工作：

1. 呼叫消防巡视员，告知报警地点、报警类型。

2. 消防中控室值班员电话通知大堂值班经理，大堂值班经理不在前厅的，应当用消防电话立即呼叫。

3. 消防中控室立即通知工程部值班室，告知报警地点。

现场确认工作

1. 消防巡视员接到中控室通知，立即携带通道钥匙、对讲机、插孔电话及记录单到报警现场。

2. 大堂值班经理接到中控通知，迅速携带饭店万能钥匙到报警现场。

3. 工程部值班工程师（或值班员）携照明灯和机房钥匙到报警现场，消防巡视员、工程部值班工程师、大堂值班经理三方到现场确认火情。

演习情况记录

确定演习负责人，负责将下列演习情况记录在表格上（见表5－24）：

1. 查看三方携带物品

2. 到场时间和位置

3. 记录设备情况

4. 暴露的问题

五、二级消防演习方案——全店综合演习

为了饭店、宾客及员工的生命和财产安全，根据消防法规的要求和饭店防火安全委员会的决定，拟于某月某日下午某时，进行饭店消防应急、疏散方案的演习。

演习的目的

1. 使员工熟悉灭火疏散的步骤。

2. 提高管理人员的应急指挥能力。

3. 检查消防系统的工作运行状态。

演习的步骤

假设在饭店某层某个房间，客人醉酒吸烟将床褥引燃，烟感报警启动。要求房间内设1名服务员，在地毯上被烟熏窒息，床褥燃烧，房间无客人。

1. 消防中控室值班员接到烟感报警信号，迅速查清准确地点，首先呼叫消防巡视员，告知报警地点。

2. 中控室消防员用电话将报警地点通知大堂值班经理及工程部值班工程师（值班室）。

3. 大堂值班经理携带万能钥匙快速到达报警点，工程部派1名人员（电工或值班人员）到报警现场。消防巡视员如果先到报警点，应寻找最近的服务员将门打开察看情况。如属误报，应向客人说明情况。

4. 三方确认人员到现场打开报警房间门，确认火情。要求保安部消防员3分钟之内到达，大堂值班经理接到通知后3分钟之内到达，工程部人员也应尽快到达。大堂值班经理不在值班台时，中控室通知电话班，电话班寻呼或通知客务关系部人员携带万能钥匙到场。保安部消防员开门之前要用手摸门，确认门是否发热，查看门隙处是否有烟火或异常气味，查看动作应迅速。

5. 大堂值班经理用万能钥匙打开房间门，假设火场床褥正在燃烧，一男性客人倒在地上，大堂值班经理立即下令执行二级报警程序。

6. 三方行动步骤为：第一步，消防员和值班工程师将伤员拖到房外安全地带进行紧急处置。消防员迅速击碎离自己最近的手动报警器玻璃，并用消防插孔电话将火场详情告知消防控制中心。第二步，大堂值班经理利用最近的电话向电话班下达执行二级报警程序的命令。第三步，值班工程师迅速关闭电源、空调，取灭火器灭火。第四步，大堂值班经理抢救伤员，照顾客人。第五步，消防员、值班工程师铺设水龙带灭火。

7. 保安部警卫在主管或领班的指挥下，立即赶到火灾现场，参加灭火工作。

8. 电话班人员接到报警，立即通知保安部总监、工程部总监、总经理、副总经理、驻店经理、客房部经理、前厅部经理按“饭店消防应急方案”到达现场，并组织灭火工作。

9. 电话班如果得知有客人伤亡，应立即通知医务人员到现场进行抢救，将伤员抬至安全地点，同医院联系，将伤员送到医院。现场可让楼层服务员、义务消防员、餐厅服务员或保安部人员、前厅部人员等参加救护。

10. 消防中控室人员接到火灾现场的报告或假设现场情况后，要求工程部楼宇自动化中控人员将火灾区域的防排烟系统打开。具体工作步骤如下：第一步，确认楼层防排烟系统是否打开。第二步，如果用水灭火，应监视、启动消防水泵。第三步，迫降电梯于首层。第四步，监视烟感报警主机情况。第五步，要求工程部切断火灾区域电源。第六步，做好消防广播准备等。第七步，随时接受现场领导的指示，了解火灾发展情况，做相应动作。

11. 起火楼层的服务员和主管得知或听到该层火警警铃后立即到火灾现场。

工作任务有:第一,推走阻碍通行的布巾车。第二,提取灭火器送到灭火现场。第三,稳定其他客人情绪。第四,参加救护。

12. 假设火被扑灭,则进行善后处理。

13. 假设火势已蔓延,现场领导则要做出如下决定:第一,通知119火警台,由电话班报警或中控室消防员报警,讲清单位、地点、发生火灾区域、火势大小。第二,动用广播或全面火警铃,召集义务消防员。火警现场应有向中控室报告火灾情况的人,这个人一般由消防员担任。广播期间,中控室可播放录音带。

14. 在当地专业消防队未到之前,饭店各部门义务消防员接到通知或听到广播后(演习可由10~20人参加),立即按饭店"消防应急方案"中的程序到一楼前厅服务梯间集合。在保安部消防主管的指挥下,携带消防工具乘坐消防电梯,到达起火层或起火层的下一层进行灭火。

15. 到达起火层后,听从现场消防员及店领导的指挥,成立若干组,有些组负责灭火,从起火房间两侧接消防水带到起火地点;有些组负责抢救伤员;电梯内留守1人负责操作电梯,禁止无关人员使用;其他人听从现场指挥人员的调动。

16. 假设火灾继续蔓延,威胁旁边房间及上一层客房。现场灭火指挥组应立即决定将起火房间两旁及对面客房的客人疏散,并派两名义务消防员或客房部主管通知上一层相应客房内的人员疏散,并让服务员接水枪,准备灭火。

17. 起火层服务员应按"消防疏散方案"的要求进行区域性的疏散工作。演习区域也可多至整个楼层。

18. 一楼前厅行李部接到火情通知后,应准备迎接地方专业消防队,并立即做好下列工作:第一,通知门童迅速疏导门前车辆,保障通道畅通,以便迎接地方专业消防队的到来,并指引通向火灾地点的道路。第二,派两名行李员守候可用电梯,禁止无关人员使用。第三,看守好职工服务梯,保障消防用梯能够正常使用(服务梯已改为消防用梯)。

19. 工程部接到确认的火情后,按"消防应急方案"行动。

20. 前厅部接到火情确认报告后,应立即打出住店客人名单,按"消防应急方案"行动。

21. 火被扑灭后,保安部负责现场警戒,保护现场,通知消防局,协助公安机关工作。饭店做好事故查处工作,并将一切消防设备复原。

22. 演习结束,将演习情况记录在表格上(见表5-25)。

六、三级消防演习方案

有时,饭店与大型商场在同一个建筑群内,甚至同属于一个管理集团,任何一方发生火灾,都会殃及池鱼,因此需要协同作战。

下面以商城区域发生火灾为例,要求饭店进行灭火行动的配合演习。

演习的目的

1. 使双方熟悉、明确火灾发生后的灭火步骤。

2. 增强协调指挥能力及扑救能力。

3. 检查消防系统的工作运行状态。

演习的步骤

1. 假设夜间在商城辖区某一层售货区电器引燃物品发生火警或一库房内发生火警,烟感报警系统启动。

2. 消防中控室接到某区烟感报警信号,迅速查清准确地点,立即电话通知商城消防值班室,电话:××××××××。饭店消防中控室值班员必须讲清报警地点,并记录商城接电话人姓名、时间。

3. 商城值班员接到报警电话,立即按商城接报确认程序,赶往报警点查看情况。假设现场因电器发生火灾,部分商品已开始燃烧。

4. 一名商城值班员用灭火器控制火势,另一名立即电话通知商城总值班室和饭店消防控制室,并击碎着火附近的手动站玻璃二次报警。

5. 消防中控人员接到商城值班员(确认员)的火情电话后,要问清火势大小、燃烧物品、现场情况是否需人员支援、是否需要启动设备等情况。

6. 消防中控人员接到商城的真实火情(二级报警)后,立即通知消防主管或保安部值班经理前往商城的着火地点。消防主管或值班经理的任务是:(1)察看火情;(2)沟通商城与饭店领导之间的联系;(3)根据商城着火现场的情况及商城指挥员的要求,向消防中心下达灭火的命令。

7. 消防主管或保安部值班经理下达下列命令:(1)派一名消防巡视员到商城着火区域,携带插孔电话、对讲机;(2)加强饭店消防中控的力量(必须2人以上);(3)饭店保安部加强饭店与商城连接部位的巡视;(4)打开大门,正确疏导客人,让消防车通过;(5)饭店保安部抽调警卫集结在警卫办公室,随时准备增援现场。

8. 在商城现场,消防主管或保安部值班经理派人员通知饭店值班经理、夜班经理及工程部值班员,告知商城着火情况(二级报警情况)。

9. 工程部接到火警情况(二级报警情况),立即派人员到商城着火现场,听从消防主管或值班经理指挥。工程部的工作任务是:(1)派1人到泵房,保证消防水泵能正常工作;(2)工程部楼宇自动化控制中心听从指令,关闭空调,打开有关区域放排烟系统;(3)工程部配电室值班员待命。

10. 消防中控室的任务是:(1)准备操作防火门、防火卷帘门;(2)准备启动水泵;(3)监视自动报警、喷淋系统、消火栓系统工作状态,并随时通报信息。

11. 假设火势蔓延,现场消防人员向饭店领导报告火灾已对饭店造成影响或构成威胁。

12. 饭店组成灭火指挥部,就下列事项迅速做出决定:(1)向 BLC 报告;(2)决定是否报 119;(3)调集饭店人员灭火,餐厅停止营业;(4)是否执行饭店应急疏散灭火方案。

13. 火被扑灭后的主要工作是:(1)消防系统恢复准动状态;(2)清理水渍对饭店地下室的影响。

14. 演习结束,将演习情况记录在表格上(见表 5－26)。

表 5－24　一级消防演习记录

<table>
<tr><td colspan="2">组织人员</td><td colspan="3"></td><td>地　点</td><td></td></tr>
<tr><td colspan="2">报警人</td><td></td><td colspan="2">消防确认员</td><td>日　期</td><td></td></tr>
<tr><td colspan="2">现场情况</td><td colspan="3"></td><td>时　间</td><td></td></tr>
<tr><td colspan="2">报警方式</td><td colspan="5"></td></tr>
<tr><td rowspan="6">三方确认情况</td><td rowspan="2">消防确认员</td><td>到场时间</td><td></td><td>本人签名</td><td colspan="2"></td></tr>
<tr><td>应带物品</td><td colspan="4">对讲机,插孔电话</td></tr>
<tr><td rowspan="2">大堂值班经理</td><td>到场时间</td><td></td><td>本人签名</td><td colspan="2"></td></tr>
<tr><td>应带物品</td><td colspan="4">万能钥匙</td></tr>
<tr><td rowspan="2">值班工程师</td><td>到场时间</td><td></td><td>本人签名</td><td colspan="2"></td></tr>
<tr><td>应带物品</td><td colspan="4">机房万能钥匙,应急灯</td></tr>
<tr><td>设备情况</td><td colspan="6"></td></tr>
<tr><td>暴露问题</td><td colspan="6"></td></tr>
<tr><td>备注</td><td colspan="6"></td></tr>
</table>

表 5－25　二级消防演习记录

演习地点		演习时间			
报警时间		报警方式			
消防中心报警通知	工程部值班室		大堂经理		消防巡视员	

确认火情	

扑救初期火灾	摸门，进客房，用万能钥匙开门	伤员		抢救	灭火		设备处理		报火警（二级报警）							消防巡视员		
		抬出伤员时间	抬出方法	人工呼吸	选择灭火器	接水带	关空调	切电源	自己姓名	着火地点	燃烧物质	火势大小	伤员情况	电话号码	对方姓名	插孔电话	报告火情	请求警卫支援，要求医务人员救护

成立灭火指挥部	电话总机通知														指挥部下达命令						时间		
															消防中控室				工程部楼宇自控		工程部		义务消防队
	保安部	工程部	副总经理	总经理	驻店经理	客房部	前厅部	行政部	公关部	销售部	餐饮部	财务部	人事部	医务室	启泵情况及时间	电梯回降	楼宇自动控制防排烟系统	广播内容时间	启动排烟风机启动正压送风	关闭相关楼层空调	泵房设人	变压室发电机房设人	听到广播或接到电话在一层服务电梯间集合

楼层服务员	将房间通道服务车推走，提取灭火器送现场	义务消防队到达时间	保安部		灭火演习	组别	接水带时间	接口质量	水带质量	组别	抢救伤员	护送方法
			工程部							抢救组		
			客房部							组别	通知相邻房间客人	引导疏散
			前厅部									
			餐饮部									
										疏散组		

续表

<table>
<tr><td rowspan="7"></td><td colspan="2">指挥部下达命令</td><td rowspan="7">进行疏散</td><td colspan="2">指挥部下达命令</td><td rowspan="7">专业消防队到场</td><td rowspan="7">火被扑灭</td><td rowspan="7">保安部保护现场</td><td rowspan="7">原来准动状态消防设备恢复</td></tr>
<tr><td>是否报“119”</td><td></td><td>着火层</td><td></td></tr>
<tr><td rowspan="2">门童迎接消防车
疏导门前车辆</td><td rowspan="2"></td><td>着火层上一层</td><td></td></tr>
<tr><td>疏散组通知客人</td><td></td></tr>
<tr><td rowspan="2">行李员在电梯处
禁止客人上楼</td><td rowspan="2"></td><td>消防中控应急广播</td><td></td></tr>
<tr><td>疏散通道</td><td></td></tr>
<tr><td>前台打出
住店人员名单</td><td></td><td>集结地点</td><td></td></tr>
<tr><td>备注</td><td colspan="9"></td></tr>
</table>

表 5－26　三级消防演习记录

<table>
<tr><td>演习地点</td><td colspan="6"></td><td>报警时间</td><td></td></tr>
<tr><td>演习时间</td><td colspan="6">年　月　日　时　分　至　时　分</td><td>报警方式</td><td></td></tr>
<tr><td colspan="2">消防中控接警通知商城时间</td><td></td><td>接警人员姓名</td><td colspan="5"></td></tr>
<tr><td colspan="2">向中控室二级报警时间</td><td></td><td>情　况</td><td colspan="5"></td></tr>
<tr><td colspan="2">中控室通知保安部时间</td><td></td><td>情　况</td><td colspan="5"></td></tr>
<tr><td colspan="4">保安部值班室经理或消防主管前往商城时间</td><td></td><td>地　点</td><td colspan="3"></td></tr>
<tr><td>消防负责人</td><td>命　令</td><td>时　间</td><td colspan="2">执行情况</td><td>时　间</td><td>地　点</td></tr>
<tr><td rowspan="7">保安部值班经理或消防主管</td><td rowspan="2">派 1 名消防巡视员到商城起火点</td><td rowspan="2"></td><td>姓名</td><td></td><td rowspan="2"></td><td rowspan="2"></td></tr>
<tr><td>携带物品</td><td></td></tr>
<tr><td>派 1 名工程部人员到商城起火点</td><td></td><td colspan="2"></td><td></td><td></td></tr>
<tr><td>打开西走廊南北侧大门</td><td></td><td colspan="2">是/否</td><td></td><td></td></tr>
<tr><td>饭店保安部警卫集结</td><td></td><td colspan="2">人数</td><td></td><td></td></tr>
<tr><td rowspan="2">通知二级报警情况</td><td rowspan="2"></td><td>保安部</td><td></td><td rowspan="2">饭店领导</td><td rowspan="2"></td></tr>
<tr><td>工程部</td><td></td></tr>
</table>

<table>
<tr><td rowspan="3">消防中控接二次报警</td><td>防火门、卷帘门</td><td>执行时间</td><td></td><td rowspan="3">工程部接二级报警</td><td>派人到泵房</td><td>执行时间</td><td></td></tr>
<tr><td>启动水泵</td><td>执行时间</td><td></td><td>楼宇自动化关空调、开放排烟</td><td>执行时间</td><td></td></tr>
<tr><td>监视自动报警设备</td><td>执行时间</td><td></td><td>工程部人员待命</td><td>执行时间</td><td></td></tr>
</table>

续表

<table>
<tr><td rowspan="7">火
势
扩
大</td><td colspan="11">商城现场消防负责人告知电话班通知各部门</td></tr>
<tr><td colspan="11">电话班通知下列人员</td></tr>
<tr><td>保安部</td><td>工程部</td><td>饭店
总经理</td><td>副总
经理</td><td>驻店
经理</td><td>餐饮部</td><td>员工宿舍
值班人员</td><td>前厅</td><td></td><td></td><td></td></tr>
<tr><td></td><td></td><td></td><td></td><td></td><td></td><td></td><td></td><td></td><td></td><td></td></tr>
<tr><td colspan="11">按应急方案成立指挥部</td></tr>
<tr><td colspan="2">是否报 BLC</td><td>是否报 119</td><td colspan="2">调义务消防员、
宿舍员工</td><td>餐厅停止
营业</td><td colspan="2">执行消防应急
方案其他部分</td><td colspan="3"></td></tr>
<tr><td colspan="2"></td><td></td><td colspan="2"></td><td></td><td colspan="2"></td><td colspan="3"></td></tr>
</table>

第六章

饭店员工安全手册

第一节　强调安全工作的重要性

每个饭店都备有《员工安全手册》，新入职的员工要认真阅读该手册，完全了解自己承担的保卫和安全责任。阅读完毕要签字，保证自己愿意承担安全责任并按照饭店的安全规定行事，并尽自己最大努力工作，不做出伤害客人、同事和自己的事。

《员工安全手册》涉及的内容可归纳为如下几点：

一、为什么要强调安全

你们可能感到奇怪，大家为什么对安全的问题如此强调？之所以重视安全问题，是由于员工是饭店向客人提供服务的最宝贵的财产，只有保证员工的健康与安全，饭店才能圆满完成对客服务工作。

在饭店的事故报告中，一半以上的安全事故都发生在进店不到半年的新员工身上。要保证饭店不出事故，员工就要时刻提高警惕，保证每个操作流程都符合安全规程。

仅一个人就可能造成事故，但避免事故发生却需要大家的配合。

二、为什么会发生事故

饭店内发生的大部分事故（65%）是由于客人和员工的不安全行为引起的，35%的事故是因为不安全的环境和条件造成的。下表是饭店各类安全事故占饭店安全事故的比例。

烧伤 5%
工具使用 5%
异物进入眼内 5%
杂项 6%
碰撞 6%
卡、夹、挤 6%
推东西 7%
各种各样的事故 8% *
被门、车等物碰撞 10%
刀伤 11%
抬举重物 11%
在平面上跌倒(过道或工作面)16%

* 指皮肤炎症、机器操作失误、吸入异物、咽下异物、皮肤擦伤等。

造成饭店安全事故的主要原因有:

1. 地面不平或地面材料太滑。

2. 没有拖干湿地或者拖地时没有挂出"小心地滑"的告示牌。

3. 没有及时处理洒在地上的汤汁或食物。

4. 没有及时挪走障碍物和其他容易使人跌伤的物品。

5. 没有及时处理有缺口、裂纹或打碎的瓷器和玻璃器皿。

6. 工具和饭店设备维护不善,设备有故障时没有及时报修。

7. 使用切肉机等设备时没有使用机器安全保护罩,没有将设备的安全罩放在固定位置。

8. 没有及时更新磨损的电线。

9. 照明设备不全或维护不良。

10. 不关门,将服务车扔在过道里。

11. 抬重物的方法不正确。

12. 登高取物时没有采取安全措施。

13. 开关门时方法不正确,夹伤了手指。

14. 接触高温物质和化学物质时没戴手套。

15. 对小毛小病和小伤不在意,处理不及时,导致严重后果。

工作中造成伤害的主要原因是跌倒,它占事故发生率的 16% 以上。造成跌倒的原因很多,主要有下列几项:

1. 脚绊在电线上。

2. 脚绊在地毯的边缘部位上。

3. 地面湿滑。

第二节 员工的消防职责

一、员工如何防火

1. 禁止在“请勿吸烟”处吸烟，而应在指定区域吸烟。

2. 工作区域不应有浸过油的碎布、棉质品纸张和可燃物，垃圾物品应放在有盖的容器内。

3. 遵照管理人员的指示做好消防工作。

4. 发现任何安全隐患要及时向相关部门汇报。

5. 知道工作区域内的所有灭火器、报警器、灭火喉的位置并知道如何使用。

6. 一旦发生火情，知道紧急程序和电话号码。

二、发生火情时员工应注意什么

1. 迅速报告火情。打电话给话务员或启动火警报警器时，注意要告诉话务员起火位置和你的名字。

2. 坚守在起火区域。如果火情对人身安全尚不能构成威胁时，要停留在着火区域以便将消防队引到现场，并向其他员工报警。

3. 如果情况允许，使用灭火器将火扑灭。

4. 保持冷静，按照饭店的火情报警规定行事。

第三节 员工的保卫职责

一、员工有哪些保卫职责

1. 作为一种保护性措施，员工绝不能将客人的房间号泄露给别人。

2. 员工一旦发现形迹可疑的人或反常的情况，要及时汇报给值班经理或保卫部经理。

3. 员工决不能与客人、店外人或记者谈论在饭店内部发生的事件或事故，在员工之间也不要传播谣言。

4. 员工进出饭店要走员工出入口，未经管理人员许可，员工不得擅自进入饭店的内部设施。

5. 如果发现客人受伤或生病了，员工要及时打电话通知值班经理；如果情况严重，应打电话叫急救车。

6. 一旦发生火灾，在能够保证自身安全的前提下要坚守岗位，注意观察各个进出口情况，帮助保卫部门进一步开展工作或者协助做疏散工作。

7. 在处理所有紧急情况时，都要遵循饭店和保卫部门的指示，不要传播谣言。

二、员工该如何保护饭店及个人财产安全

1. 饭店交由员工保管的钥匙是饭店的财产，员工在使用和保存时要特别小心在意，千万不能将钥匙带出饭店。下班或不使用钥匙时，应要将钥匙放回指定位置或交由负责人保管。

2. 即使每人都有一个固定的更衣柜，也要将个人的贵重物品放在家里。

3. 为了保证消防安全，以免给客人财产、饭店财产和员工财产造成损失，员工应保证客用通道和楼梯清洁、无障碍，要保证楼梯的门时刻处于关闭但不上锁的状态。

4. 员工在清理垃圾桶时，应检查饭店的财产是否不小心被扔到了桶内。任何人发现饭店财产被非法拿到店外，都要向管理人员报告。

第四节　餐饮部员工的安全操作职责

一、抬重物安全提示

用正确的方法抬重物，可以有效避免拉伤、扭伤、压伤等安全事故。员工抬重物的正确方法如下：

1. 抬物之前，先估量一下物品重量，这样不至于使背部和腰部承受意外的重力。

2. 把一只脚放在物品旁边，另一只脚放在物品后面，以便保持身体平衡。

3. 挺直背，腿要弯曲。把重量放在腿上要比放在背部和腰部更容易预防安全事故的发生。

4. 收起下颌和脖子，以免脖子被拉伤。

5. 不能仅用手指抓住物品，而要用双手手掌紧紧抓牢物品。

6. 将身子靠近物品，将胳膊和肘部收紧，贴住身子，以便保持身体重心。

7. 借助腿与胳膊的力量，将重物慢慢抬起。

二、收纳餐具车安全提示

1. 收纳餐具时，要把最重的盘子放在餐具车的下部，以便保持餐具车的重心。摆放时餐具不能超出餐车。

2. 餐具车的顶上不能放任何东西，以免物品掉下来伤及过路人或推车的人。

3. 在推车时，应保证能够通过餐车层架能看到前面的路。

4. 餐车有故障时，应及时推到工程部去修理。

5. 推车拐弯时，要看清前面的路。

6. 推车进出电梯时，要有人帮忙一同推车。

三、准备食品安全提示

1. 穿橡胶底的低跟鞋作业，以防滑倒或摔倒。

2. 不佩戴松散的饰物，以防掉到食品中。

3. 厨师不留长发，工作时要戴好厨师帽。

5. 系好、挽好围裙和袖子。

6. 不要把火柴、香烟或其他物品放在胸前口袋里，否则可能掉到食品中。

7. 在启动食品加工机器以前，应检查安全罩是否在固定位置上。

8. 要定时清洗地面，以防地面油腻滑倒作业人员。清洗时，要挂出“地面湿滑”的告示牌。

9. 不要在厨房内抽烟。

四、烹调作业安全提示

1. 保证火格子、灶眼、风口干燥、无油腻物。

2. 保持灶上的汤锅、煎锅的柄朝向侧面，不易被碰翻。

3. 拿热的烹调器具时应戴手套。

4. 容器里的汤汁不能超出容器容量的3/4。

5. 热水与热油不能混淆，应分开保存和盛放。

6. 从火眼上拿走盛有液体的器皿时，应确保脚底下的路面干净、不打滑，放置器皿的地方坚固平稳。

7. 用大汤锅煮汤时，灶台空间应足够大，汤锅不易被碰翻。端放汤锅时，不会因为胳膊肘儿碰到周围物品端放不稳而被烫伤。

8. 油脂、水或烹制中的食物溢出来时，应立即清理掉。

9. 开瓶时，一定要紧紧抓牢瓶子的下部，万一瓶子碎了也可避免被划伤。

10. 如果发生火情，能扑救的应积极扑救，不能扑救的不要试图做英雄，而应按照饭店防火程序,及时寻求援助。

五、厨房设备使用安全提示

1. 使用绞肉机绞肉时,应当借助工具将肉填入绞肉机内,绝对不能用手代劳。如果食品堵塞在绞肉机内,应停机,切断电源,然后用工具将堵塞物除掉。

2. 使用蒸汽锅前,应检查蒸汽锅门上的安全阀能否正常作业,发现故障,应马上报告主管上级。打开蒸汽锅的门或清理蒸汽锅里的水时,应往后站,以防被蒸汽烫伤。

3. 在启动扒炉之前,应首先检查排障器是否正常工作。一旦发现炊具损坏、电线磨损老化等安全隐患,应向上级报告。

4. 作业过程中受伤的,即使是手上的小伤,都要报告主管领导。

六、操刀安全提示

1. 任何时候都不能拿刀刃,握紧刀把比较保险。

2. 应根据不同用途,选择不同刀具。

3. 使用刀具前,应确保刀具干净、锋利。

4. 使用刀具时,应时刻保证刀尖朝向地面。

5. 递送刀具时,应将刀柄朝向他人。

6. 临时放置刀具时,刀把儿应一律向外。

7. 用刀切东西时,刀与身体及同伴应保持一定距离。

8. 使刀用力要均匀,不能操刀过猛。

9. 如果站立的位置不便操刀,请勿急于用刀切东西。

10. 用完刀具后,应擦洗干净,及时存放到刀具架里。

11. 操刀过程中刀具不慎掉落,应往后站,等刀具落地后再捡起来。不能试图用手去抓掉落中的刀具。

12. 千万不能用刀撬罐头或拧螺丝钉等。

13. 绝对禁止用刀打闹、嬉戏或做其他不适当的动作。

七、清理打扫厨房安全提示

1. 清理灶台前,应确保扒炉和火眼是凉的。

2. 清理厨房垃圾时,不能将手伸进垃圾桶里,以防手指被异物弄破。

3. 摔碎杯子、盘子时,不能直接用手处理,而应使用扫帚和簸箕。

4. 应将拖布、扫帚等清扫用具存放在一个安全的地方,不要乱放以免绊倒人。

八、玻璃器皿使用安全提示

1. 使用玻璃器皿盘子前,应查看这些餐具是否有损坏。凡有缺口、裂纹的,应立即报废。

2. 使用完玻璃器皿后,应分类保存。

3. 在冰柜内或水池内打碎玻璃杯时,应务必将残渣冲刷掉,然后小心地将杯子拿走,确保小碎片全部被清理掉。

4. 无论何时何地,打碎玻璃杯后都必须用扫帚和簸箕清扫干净。

九、食品与饮料服务安全提示

1. 餐厅服务员应格外讲究个人卫生。上岗前,应按饭店服务礼仪规范,穿低跟橡胶底防滑鞋。服装清洁挺括,配饰得当,系紧领带,口袋里不能装满东西。头发要梳理好或者用发网固定住。

2. 服务人员应特别注意卫生操作,不用手碰触餐具或碰触与食品接触的餐具部位。

3. 捡拾掉在地上的东西后应洗手。抽完烟、吃完东西或上完厕所后应洗手。

4. 传送菜品时,应时刻注意周边的人,应当用合适的方法提醒周围的人或走在前面的人注意到自己,避免因碰撞发生安全事故。

5. 取冰块时应使用冰铲,不能使用玻璃器皿。

6. 用托盘运送热饮料或热水时,一次不能拿太多。端盘时,肘部一定要贴紧身子,防止被碰到烫伤客人或自己。

7. 端放菜品和热饮时,应当用合适的方法提醒客人注意,千万不能从客人头顶上取拿器皿或端放菜品。

8. 在开启含气的饮料瓶或酒瓶时,应离客人一定距离,防止瓶塞飞出打伤客人。

9. 严禁在本部门或厨房内抽烟。

十、就餐安全保卫提示

1. 服务员应提醒客人不要在公共场所摆弄钱包和手提包。

2. 服务员不能谈论或展示客人在账单上签的名字和房间号。

3. 服务员不能乱放账单。

十一、宴会部服务安全提示

1. 发现地毯不平、有裂缝,电线、电器电源线容易使人绊倒等情况时,应及时向管理人员报告。

2. 确保宴会通道有标志、无障碍。开启双向自止门时，尽量往里拉，不要向外推。向外推时，应格外小心，动作要慢，防止碰伤门外的人。

3. 摆台时，如果发现桌椅有损坏情况，应及时拿出服务区域。宴会前，应仔细检查玻璃器皿是否有裂缝，如有，应立即拿出服务区域。应时刻牢记：有缺损的用品不能用来服务！

4. 置放讲台时，讲台应顶住墙。主桌和讲台之间不能留任何空隙，防止人们踩空后发生扭伤事故。

5. 应确保宴会出入口畅通，消防设备齐全，拿取方便。

6. 宴会所需的各种饭店设备如对公众讲话系统、录音机、电视机、投影仪等，应设专人保管，不能随意乱放。

第五节　客房部员工的安全操作职责

一、客管处服务安全提示

1. 客房服务员着装应符合安全操作要求，在岗时，应穿低跟不露脚趾的胶底鞋，不佩戴珠宝饰物，不随身携带私人财物。

2. 应妥善保管工作区客房钥匙，不乱放乱丢，做到任何时候钥匙不离身。

3. 在启动专用机器前，应首先确定机器防护罩是否就位。

4. 在使用有腐蚀性的化学物品前，应认真阅读数据说明书，千万不能将漂白剂与其他化学剂混合起来。

5. 整理布巾车时，应将大块、重的布巾放在车的底部。如果车子太沉，应拿走一些用品，过后再补充。推布巾车时要慢而稳，手应把住车的扶手而不要扶车的侧面。不能将车乱放无人照料。

6. 打开小贮藏室房门后，应当用门的制动楔子使门呈半开状态。

7. 不使用小贮藏室时，应上锁，防止布巾丢失。

8. 进入客房打扫房间时，应将门打开固定好，将工作车放在门口挡住房门。离开客房时，应将门关好锁上。发现已结账的客人将钥匙留在房间内，应及时报告上级主管，千万不能把钥匙放在路过的人能随手拿到的地方，如放在手推车上。

9. 清扫卫生间的墙面瓷砖时，应使用专用的长把拖布，千万不能站在浴缸的边沿上打扫。清扫高处的尘土时，应使用长把拖布和小梯凳，千万不要站在家具上打扫卫生。

10. 清理垃圾篓时，应直接将垃圾倒在垃圾桶里，不能把手伸进去清理，防止异物扎破手指。

11. 清理废弃的剃须刀刀片时，应先用纸包起来或放到某种容器里，然后再处理。

12. 窗户或窗帘被卡住时，不能猛拉，而应寻求工程部的协助。

13. 注意检查客房内的金属器具是否完好，门上的窥镜是否清晰，门的接触部位和撞锁是否完好无故障，门链是否能承受一定拉力。

14. 不能为没有钥匙的客人开门，应让客人到前台去办理相关手续。在楼层内如果发现客房门没关上或门上留有钥匙，应按进房礼仪敲门和等待。客人如在房内，应提醒其将门关上；客人如不在房内，应检查房内状况，然后再关门上锁，并把时间和房间号记下来，妥善保管钥匙并报告当班经理和保卫部主管。

15. 在客房内干活时如有客人进来，应请客人出示客房钥匙，如果客人拒绝出示或声称无钥匙，应报告保卫部主管。

16. 客人结账后在客房内留下的所有物品，都应被送到物品招领处。

二、洗衣房安全操作提示

1. 发现洗衣房地面损坏、阀门管道开裂、电气设备有故障、机器防护罩失灵、蒸汽管道暴露及容易让人绊倒等不安全因素时，应及时报告主管。

2. 洗衣机、烘干机、电熨斗都配备有安全装置，如果发现这些装置有故障，应及时报告主管。

3. 在操作各类电器时，应保证脚底下的地面干燥、不湿滑。

4. 不得在洗衣房内吸烟。

5. 洗衣前，应仔细检查、清理洗衣袋和推车，防止脏布巾或衣服里裹夹的刀片、碎玻璃等物伤人。

6. 启动洗衣绞干机和分离绞干机前，应确保机器盖子已封好。机器运转时，不能随意取放衣物。应确保所洗衣物散放均匀。

7. 在往轧布机内送布巾时，应确保操作安全。轧布机开始运转、滚动压熨布巾时，千万不能试图将正在通过滚筒的布巾拿出。

8. 操作完毕，每天都要检查安全制动开关是否完好。

9. 在使用任何有腐蚀性的化学药品以前，应认真阅读使用说明书并掌握使用方法，避免因使用不当烧坏眼睛或使身体其他部位被烧伤。该类物质不小心溅入眼睛时，应用充足的流动冷水立即冲洗眼睛，然后到医务室处理。

10. 漂白药剂和腐蚀性强的液体应贮存在架子上或箱子内。贮存时，应将该类物品放在低层的货架上，千万不能放在高于头部的架子上。取拿该类物品时，应当使用梯子，不能用盒子、板条箱、圆桶或其他临时找到的物品来代替梯子取物。

11. 工作时，应穿橡胶底的鞋和靴子，应及时清理洗衣房地面上的积水。

12. 工作时，应记录布巾供应的数据。

13. 清洗客人送洗的衣服和布巾时，如果发现裹夹着客人物品，应查清客人的姓名、房间号、楼层或饭店的业务部门，并立即交到失物招领处，并从招领处领回一张上交物品回执。

14. 客衣清洗完毕，应将客人房间号写在衣货包裹上，使用服务走廊分送衣物，注意不要在客用通道内推车发送衣物。发送衣物完毕，应将客房钥匙和楼层万能钥匙及时归还到指定地点。

三、管事部服务安全提示

1. 管事部员工着装应符合安全操作要求，在岗时，应穿低跟胶底鞋，戴手套，不得佩戴珠宝饰物。

2. 在启动专用机器前，应首先确定机器防护罩是否就位。

3. 管事部员工应及时清理地上的积水。在清扫地面时，每次只需弄湿一小块区域，逐步清扫，并使用"水显区域"的告示牌。桶内的水、去污剂和油脂刮器每 10 ~ 15 分钟更换 1 次。

4. 擦盘子时，应将破损的盘子挑出来淘汰掉。运送盘子时，应当使用推车。在使用立式架子时，应检查可调节的侧架是否稳固、保险，然后再将盘子放在大托盘内。

5. 抬垃圾桶时，不要单干，而应寻求帮助，一次只抬一个。

6. 抬重物时，方法应得当。

7. 推轱辘车时，应保证视线不被遮挡，以便能随时留意周围情况及地面情况。

8. 凡有伤情，哪怕是手上的小伤，也要向主管报告。

9. 在清理垃圾桶时，应注意发现桶内是否有饭店财物，如果怀疑饭店的财物被非法移出店外，应立即报告给上级主管。

第六节　前厅部员工的安全操作职责

一、停车服务安全提示

1. 在受委托管理车辆之前,如发现车辆有凹陷、擦伤或其他看得见的损坏情况时,应经客人确认并记在停车单上。

2. 提醒客人拿走车内的贵重物品和所有私人物品。

3. 代客泊车时,应小心驾驶,避免碰撞。

4. 停好客人的车后,应将汽车钥匙和停车单放在指定的地方保管,不得随身携带。

5. 防火通道是发生紧急情况时供特殊车辆行驶用的。代客停车时,不要在这些区域停车,也不允许任何车辆停在此处。

6. 不得在客人的汽车里抽烟。

7. 警惕车库内的生人,发现任何可疑的事物,应立刻报告给上级主管。

8. 时刻保持车道清洁无障碍。车道上洒有油渍的,应立即垫上沙子并扫净。

9. 有临时停车的,应劝阻司机将车停在通往前厅的入口处。

二、行李服务安全提示

1. 放置行李或协助客人安置行李时,应防止被行李绊倒受伤。上下楼梯时不要跑动,走路要稳。

2. 用行李车运送行李时,注意不要超载,行李不能挡住视线。拐弯时,要观察周围情况,防止撞到路过的人。

3. 在巡视或检查客房时,如果发现有不安全因素,应立即向上级主管汇报。

4. 客人不立即去客房的,应让客人确认行李是否完好,然后由行李员将行李送到客房。

5. 客人寄存行李的,每件行李只能发放一个寄存物品凭证。客人领取行李时,应认真核对寄存物品凭证和行李上的标签是否一致。在把行李送还给客人后,应及时销毁核对凭证。

6. 行李员送行李到客房时,应告诉客人安全注意事项并查看房间情况,如有异常,要立即报告保卫部。

7. 路经客房时,如发现客房门开着或门上插有钥匙,应轻轻敲门并等待。如果房内有客人,应提醒其将门关上并把钥匙保管好;如果房内没人,应检查房间状况,将门关上锁好,把钥匙拿走放到指定地方,然后将时间和房间号记下报告给当班经理或保卫部主管。

8. 客人住店时无行李或携带空的箱包的，应通知当班经理或保卫部主管。

9. 客人离店需要提供行李服务时，应确保客人的所有行李无遗漏。

三、门厅服务安全提示

1. 保证门厅及周边地面没有凸凹，处于安全状态。

2. 检查所有门是否正常工作，门上的玻璃是否牢固。

3. 保持人行通道清洁畅通。

4. 保持大厅的防雨雨搭上没有冰和其他零散物品。

5. 客人到店和离店时，应帮助客人装卸行李同时注意自身安全。

6. 指挥调度来饭店的汽车和出租车时，发现如有违规，应立即报告给主管。

7. 门厅工作人员应知道火警急救和报警程序，应时刻保证防火通道畅通。

8. 代客泊车时，泊车员应迅速查看车辆情况，外表如有损伤，应经客人确认。泊车时，要小心驾驶，避免碰撞。停好车后，应将汽车钥匙放到指定保管处。在汽车内不能吸烟。

四、前台工作安全提示

1. 使用档案柜时，每次只打开一个抽屉。打开抽屉太多，会使档案柜失去重心而倾倒，砸伤自己或附近的人。

2. 工作完毕，应及时关上档案柜。拉开的抽屉很容易碰伤人。

3. 拉抽屉时要用拉手，不要拉抽屉的上部和侧面，以免手指受伤。

4. 工作人员不要站在门口，以防门被突然推开造成碰伤。

5. 定期清理电话线，以防绊倒人。

6. 工作时，应使用胶皮指套，以防手被纸张划破。

7. 检修电器时，应关掉电源。

8. 时刻保持电话周边区域安全。

9. 提醒客人不要把手提包放在公众区域显眼的地方。

10. 遵守保密规定，确保客人隐私。

11. 不能和前台其他工作人员谈论客人的名字和房间号。

12. 给客人房间钥匙或访客留言条之前，应确认客人身份。

13. 在任何办公区域发现可疑人员或可疑物品，应立即报告给保卫部主管。

第七节 其他安全操作职责

一、工程维护安全提示

1. 工程部员工工作时,应穿胶底低跟鞋,不佩戴任何饰物,不穿带扣的衣服。饭店应统一将工程部员工的胸卡内容绣在胸口处,工程部员工不佩戴胸卡。

2. 应使用劳动保护用品,在进行切、磨、焊等工作时,应特别注意眼睛的防护。

3. 未经培训不得操作设备,要有管理员的批准方可使用机器。

4. 在开机器之前,应检查机器的安全防护罩是否在固定位置上。

5. 应保证所有电力设备接了地线。

6. 修理电器需要登高时,必须使用木制梯子。应确保梯子处于良好的工作状态。梯子有故障的应及时汇报给主管。

7. 工作区域有人时,不能更换灯泡。

8. 在操作电力设备前,应将机器控制开关封住并贴上标签。

9. 操作电力设备时,不能用湿手接触电器,不能站在湿地上,不能站在铝制的梯子上。

10. 在操作设备和机器时,不能与同事聊天。

11. 设备工具较多时,应保证堆积的物品与天花板的距离不能少于规定尺寸,不得妨碍消防喷淋头正常工作。油漆、木材、梯子、工具等物不能堆积在大厅、楼梯或工作区域内。

12. 工作完毕,应及时清洗掉油渣和易于使人滑倒的污迹。

13. 工作时,应妥善保管好待修区域或待修房间的钥匙,离店时,不能带走这些钥匙。进客房维修时,应先到前台查询有关信息或委托前台协助查询有关情况,决不能用维修用钥匙随意打开客房。

14. 维修客房设施时,如果遇到反常情况或发现可疑的人和事,应提醒保卫部门注意。

15. 应妥善保管维修用材料和工具。

二、存放货物安全提示

1. 存放货物时,应穿橡胶底的低跟鞋,不佩戴首饰,要戴手套。

2. 装平面货车时,应注意物品摆放能保持货车平衡。

3. 推车要慢而稳,应注意避开前面的人和物。

4. 往货架上堆放物品时,应选择结实的梯子并踩在牢靠的地方。上梯子时,最高只能站在离梯子顶端二层的位置上。

5. 往货架上堆放物品时,要将体积大的、笨重的物品放底部。物品离架子外缘的距离不能少于规定尺寸。

6. 检查手推车、运货车、运输车等带轱辘的设备的使用状况及使用性能是否处在正常状态。

三、使用化学物品安全提示

饭店使用的化学物品可能是雾状的或蒸汽状的,也可能是液体状的或粉末状的。正确使用化学物品,将有助于营造安全的工作环境。

在使用化学物品时,应遵守下列规则:

1. 千万不能将不同性质的化学物品混合在一起,防止混合后的物质有损身体健康。

2. 盛放的化学物品应与盛放容器上的标签一致,千万不能张冠李戴。

3. 在厨房、酒吧、冰箱和食品贮存室等区域,不能将化学物品容器和食品容器贮存在一起。

4. 使用化学物品时,应认真阅读安全使用注意事项和墙上的告示。

5. 取用化学物品时,按照规定佩戴橡皮手套、护目镜等安全用具。

6. 如果化学物品溅到脸上或者引起皮肤过敏,应立即用大量的流动冷水进行冲洗并报告主管。

第七章

饭店安全培训

第一节　饭店内部安全培训方案

随着安全管理工作越来越受到人们的重视，对从业人员进行安全培训逐渐成为饭店的法定义务。以《北京市星级饭店安全生产规定》为例，它就明确规定了"星级饭店应当对从业人员进行安全生产教育和培训"。在饭店，由保安部负责在饭店内部实行安全培训制度，以年为阶段，逐步进行。

一、饭店内部安全培训的级别

1. 一级安全培训：一级安全培训主要是针对饭店部门经理以上的人员进行的专项培训。

2. 二级安全培训：二级安全培训主要是针对饭店各部门的全体员工、各特殊工种和岗位的全体员工进行的培训。

3. 三级安全培训：三级安全培训主要是针对饭店全部治安保卫积极分子、义务消防队员进行的培训。

二、各级安全培训的对象

《北京市星级饭店安全生产规定》第八条指出："星级饭店应当对从业人员进行安全生产教育和培训。未经安全生产教育和培训合格的从业人员，不得上岗作业。星级饭店应当对教育和培训的情况进行记录，记录至少保存2年。"

第九条规定，"星级饭店的特种作业人员应当按照国家有关规定经专门的安全作业培训，取得特种作业操作资格证书，方可上岗作业。"

特种作业人员是指其作业的场所、操作的设备、操作内容具有较大的危险性,容易发生伤亡事故,或者容易对操作者本人、他人以及周围设施的安全造成重大危害的作业人员。如:电工、焊工、电梯工、锅炉工、制冷操作等人员。由于特种作业人员所从事的工作一般潜在危险性较大,而且也容易给人民群众生命和财产造成威胁。因此,特种作业人员必须经过相关行政主管部门认可的培训机构进行安全作业培训、考核合格,取得操作资格证书后,方可上岗作业。

归纳起来,饭店安全培训的对象主要有以下几大类:

1. 一级安全培训的对象以饭店中方、外方全部 A 级以上人员和独立部门的 B 级经理为一个培训单位。

2. 二级消防培训的对象以部门为一个培训单位,包括保安部、客房部、餐饮部、工程部、销售部、人事部、前厅部、财务部、物业部、行政部、厨房部。或以某一特殊岗位和工种为一个培训单位,包括重要、要害部位的全部员工,财务收款员,楼层服务人员,前台接待登记人员,保安部警卫队。

3. 三级安全培训的对象以各部门治保积极分子、义务消防队员为一个培训单位。

三、培训内容

一级安全培训

时间:每年进行 2~3 次。

组织:由保安部总监通过饭店安全委员会安排组织实施。

内容:1. 通报近期当地社会治安状况。

2. 通报饭店行业案件情况。

3. 通报饭店内部安全情况。

4. 培训饭店各类治安防范预案。

5. 培训饭店应急方案、疏散方案。

二级安全培训

时间:每季度进行一次。

组织:由保安经理和内保经理组织实施。

内容:客房部:1. 通报当地治安状况。

2. 通报季节性犯罪的特点:

淡　　季:员工内部犯罪

客房设备丢失

旺　　季:外来人员作案

客人中的治安案件

节假日前:员工内部犯罪

3. 如何发现卖淫、嫖娼、赌博等违法犯罪行为。
4. 如何发现易燃、易爆、剧毒、枪支、刀具等危险物品。
5. 如何发现溜门撬锁的犯罪分子。
6. 本部门各项安全管理制度。

前厅部:1. 通报本部门近期治安状况。
2. 通报公、检、法机关通缉的罪犯。
3. 如何做好住店客人的登记工作。
4. 如何做好对罪犯分子的查控工作。
5. 如何发现卖淫、嫖娼人员。
6. 如何查验住宿客人的有效证件。
7. 如何防止客人行李丢失。
8. 如何做好会客登记工作。
9. 本部门各项安全管理制度。

餐饮部:1. 通报本市近期公共区域饮食行业治安状况。
2. 如何防止餐厅拎包案件。
3. 如何防止诈骗、逃账。
4. 如何避免酒后闹事、打架斗殴。
5. 如何发现和控制可疑人员、盗窃人员、卖淫嫖娼人员。
6. 本部门的各项安全管理制度。

财务部:1. 通报当地近期金融诈骗犯罪情况。
2. 如何发现和防止诈骗。
3. 如何鉴定、鉴别假现金、支票。
4. 如何落实各项财务制度,防止员工贪污。
5. 如何做好查控工作。
6. 部门安全管理制度 。

工程部:1. 重点、要害部门的治安防范。
2. 部门安全管理制度。
3. 相关部门的安全管理制度。

物业部：1. 通报当地近期写字楼、公寓治安状况。
2. 如何监控和管理写字楼、公寓外来人员。
3. 如何发现易燃、易爆、剧毒、等危险物品。
4. 如何发现溜门撬锁的犯罪分子。
5. 写字楼、公寓的重点防范时间和部位。
6. 部门安全管理制度。

行政部：1. 如何控制垃圾房流失物品。
2. 食品检验和留样的安全要求。
3. 员工宿舍防盗窃和防灾害。
4. 部门安全管理制度。

人事部：1. 新员工政审的安全要求。
2. 保安部人员控制安全要求。
3. 部门安全管理制度。

销售部：1. 重大活动的呈报和安全要求。
2. 敏感活动的前提与保安级别的报告程序。
3. 部门安全管理制度。

厨房部：部门安全管理制度。

<u>三级安全培训</u>

时间：三级安全培训每月至少进行一次。

组织：三级安全培训由内保主管根据自己责任区的具体情况组织实施。

内容：1. 通报近期社会治安状况。
2. 通报饭店行业案件情况。
3. 通报公安部的各类安全警告和查控通知。
4. 通报保安部各种应急防范措施和预案。
5. 通报季节性犯罪的特点，在什么时间段预防什么样的犯罪。
6. 怎样配合公、检、法和国家安全机关工作。
7. 怎样配合饭店保安部工作。
8. 其他相关的保卫业务，如怎样发现罪犯，怎样报警，怎样保护现场。
9. 员工有哪些行为时应报告保安部。
10. 如何配合保安部预防内部案件发生。

第二节　新员工安全培训方案

一、饭店的安全部门

1. 饭店保安部组织结构及职责。

2. 饭店安全委员会及其职能。

3. 饭店保安部内保的基本工作性质和职责。

4. 饭店保安部消防的基本工作性质和职责。

5. 饭店保安部警卫的基本工作性质和职责。

二、饭店的安全状况

1. 饭店总体的安全状况。

2. 影响饭店安全的因素。

3. 饭店安全防范重点:(1)客房区域;(2)公共区域;(3)餐厅;(4)重要、要害部位。

4. 饭店内相对容易发生的犯罪类型:(1)盗窃;(2)打架斗殴;(3)诈骗;(4)卖淫嫖娼;(5)其他。

三、法制宣传教育

1. 饭店的各项安全管理制度。

2. 饭店预防犯罪的各项防范措施。

3. 结合饭店发生案例的守法教育。

4. 公安部门关于饭店行业的管理规定和犯罪处罚规定。

四、员工的安全职责

1. 饭店和员工间的安全责任书。

2. 安全工作的原则是“谁主管,谁负责”。

3. 员工有义务协助公安、国家安全部门进行工作。

4. 员工有义务向饭店保安部提供犯罪的线索和其他相关信息。

5. 员工需要有哪些安全意识。

五、饭店消防组织结构

1. 饭店消防组织结构。

2. 饭店消防委员会。

3. 饭店保安部消防办公室。

5. 饭店义务消防队。

6. 饭店的消防责任制。

六、员工消防意识

1. 饭店消防的重要性。

2. 饭店火灾的特点:(1)高层建筑;(2)疏散困难;(3)火势蔓延快;(4)扑救困难;(5)损失大。

3. 饭店消防工作的原则。

4. 怎样报火警:(1)使用电话;(2)手动报警;(3)报警注意事项。

5. 轻便灭火器的使用。

七、饭店消防设施、设备

1. 消防中控中心。

2. 消防报警系统:(1)自动报警系统;(2)手动报警系统。

3. 自动灭火设施:(1)喷淋;(2)水幕;(3)1301 系统。

4. 防排烟、正压送风系统。

5. 水灭火系统:(1)消防泵;(2)消防水池;(3)消火栓;(4)室外结合器。

6. 消防疏散系统:(1)应急发电机;(2)应急照明;(3)事故广播;(4)消防电梯;(5)卷帘门、防火门。

7. 轻便灭火器。

八、饭店火灾实例

1. 常见的饭店火灾种类:(1)吸烟引发的火灾;(2)电器设备使用不当引发的火灾;(3)施工安全防范不周引发的火灾;(4)餐厅、厨房管理不善引发的火灾;(5)大型活动管理不善引发的火灾。

2. 世界著名饭店火灾。

3. 饭店火险实例。

九、几种饭店常见火情的处理

1. 电器起火火情处理。

2. 油锅起火火情处理。

3. 煤气、天然气泄漏起火火情处理。

4. 垃圾、纸篓、餐桌起火等火情处理。

十、火场自救和救人

1. 火场自救方法:(1)发现着火;(2)观察情况;(3)保护自己;(4)求救;(5)逃生。

2. 火场救人方法:(1)正确通报,防止混乱;(2)创造条件,掩护疏散;(3)寻找遗落者;(4)抢救伤员。

十一、培训考试

饭店消防知识测验

(每题5分,答对14道题为及格)

姓名: 部门: 分数:

1. 灭火器使用操作步骤:拔掉__________,一手握住__________,对准火源的__________,用力压下压把,灭火剂喷出。

2. 在店内进行电气焊操作施工要到保安部办理__________手续。

3. 饭店内规定的火警电话号码内线是__________,外线是__________。

4. 发现火警后怎样报警:__________,__________,电话报警需要讲清着火__________,火势__________及燃着的__________,你的名字和部门。

5. 客人不得将易__________易__________的化学危险品带入店内。

6. 油锅起火的扑灭方法:首先__________,而后使用__________或灭火器。

7. 扑灭电器火灾时切忌使用__________,应注意断__________。

8. 饭店内规定允许吸烟的地方是__________、__________。

9. 客房易发生火灾的主要原因是__________。

10. 进行防火检查的目的是__________和__________火险隐患。

11. 饭店发生火灾后,火场周围电梯回降首层,逃生人员走__________进行疏散。

12. 饭店消防设备有几大系统分别是:消火栓系统、水幕系统、__________、1301系统及厨房灭火系统、卷帘门系统及消防电梯、__________、防排烟系统、非常照明及疏散引导系统。

13. 灭火方法有几种__________法__________法__________法__________法。

14. 发生电器火灾的重要原因有：________________________________。

15. 当发现煤气漏气时，首先__________，然后__________，注意____________________。

16. 灭火的最好时机是燃烧处于__________阶段。

17. 我国的消防工作方针，实行______________________________________，谁__________，谁__________。

18. 库房工作人员应__________按"__________距"码放物品，并注意下班前进行__________。

19. 员工应做到"两知三会"，其内容是知__________常识，知__________常识；会__________，会__________，会__________。

20. 举出五种以上的例子，说明餐厅防火的方面及措施都有哪些？

21. 简谈你对消防安全工作重要性的认识。

第三节　义务消防队培训提纲

说明：义务消防队员每年轮换一次。本提纲分为十二个部分，具体培训时，应结合经营情况，计划每月培训其中一节内容，以一年为周期反复使用，达到全员培训的目的。培训完毕，应填写相关记录表（表7－1）。

表7－1　义务消防队培训记录

序　号	部门（分部门）	姓　名	序　号	部门（分部门）	姓　名
1			26		
2			27		
3			28		
4			29		
5			30		
6			31		
7			32		

续表

序　号	部门(分部门)	姓　名	序　号	部门(分部门)	姓　名
8			33		
9			34		
10			35		
11			36		
12			37		
13			38		
14			39		
15			40		
16			41		
17			42		
18			43		
19			44		
20			45		
21			46		
22			47		
23			48		
24			49		
25			50		
年　月　日　第　期　第　批			科　目		
授课人			地　点		

一、饭店义务消防队的设立、性质及任务

内容:讲述义务消防队的性质、任务、日常管理等。

目的:明确职责,发挥作用。

二、饭店防火知识

内容:讲解有关饭店的防火知识,包括消防常识、餐厅防火、客房防火、厨房防火、电器防火等,并放映有关防火的录像,发放消防常识手册。

目的:明确防火工作任务,掌握防火的基本知识,认识火灾的基本规律和特

点，采取预防措施，达到预防火灾发生的目的。

三、饭店灭火知识

内容：讲解饭店有关的灭火知识，包括报警、灭火的基本方法，冷却、隔离、抑制、窒息灭火法，灭火的基本原则，饭店常见的几种着火情况的处理。

目的：懂得饭店常见的几种初期火灾的扑救方法，及时扑灭初期火灾，最大限度地减少损失。

四、饭店的消防设施、设备及其功能介绍

内容：讲述饭店消防设施。

消防设施、设备共九项：

1. 火灾自动报警系统
2. 灭火系统，消火栓、喷淋系统
3. 防火门、卷帘门
4. 应急广播、应急照明系统
5. 排烟系统
6. 消防电梯
7. 1301 系统、灶头灭火系统
8. 消防泵房、水库
9. 消防中控室

形式：放映 PPT。

目的：熟悉饭店的消防设施，了解其功能和部分设备的操作方法。

五、饭店防火、灭火应急方案

内容：讲解饭店灭火应急方案内容（“饭店灭火应急方案”略）。

形式：挂图讲解，放映有关录像内容。

目的：让义务消防队员熟悉灭火应急方案的内容及具体实施步骤，懂得重要的任务是扑灭初期火灾。

六、饭店应急疏散方案

内容：讲解饭店应急疏散方案内容（“饭店应急疏散方案”略）。

形式：挂图讲解，放映有关录像内容。

目的：让义务消防队员熟悉应急疏散方案内容及具体实施步骤，明确职责。知道一旦出现危险情况，主要力量应当用于疏散客人及其他员工。

七、灭火器实际灭火训练

内容:讲授如何正确使用 1211 灭火器、干粉灭火器、清水泡沫轻便灭火器,讲解灭火器的原理及性能。

形式:组织队员用灭火器扑灭室外点燃的堆火或油火。

目的:掌握正确的使用方法,了解其性能。

八、消火栓实际出水使用训练

内容:讲授室内、室外消火栓及水泵结合器的正确操作方法。

形式:组织队员在室外接两节水带出水训练。组织队员在室内或顶层做消火栓出水训练。

目的:掌握水带铺设方法,学会连接异形接口,掌握正确的水带使用姿势及在使用过程中需注意的方面,增加协调灭火作战的能力。

九、火场急救

内容:讲授徒手救人。医生讲授人工呼吸方法,协助救助伤员,体外心脏按摩。

形式:在教师的指导下,分成 2～3 人一组,练习火场上抬人、背人、抱人的三种救人方法。可根据饭店情况用被单、毛毯等抬人。

目的:掌握并懂得在饭店发生火灾时的自救、急救的几种方法,提高急救、自救的能力。

十、体能训练

形式:户外携灭火器百米跑,携灭火器爬楼梯比赛,郊游。

目的:培养勇敢顽强的作风,锻炼其体魄。

十一、义务消防队员参加饭店消防演习

内容:饭店每年举行消防演习(较大规模),组织安排义务消防队员参加演习。

目的:通过演习,使之将所学能运用到实际中去。

十二、结业考试

内容:按计划实施的培训,列出题目范围,进行考试。

目的:了解学员接受培训的情况,促使学员重视消防工作和火灾预防工作。

第四节　保安部警卫培训方案

一、保安部、饭店、管理集团、客户基本情况介绍（半天）

1. 保安部组织结构及分工、责任制。

2. 保安部上级及各公安主管机构。

3. 保安部 24 小时工作程序。

4. 保安部内部各项规章制度。

5. 饭店及管理集团概况。

6. O/A 楼客户基本概况。

7. 饭店业务工作基本状况。

二、警卫业务培训（一天）

1. 警卫人员职业道德。

2. 警卫人员岗位责任制：(1)共同职责。(2)各定位岗职责。(3)巡视职责。(4)各出入口警卫职责。(5)车辆管理职责。(6)值班人员职责。(7)警卫交接班规定。

3. 保安部当班所需的各种记录的填写：(1)巡视记录。(2)警卫报告书。(3)公安局传送资料记录。(4)设备损坏情况表。(5)客户未锁门通知书。(6)会客登记表。(7)值班记录。

4. 写字楼、公寓夜间和节假日注意的问题：(1)夜间、节假日的警卫要求。(2)情况记录。

5. 警卫为客人提供服务的要求：(1)强化服务意识。(2)客人活动区域警卫服务内容及要求。(3)O/A 楼警卫服务内容及要求。(4)巡视警卫的服务要求。(5)特殊服务项目（代管客人物品，客人丢失物品、受伤、喝醉、生病）。

三、治安案件的基本处理方法（半天）

1. 涉外纠纷的基本处理方法。

2. 如何根据《治安管理处罚条例》解决纠纷。

3. 紧急事件的处理程序：(1)关于爆炸物及可疑爆炸物品的防范及处理措施和程序。(2)对精神病人员、出丑闹事人员、醉酒人员的防范及处理措施。(3)关于抢劫、暗杀、凶杀、暴力事件的防范及处理措施和程序。(4)关于来访人员、闲杂人员、推销送货人员、小商小贩的处理措施和程序。(5)对施工人员的管理方法。(6)刑事案件的处理程序及现场保护的要求。

四、解答问题,个人小结(半天)

1. 对不明的问题进行解答、讨论。
2. 做小结。

五、消防培训(一天)

1. 介绍饭店消防基本概况、组织结构、消防设施。
2. 介绍饭店消防应急方案。
3. 介绍基本消防系统:(1)消火栓系统。(2)水喷淋系统。(3)报警系统。(4)卷帘门系统。(5)防排烟系统。(6)非常照明及疏散引导系统。
4. 实地观看、操作各消防设施。

六、上岗实习,操作考核(一天)

1. 跟各岗位进行实地学习。
2. 考核形式分口头和笔试二种。

七、纪律和体能、体形训练(一天)

1. 队列训练,包括站姿训练、走姿训练、仪表仪容训练、着装训练。
2. 体能训练,包括长距离行走、长时间站立。
3. 基本防身术和制服、收缴各种打架、闹事者及凶器的训练。
4. 考核。

八、总结、分班、上岗(半天)

九、培训测试

保安部警卫知识测试题

填空题:(10 分,每空 1 分)

1. 在客人出入的厅堂及场所,警卫人员要有__________和__________双重职能。
2. 对从非员工出入口出入饭店的员工,警卫要__________________________。
3. 客人不得将__________物品带入饭店。
4. 扑灭电器火灾时切忌使用__________,首先应__________________________。

5. 饭店火灾发生后,所有电梯降到________层。
6. 饭店的火灾电话是________和________。
7. 保安部值班电话是________________________________。

简答题:(50 分,每题 5 分)

1. 大厅岗主要职责是什么?

2. O/A 楼大门岗主要职责是什么?

3. 员工通道岗岗位职责是什么?

4. 灭火器使用操作步骤是什么?

5. 日常巡视时对在饭店内部的施工队应检查什么?

6. 发现火险后,怎样报火警?电话报警需要讲清哪几方面的情况?

7. 饭店消防设备有几大系统,分别是什么?

8. 灭火方法有几种?分别是什么?

9. 灭火的最好时机是燃烧处于哪个阶段的时候?

10. 警卫着装规定是什么?

问答题:(40 分,每题 8 分)

1. 在楼内发现陌生人应怎样询问？举例说明。
2. 警卫在正常执勤中应该严肃还是应该微笑,为什么？
3. 你认为对捣乱、闹事者应该采取哪些措施？为什么？
4. 你是否要绝对服从你的上级,为什么？
5. 如何对待不讲理的客人？

附加题:你为什么要干警卫？你愿意在本岗位上干多长时间？

Appendix

附 录

北京市星级饭店安全生产规定

第一条 为了加强安全生产监督管理，提高星级饭店安全生产水平，防止和减少生产安全事故，保障人民群众生命和财产安全，根据《中华人民共和国安全生产法》和《北京市安全生产条例》及有关法律、法规，制定本规定。

第二条 本市行政区域内星级饭店的安全生产，适用本规定；有关法律、法规、规章对消防安全、特种设备安全另有规定的，适用其规定。

本规定所称星级饭店是指一星级以上的饭店、度假村等经营单位。

第三条 安全生产管理，坚持安全第一、预防为主、综合治理的方针。

第四条 市和区、县旅游行政管理部门对星级饭店的安全生产工作实施行业监督管理；公安消防、质量技术监督等部门分别对星级饭店的消防安全、特种设备安全等实施专项监督管理；安全生产监督管理部门对星级饭店的安全生产工作实施综合监督管理，指导、协调和监督政府有关部门履行安全生产监督管理职责。

行业协会协助政府有关部门指导会员单位做好安全生产工作，制定安全生产制度、规程，提供相关服务。

第五条 星级饭店的主要负责人对本单位的安全生产工作全面负责。

第六条 星级饭店应当遵守有关安全生产的法律、法规、规章，加强安全生产管理，建立、健全安全生产责任制度，完善安全生产条件，确保安全生产。

第七条 星级饭店从业人员超过 300 人的，应当设置安全生产管理机构或者配备专职安全生产管理人员；从业人员在300人以下的，应当配备专职或者兼职的安全生产管理人员，或者委托具有国家规定的相关专业技术资格的工程技术人员提供安全生产管理服务。

第八条 星级饭店应当对从业人员进行安全生产教育和培训。未经安全生产教育和培训合格的从业人员，不得上岗作业。

星级饭店应当对教育和培训的情况进行记录，记录至少保存2年。

第九条 星级饭店的特种作业人员应当按照国家有关规定经专门的安全作业培训，取得特种作业操作资格证书，方可上岗作业。

第十条 星级饭店应当建立安全生产例会制度，定期研究本单位安全生产工作；制定有效的安全生产措施，并对措施的落实情况进行检查。

第十一条 星级饭店应当建立生产安全事故隐患排查制度，对本单位容易发生事故的部位、设施，明确责任人员，制定并落实防范和应急措施。

第十二条 星级饭店应当每2小时至少对营业区域进行1次安全巡查。巡查应当做好记录。

第十三条 星级饭店的变配电室总额定容量在630千伏安以上且电压等级为10千伏的，应当安排专人24小时值班。值班应当做好记录。

变配电室不得存放危险物品和杂物。

第十四条 变配电室应当配备用电设备和配电线路平面分布图等安全技术资料，以及必要的作业工具和劳动防护用品，并在明显位置设置变配电系统操作模拟图板。

变配电室的门、窗、电缆沟应当设置防水设施和挡鼠板。

第十五条 星级饭店设置的电源线路应当符合国家标准或者行业标准；临时用电线路应当采取有效防护措施；电气设备应当安装漏电和过载保护装置。

第十六条 星级饭店应当保证安全出口的畅通；不得封闭、堵塞安全出口；安全出口处不得设置门槛。

疏散门应当向疏散方向开启，不得采用卷帘门、转门、吊门、侧拉门。门内和门外1.4米范围内不得设置踏步。

第十七条 营业区域内的安全出口数目、安全疏散距离、疏散门和疏散通道的宽度应当符合国家标准或者行业标准。

第十八条 营业区域内的安全出口和疏散通道及其转角处应当设置发光疏散指示标志。指示标志应当能够在断电且无自然光照明时，指引疏散位置和疏散方向。

指示标志应当设置在安全出口的顶部和疏散通道及其转角处距地面高度1米以下的墙面上；设置在疏散通道上的指示标志的间距不得大于10米。

第十九条 营业区域内的安全出口、疏散通道和重点部位应当设置应急照明灯。应急照明灯的连续照明时间不得少于20分钟,其地面最低照度不得低于0.5勒克斯。

第二十条 星级饭店应当在客房、会议室等经营场所的显著位置设置中英文对照的逃生疏散指示图;在客房内设置安全须知等安全提示标志或者资料。

营业区域内落地式的玻璃门、玻璃窗、玻璃墙应当设置安全警示标志。

安全警示标志应当明显,保持完好,便于公众识别。

第二十一条 星级饭店在营业区域内进行装修、维修、改造等施工且不停止营业的,应当与施工单位签订专门的安全生产管理协议,明确安全责任;施工区域应当与其他营业区域相隔离,并采取安全措施,确保安全。

第二十二条 星级饭店将经营场所出租的,应当与承租单位签订安全生产管理协议,明确各自的安全生产管理职责。

星级饭店对各承租单位的安全生产工作统一协调、管理。

第二十三条 星级饭店使用、储存的危险物品,应当单独存放,专人管理。

第二十四条 星级饭店应当制定生产安全事故应急救援预案。应急救援预案应当包括应急救援组织、危险目标、启动程序、紧急处置措施等内容。

应急救援预案应当每半年至少演练1次,并做好记录。

第二十五条 星级饭店的有关负责人应当掌握应急救援预案的全部内容;其他人员应当能够熟练使用消防器材,了解安全出口和疏散通道的位置以及本岗位的应急救援职责。

第二十六条 星级饭店应当设置能够覆盖全部营业区域的应急广播,并能够使用中英文两种语言播放。

第二十七条 星级饭店发生生产安全事故后,应当迅速启动应急救援预案,采取有效措施,组织人员疏散,防止事故扩大,并按照国家和本市有关规定及时、如实报告公安、安全生产监督管理、旅游等有关部门。

第二十八条 安全生产监督管理部门发现星级饭店存在安全生产问题,属于行业监督管理或者专项监督管理职责的,应当及时以书面形式督促有关部门处理。

第二十九条 星级饭店违反本规定,有下列情形之一的,由旅游行政管理部门责令改正,并按照下列规定给予行政处罚:

(一)未建立安全生产例会制度或者未制定安全生产措施的,处5000元以上1万元以下罚款;

(二)未建立生产安全事故隐患排查制度的,处5000元以上2万元以下罚款;

（三）未设置逃生疏散指示图或者安全须知等安全提示标志或者资料的，处5000元以上3万元以下罚款；

（四）未设置能够覆盖全部营业区域的应急广播或者不能使用中英文两种语言播放的，处5000元以上2万元以下罚款。

第三十条 违反本规定，按照安全生产、消防、特种设备安全等法律、法规、规章的规定应当给予行政处罚的，由有关部门依法处罚。

第三十一条 本规定自2007年4月1日起施行。

责任编辑:景晓莉

图书在版编目(CIP)数据

饭店安全管理实务/张志军编著.—北京:旅游教育出版社,2008.4(2019.1重印)
(派雷斯酒店管理丛书)
ISBN 978-7-5637-1584-8

Ⅰ.饭…　Ⅱ.张…　Ⅲ.饭店—安全管理　Ⅳ.F719.2

中国版本图书馆CIP数据核字(2008)第002500号

饭店安全管理实务
张志军　编著

出版单位	旅游教育出版社
地　　址	北京市朝阳区定福庄南里1号
邮　　编	100024
发行电话	(010)65778403 65728372 65767462(传真)
本社网址	www.tepcb.com
E - mail	tepfx@163.com
印刷单位	北京玺诚印务有限公司
经销单位	新华书店
开　　本	787毫米×960毫米　1/16
印　　张	16.75
字　　数	243千字
版　　次	2008年4月第1版
印　　次	2019年1月第2次印刷
定　　价	36.00元

(图书如有装订差错请与发行部联系)